WESTEND

MATHIAS BRÖCKERS
PAUL SCHREYER

WIR SIND IMMER DIE GUTEN

Ansichten eines Putinverstehers
oder wie der Kalte Krieg
neu entfacht wird

WESTEND

Mehr über unsere Autoren und Bücher:
www.westendverlag.de

Die Deutsche Nationalbibliothek verzeichnet diese Publikation in der Deutschen Nationalbibliografie; detaillierte bibliografische Daten sind im Internet über http://dnb.d-nb.de abrufbar.

MIX
Papier | Fördert gute Waldnutzung
FSC® C014889
FSC www.fsc.org

ISBN 978-3-86489-255-4

Umschlaggestaltung: Buchgut, Berlin
Satz: Publikations Atelier, Dreieich
Karten: Paul Schreyer, unter Verwendung von Material von d-maps.com
Druck und Bindung: Pustet, Regensburg
Printed in Germany

Inhalt

Vorwort zur Neuausgabe

Dass wir uns im Herbst 2014 mit dem Untertitel dieses Buchs der Fraktion der »Putinversteher« zuordneten, war nicht einer besonderen Sympathie für den russischen Präsidenten geschuldet, sondern geschah als ironische und provokative Antwort auf die propagandistische Diskreditierung dieses Begriffs. Ähnlich wie einst beim Erstarken der Frauenbewegung mit mackerhafter Attitüde als »Frauenversteher« abgekanzelt wurde, wer die feministischen Argumente akzeptierte, so wurde im Zuge des Ukraine-Konflikts als »Putin-« oder »Russland-Versteher« abgemeiert, wer die Ansichten der russischen Seite ernst nahm. Dieser dumpfen Einseitigkeit entgegenzuwirken, von der wir auch große Teile der etablierten Medien erfasst sahen, war der Anlass für dieses Buch. Und unser Outing als »Putinversteher« die Antwort auf die Reduzierung dieses Konflikts auf den Kampf gegen einen gefährlichen, aggressiven, skrupellosen Mann – Wladimir Putin – und einen gegen dieses personifizierte Böse kämpfenden Westen, der nur hehre Ziele verfolgt. Gegen diese des-informierende, anti-aufklärerische Vereinfachung richtete sich unser Buch – mit Informationen und Hintergrundanalysen, die uns für eine objektive sachliche Beurteilung unverzichtbar schienen, von der allgemeinen Berichterstattung aber ignoriert oder ausgespart wurden. Dass diese Leerstelle tatsächlich existierte – auch wenn sich die etablierten Medien von ARD und ZDF abwärts bis heute keiner Schuld bewusst sind –, bescherte *Wir sind die Guten* den unerwarteten Erfolg von 20 Wochen in der Bestsellerliste und zehn Auflagen innerhalb eines Jahres. Und dies, obwohl sich diese etablierten Medien mit den Thesen und Analysen des Buchs kaum auseinandersetzten – wie es Stefan Niggemeier, Medienjournalist der *FAZ*, beklagte:

»Es stellt viele unbequeme Fragen, an die Rolle der Amerikaner und des Westens im Ukraine-Konflikt – vor allem aber auch an die Medien, die diese Rolle so wenig hinterfragen. [...] es hinterlässt umso mehr das Gefühl, dass es hier eine Leerstelle gibt in der Berichterstattung der etablierten Medien. Und dieses Gefühl wird dadurch verstärkt, dass es in eben jenen Medien keine große Auseinandersetzung gibt über das Buch. Dass es nicht als Anlass gesehen wird, sich mit den Fragen, die es aufwirft, auseinanderzusetzen – und sei es, sie nüchtern und klar zu beantworten und der Analyse zu widersprechen.«[1]

Dass der Widerspruch gegen unsere Analysen entweder ausblieb oder sehr oft unsachlich und unklar ausfiel – auf der Website zum Buch (www.putinversteher.info) haben wir viele Rezensionen dokumentiert und kommentiert –, könnte als Beleg dafür betrachtet werden, dass unsere Argumente eben nicht so einfach zu widerlegen und damit vom Tisch zu wischen sind.

Der Kampf um die Deutungshoheit

»Wir müssen uns damit auseinandersetzen, mit Missinformation, Infiltrierung und Verunsicherung«, hatte Angela Merkel auf der Münchner Sicherheitskonferenz im Februar 2015 bekundet. Sie sei zutiefst besorgt über die »Verunsicherbarkeit unserer Gesellschaften«.[2] Der Grund für diese tiefe Sorge, nicht nur bei der Kanzlerin, sondern vor allem beim großen transatlantischen Bruder USA: Der Iwan kann Internet und sät diabolische Zweifel. Auf dem von »Brainwashington« sauber durchgepflügten Informationsacker wuchert das Unkraut des Unglaubens. Nicht nur der linke und rechte Rand sind vom Virus der Skepsis erfasst, sondern die Epidemie hat sich bereits in die Mitte der Gesellschaft ausgebreitet. Auch in Bereichen, die bis dato derart von genmanipuliertem PR-Dünger durchdrungen waren, dass sie immun gegen jede Art von »Verunsicherbarkeit« schienen. Und dann das – eine repräsentative Umfrage im Auftrag des NDR ergab Ende 2014, dass sich fast zwei Drittel der Deutschen in Sachen Russland und Ukraine schlecht oder nur einseitig informiert fühlten.[3] Aber nicht, weil sie von »Feindsendern« oder irgendwelchen Blogs verunsichert wurden, sondern schlicht, weil sie ARD, ZDF und RTL konsumierten oder Zeitung lasen. Und den Schwarz-Weiß-Film, der ihnen da auf allen Kanälen entgegenschwallte, nicht für die Realität hielten und als Inszenierung durchschauten, was Tagesschau und heute-journal ihnen als Realität anboten.

Diese »Missinformation« war es, die auch gestandenen ARD-Veteranen wie Christoph Fröder oder Gabriele Krone-Schmalz die Haare zu Berge stehen ließ – und nicht irgendwelche »Feindpropaganda«, die im Rahmen »hybrider Kriegsführung« im Informationskrieg in die Herzen und Hirne des Publikums gepflanzt wurde. Auch viel gelesene Blogs wie die Propagandaschau,[4] die Tag für Tag dokumentierten, wie in den gebührenfinanzierten Nachrichtenmanufakturen getrickst und getäuscht wird, sind für die allgemeine Verunsicherung nicht verantwortlich, sie liefern nur die Diagnose ihrer Ursachen: das Verschwinden grundlegender journalistischer Standards, die investigative Insuffizienz von bis zur Halskrause »embeddeten« Reportern, die Propagandatöne, welche die Berichterstattung überall durchdringen, die Permanenz und Penetranz der Parole »Wir sind die Guten« und die Russen unter Putin allein die Schuldigen und Bösen. Dieses Schattenspiel haben die Leute durchschaut. Und das nicht etwa, weil anti-amerikanische, vom Kreml bezahlte Trolle ihnen das einflüstern, vielmehr trauen sie den Verlautbarungen der Regierenden und ihrer Lautsprecher in den Großmedien nicht mehr, weil sie noch über einen halbwegs gesunden Menschenverstand verfügen.

Dass der Begriff »Lügenpresse« 2015 zum »Unwort des Jahres« gekürt wurde und seitdem eine Renaissance erlebt – nach einer ersten Blüte vor der deutschen Revolution 1848, einem Höhepunkt vor dem Ersten Weltkrieg und einem weiteren Peak in den Jahren ab 1933[5] –, scheint da kein Zufall. Zum einen hat der im Zuge der Pegida-Proteste wieder hochgekommene Begriff wie jede pauschale Diffamierungsvokabel den Negativ-Status als »Unwort« tatsächlich verdient, zum anderen fällt die Renaissance des Begriffs wieder in eine Zeit, in der wie schon in den Vorkriegszeiten des 20. Jahrhunderts massiv Feinbilder geschaffen und aufgebaut werden – und die Presse eben noch ein bisschen mehr lügt, als sie es ohnehin tut. Aber – und das macht den Unterschied zu den »Lügenpresse«-Vorwürfen von anno dazumal – auch schneller dabei erwischt werden kann, weil jeder im Internet nach alternativen Informationen recherchieren kann.

Dass die Ukraine derweil immer mehr ins Chaos abrutscht, regiert von einem Milliardär, der (entgegen seinem Wahlversprechen) parallel weiter seine privaten Firmen leitet, wird kaum mehr öffentlich zur Kenntnis genommen. Und die entscheidende Rolle der USA beim Machtwechsel in Kiew 2014 zu beleuchten, bleibt bis auf Weiteres wohl zukünftigen Historikern vorbehalten. Für deutsche Leitmedien scheint dieses Thema tabu zu sein. Kleine Puzzlesteine kommen dennoch nach und nach ans Licht. So wurde 2015 bekannt, dass US-Vizepräsident Joe Biden bereits zwei Monate vor dem Staatsstreich Präsident Janukowitsch in einem nächtlichen Telefonat mit »Strafen« gedroht habe, sollte dieser die teils militanten Demonstranten nicht gewähren lassen. Dies berichtete der ehemalige ukrainische Ministerpräsident Asarow in seinen im Herbst 2015 auf Deutsch erschienenen Aufzeichnungen und kommentierte:

»Mit dieser massiven Intervention Bidens war klar geworden, wer auf dem Maidan inzwischen tatsächlich das Sagen hatte.

Die Amerikaner errichteten gewiss nicht selbst die Barrikaden aus Autoreifen. Sie brachten auch nicht die Waffen auf den Platz [...]. Die Amerikaner forcierten jedoch erkennbar die konfrontative Entwicklung, sie wollten endlich die Rendite für ihre langfristigen Aufwendungen einfahren.«[6]

Diese Rendite kann seitdem besichtigt werden: ein neuer »failed state« mitten in Europa, gegeneinander aufgehetzte Ukrainer sowie eine absichtliche Zerstörung der Beziehungen zwischen Russland und der EU. Es ist letztlich die gleiche destruktive Strategie, die auch schon den Irak, Libyen und Syrien entstaatlicht und verwüstet hat – und die bis heute Millionen von Flüchtlingen in Bewegung setzt. Bleibt zu hoffen, dass das naive »Gut-Böse«-Schema, mit welchem diese politischen Eskalationen regelmäßig medial begleitet werden, endlich einer sachlicheren und rationalen Betrachtung weicht.

Russiagate & Nowitschok

Außer mit den mittlerweile bekannt gewordenen neuen Informationen über die Scharfschützen auf dem Maidan und die Untersuchungen des MH17-Absturzes haben wir diese Neuauflage auch mit zusätzlichen Kapitel über zwei Ereignisse erweitert, die seit dem ersten Erscheinen des Buchs den Konflikt des Westens mit Russland weiter angeheizt haben. Eines davon ist »Russiagate« – also der Vorwurf, dass die Wahl von Donald Trump zum US-Präsidenten im November 2016 russischen Manipulationen zu verdanken wäre und Trump nichts anderes als eine »Marionette Putins« (Hillary Clinton) sei. Auch wenn bis heute trotz zweijähriger Untersuchung durch einen Sonderermittler des Kongresses keinerlei Beweise für solche Manipulationen oder irgendwelche Absprachen zwischen Trump und Putin vorliegen, kann die unterlegene demokratische Partei im Verein mit den US-Leitmedien von dieser stumpfen Speerspitze gegen Trump nicht ablassen. Der Schock über den unerwarteten Wahlsieg des Außenseiters sitzt offenbar so tief, dass eigenes Versagen als Ursache nicht zumutbar ist und ein Sündenbock gebraucht wird, dem man die Schuld zuschieben kann.

In ein solches Szenario scheint auch der Fall des im britischen Salisbury angeblich mit dem Kampfstoff »Nowitschok« vergifteten Doppelagenten Sergei Skripal und seiner Tochter Julia zu passen, der im März 2018 zur Ausweisung von mehr als 100 russischen Diplomaten aus den EU-Staaten und den USA führte. Auch hier waren es nur Behauptungen der britischen Regierung und Fake News über die Herkunft des Gifts, die ausreichten, Russland die Schuld in die Schuhe zu schieben. Von Gerichten oder internationalen Behörden anerkannte Beweise für die Herkunft der Täter liegen bis heute nicht vor, von den Medien wird der »Fall Skripal« aber nach wie vor als Beispiel eines »aggressiven Russlands« vorgeführt und instrumentalisiert.

Trotz dieser massiven Suggestionen durch Regierungen und Medien bleibt die Bevölkerung davon aber erfreulich unbeeindruckt: In einer repräsentativen Umfrage des Forsa-Instituts vom April 2018 wünschten 94 Prozent der Deutschen gute Beziehungen zu Russland, nur 25 Prozent sehen in Russland den Hauptschuldigen für die Verschärfung des Ost-West-Konflikts, dagegen 50 Prozent die USA. Und auch bei der Frage, wer die größere Gefahr für den Weltfrieden darstelle, Trump oder Putin, liegt der US-Präsident mit 79 Prozent in der Ungunst der Deutschen weit vorne.[7]

Dass die von den Großmedien und der Politik veröffentlichte Meinung und die öffentliche Meinung der Bevölkerung derart auseinanderklaffen, müsste entweder zur Entlassung sämtlicher Spin-Doktoren in Ministerien, Think-Tanks und Redaktionen führen, weil ihre Storys über Russland als Reich des Bösen beim Publikum nicht zünden, das mittlerweile nicht mehr schaudert, sondern eher lacht, wenn schon wieder unsichtbare »russische Hacker« am Start gewesen sein sollen. Oder aber die gesamte

Berichterstattung und die Außenpolitik selbst müssten sich ändern, um diese Spaltung der Gesellschaft zu überwinden.

Frieden wird es in der Ukraine nur geben, wenn der Status quo der Krim als Teil der Russischen Föderation zumindest provisorisch anerkannt wird (wie einst die DDR von der BRD) und den abtrünnigen Ost-Provinzen der Ukraine ein ebenso provisorischer Autonomie-Status zugesprochen wird. Dies bedeutet freilich, den von USA, Nato und EU betriebenen »Regime-Change« und den geostrategischen Plan, der die Übernahme des russischen Marine-Stützpunkts Sewastopol und Nato-Kontrolle über das Schwarze Meer vorsieht, als gescheitert zu akzeptieren. Ebenso wie den Versuch, durch eine Assoziation mit der EU den zollfreien Handel und Wandel der Ukraine mit Russland abzuschneiden. Wer aus dem Bürgerkrieg in der Ukraine keinen globalen Konflikt machen will, muss an solchen Lösungen arbeiten, also die Ukraine nicht als nationalistisch-faschistoide Bastion gegen ein »Reich des Bösen« im Osten aufbauen, sondern als blockfreien Brückenstaat zwischen Russland und der EU.

Medien als Kriegspartei

»Wie wird die Welt regiert und in den Krieg geführt? Diplomaten belügen Journalisten und glauben es, wenn sie's lesen«, notierte der Wiener Schriftsteller Karl Kraus, nachdem auf eine Falschmeldung der deutschen und österreichischen Presse über einen französischen Bombenabwurf auf Nürnberg Ende Juli 1914 unmittelbar die Kriegserklärung an Frankreich erfolgt war. Dieser fingierte Bericht war für ihn die Urlüge und das Paradebeispiel für die Manipulation der Massen in Kriegszeiten, die Kraus dazu führte, »den Journalismus und die intellektuelle Korruption, die von ihm ausgeht, mit ganzer Seelenkraft zu verabscheuen«. Als einer der Pioniere der Medienkritik hatte Kraus erkannt, dass die Medien die Wirklichkeit nicht abbilden, sondern erzeugen, und dass Meinungen und Stimmungen nicht einfach entstehen, sondern gemacht werden: »Ich habe erlebt, wie Krieg gemacht wird, wie Bomben auf Nürnberg, die nie geworfen wurden, nur dadurch, dass sie gemeldet wurden, zum Platzen kommen.«

In seiner monumentalen Tragödie *Die letzten Tage der Menschheit* führte Kraus vor, wie diese Stimmungsmache das Blutbad des Ersten Weltkriegs erzeugte. Auch wenn sich der apokalyptische Titel 100 Jahre später nicht bewahrheiten sollte, weil die Menschheit diesen Krieg überlebt hat: Die Methoden und Mechanismen, mit der die Massen zum Krieg animiert werden, haben sich seitdem nicht verändert. Sie sind durch die Allgegenwart von Funk, Fernsehen und Internet nur verstärkt und beschleunigt worden: Die Herstellung von Realität findet in Echtzeit, im Liveticker statt. Ebenfalls nicht verändert hat sich, dass »Diplomaten« – gemeint sind Geheimdienste und Lobbyisten – Journalisten belügen und auf Basis dieser medial geschaffenen Realität Politik gemacht wird und zum Beispiel für ein Ereignis, dessen Ursachen und Umstände noch ungeklärt sind – wie der Absturz eines malaysischen Zivilflugzeugs in der Ukraine am 17. Juli 2014 –, sofort ein Schuldiger benannt und militärische Konsequenzen gefordert werden.

Geändert hat sich auch nicht, dass derart erzeugte Stimmungen »Bomben platzen« lassen, auch wenn sie gar nicht geworfen, sondern nur gemeldet wurden. Und das ist der Grund für dieses Buch: die Stimmungsmache, mit der sich große Teile der Medien im Konflikt um die Ukraine letztlich von ihrer Verpflichtung zu objektiver Information verabschieden und die Wirklichkeit als Schwarz-Weiß-Film mit eindeutiger Rollenverteilung in Gute (USA, EU und Nato) und Böse (Putin und Russland) präsentieren. Wie im Folgenden gezeigt wird, mutieren zu diesem Zweck nicht nur Gerüchte zu Tatsachen, Vermutungen zu Ereignissen und Meinungen zur Wahrheit, sondern es werden auch unpassende Fakten verschwiegen und Interessen und Hintergründe der Akteure des Konflikts unterschlagen. Ihre eigene Rolle als

»vierte Gewalt«, als Kontrolleure der Macht und der Mächtigen, haben die Medien damit weitgehend aufgegeben, sind weniger neutrale Berichterstatter als Partei und produzieren statt Aufklärung und Information eher Vernebelung und Eskalation.

So wie vor 100 Jahren, als Karl Kraus' Mahnungen ungehört verhallten und die von ihren Medien in Trance versetzten Nationen wie Schlafwandler an einer Kreuzung zusammenprallten und einen schrecklichen Massenmord entfachten. Mit der gebotenen Skepsis hoffen die Autoren, mit diesem Buch zur Stärkung eines kritischen Bewusstseins beizutragen, damit sich eine solche Tragödie nicht auf gespenstische Art wiederholt.

Mathias Bröckers, Paul Schreyer
15. Januar 2019

1 Die Guten und die Bösen: Ansichten eines Putinverstehers

Wladimir Putin ist Macho und Macher, Zar und Star, coole Sau und weiser Patriarch – der Alleskönner in der Champions League der Weltpolitik. Er angelt die dicksten Fische, reitet zu Pferd durch die Taiga, fliegt mit Kranichen im Ultraleichtflieger und steuert Düsenjets. Er betäubt sibirische Tiger mit einem gezielten Schuss, spielt Klavier, singt Fats Domino und kann Goethe zitieren. Er ist sportgestählt und trägt den schwarzen Gürtel im Judo, ist Doktor der Rechtswissenschaft, Ex-Major des Geheimdiensts und Präsident des größten Flächenlands der Erde. Ohne Frage: ein Held.

Kaum ein Tag vergeht ohne Fototermine, deren Bilder diesen Mythos bis in den hintersten Winkel des russischen Riesenreichs transportieren. Solche Inszenierungen gehören überall in der Welt zum Alltag politischer PR, doch kaum einer aus der Riege internationaler Spitzenpolitiker kann es in Sachen Multitasking und Allroundtalent mit der Show dieses Supermanns aufnehmen – Putin ist Kult. Selbst Kritiker dieser selbstreferentiellen Herrscherinszenierung bekennen: Der Kerl hat es irgendwie drauf. Den Draufgänger und Kämpfer ebenso wie den bedächtigen Vater, der Mütterchen Russland geschickt über die Klippen geleitet, den harten Hund ebenso wie den gewieften Schachspieler und Strategen. Und selbst für seine übelsten Scherze, die er unter der Hand und bei vermeintlich ausgeschaltetem Mikrofon macht – zum Beispiel über den ehemaligen israelischen Staatspräsidenten Mosche Katzav, der 2006 wegen Vergewaltigung vor Gericht stand: »Er ist ein toller Kerl. Hat zehn Frauen vergewaltigt. Das hätte ich von ihm nicht erwartet. Er hat uns in Erstaunen versetzt. Wir beneiden ihn alle.« –, erntet der Supermacker Putin in gewissen Kreisen noch Respekt.

Während im Westen derlei Attitüden und Inszenierungen in der Regel als Beleg für den Rückfall in absolutistische Herrschaftsformen gesehen werden, wird Präsident Putin in seiner vierten Amtszeit von der heimischen Bevölkerung weiterhin mehrheitlich geschätzt, wenn auch seine Popularität 2018 zurückging, nachdem die russische Regierung eine Erhöhung des Renteneintrittsalters auf 65 Jahre für Männer und 60 Jahre für Frauen beschlossen hatte.[1] Einer großen Mehrheit nicht nur der alten, sondern auch der jungen Russinnen und Russen, die wahrlich keine Sympathien für sein autokratisches System hegen, ist immer noch bewusst: Ihr Land wäre zerfallen und das Chaos größer geworden, hätte Putin nicht dem wilden Anarcho-Kapitalismus ein Ende gesetzt, bei dem nach dem Ende der Sowjetunion der Staat von der Privatwirtschaft übernommen und zur privaten Profitsicherung benutzt wurde. Die Staatskassen waren bei Putins Amtsübernahme 1999 leer, die Auslandsschulden hatten sich bedrohlich angehäuft, der Staatsapparat funktionierte nicht mehr, das Sozialsystem war zusammengebrochen, die Kriminalität hatte beängstigende Formen angenommen, Clans und Oligarchen kämpften um die letzten verbliebenen Filetstücke einstigen Staatseigentums, und islamistische Separatisten aus Tschetschenien trugen den Bombenterror bis nach Moskau. Kurz: Nach kaum acht Jahren lief die »Befreiung vom Kommunismus« für Russland auf eine unendliche Katastrophe hinaus. Es waren nicht Meinungsfreiheit und Pluralismus, nicht Zivilgesellschaft und Liberalität, die der Bevölkerung wichtig waren, es war das simple Überleben: Die Auszahlung von Renten und Löhnen, die Gesundheitsversorgung, die Sicherheit auf der Straße durch ein Minimum an Recht und Ordnung.

Dass Putin zu diesem Zweck rabiate Mittel einsetzte – den demokratischen Pluralismus einschränkte, das Parlament entmündigte, die Oligarchen unter Kontrolle brachte, die Schlüsselindustrien wieder in Staatseigentum überführte und einen zentralistisches Präsidialsystem schuf –, wurde und wird von westlicher Seite gern als das Ende des postkommunistischen Aufbruchs in die »Freiheit« gesehen. Für die große Mehrheit der russischen Bevölkerung indessen war es das Ende des unter Gorbatschow und Jelzin entstandenen Chaos, das eine »Freiheit« gebracht hatte, die vor allem durch sozialen Niedergang gekennzeichnet war. Diesen Raubtierkapitalismus, der über Russland hergefallen war wie ein Kannibale über einen Säugling, gebändigt und das wirtschaftlich wie sozial ruinierte Land wieder auf einen prosperierenden Weg gebracht zu haben – das ist die Leistung, für die Putin als »Retter Russlands« gewählt wurde und geliebt wird. Dass er dazu die Demokratie in eine »Demokratur« verbog, dass er Meinungs- und Pressefreiheit einschränkte, dass nicht nur das Parlament, sondern auch die Justiz durch eine Machtvertikale von oben »gelenkt« werden, dass er Privateigentum und Marktwirtschaft zwar rechtlich etablierte, sie aber in ein staatskapitalistisches Korsett drängte und querschießende Oligarchen beseitigte, dass er nationale, patriotische Elemente stets betont und den Wertekanon des Westens verspottet: All dies hat Putin in den westlichen Medien zu einer Unperson gemacht und den Kreml, kaum hatte er sein Image als Hort blutrünstiger kommunistischer Kader abgestreift, erneut zu einer Bastion des Bösen.

Für die meisten der 150 Millionen Russen stimmt dieses Bild jedoch nicht. Dass das System Putin Werte wie Meinungsfreiheit und Toleranz eher gering schätzt, ist in ihren Augen keineswegs verwerflich, denn was unter dem Banner dieser Werte in den neunziger Jahren über das Land hereingebrochen war, haben die meisten in schlimmerer Erinnerung als die übelsten Entbehrungen der Sowjetzeit. Was half es, dass man sich ab 1991 mit einem Geschäft selbstständig machen konnte, wenn gleich nach der Eröffnung mafiöse Banden Schutzgeldforderungen stellten?

Wem brachte die freie Auswahl luxuriöser Limousinen etwas, wenn Mercedes und BMW nur für Oligarchen und Gangster erschwinglich waren? Wem nützten das neue Werbefernsehen und sein überbordendes Warenangebot, wenn nicht einmal die minimale Rente regelmäßig eintraf?

Was den Bürgerinnen und Bürgern Russlands, die Jahrhunderte unter der Knute das Zaren und unter dem Diktat der Kommunisten gelebt hatten, nach der Wende seitens des vermeintlich »werteorientierten« Westens übergestülpt wurde, war Raubtierkapitalismus in Reinkultur. Unter der Flagge von Freiheit und Menschenrechten waren Gier und Gewalt eingezogen, statt eines bürgerlichen Rechtstaats ein archaisches, anarchisches Unrechtssystem, statt finanzieller Hilfen bei der Transformation des untergegangen Staats eine Horde internationaler Bankster und Spekulanten, die das Staatseigentum zu ihrer Beute machten. Selbst die italienische Cosa Nostra, die Späher in das neue kriminelle Eldorado Russland ausgesandt hatte, zog sich gleich wieder zurück: Die Russenmafia war den wahrlich nicht für Skrupel bekannten Italo-Mafiosi zu skrupellos.

Dass nach solchen Erfahrungen die »Wertegemeinschaft« des Westens bei den Russen keinen allzu hohen Stellenwert genießt, sollte niemanden wundern – ebenso wenig wie die Tatsache, dass diskriminierende Gesetze gegen Homosexuelle oder die Verurteilung von Pussy Riot in Russland mehrheitlich als Lappalie gesehen werden und nicht wie im Westen als eklatanter Bruch der Menschenrechte, der schon fast nach »humanitärer« Militärintervention schreit. Dass auch in Deutschland grölende Punk-Tussis verhaftet und bestraft würden, wenn sie im Kölner Dom aufträten, dass auch hier erst seit wenigen Jahrzehnten Jahren Schwule und Lesben nicht mehr kriminalisiert werden und dass etwa der TV-Auftritt eines bärtigen Travestie-Freaks wie Conchita Wurst noch vor wenigen Jahren zu einem breiten Aufschrei kultureller Empörung geführt hätte: All dies fällt bei der schulmeisterlichen Arroganz unter den Tisch, mit der der

Westen russische Verstöße gegen seinen Wertekanon moniert und aufbläst.

So berechtigt Kritik an der aktuellen demokratischen Verfasstheit Russlands sein mag: Sobald diese Kritik zur Waffe eines Werteimperialismus gerät, der den zu »befreienden« Kolonien aufgezwungen oder gar als Teil der sogenannten Sicherheitspolitik zum »Menschenrechtsbellizismus« wird, entwertet sie sich selbst. Wer glaubt, dass es beim Krieg in Afghanistan um die Durchsetzung von Frauenrechten und Mädchenschulen geht, bei der Eroberung des Iraks um die Etablierung von Demokratie oder beim Krieg gegen Libyen um die Befreiung der Bevölkerung von einem irren Diktator, ist ein bedauernswertes Opfer der Propaganda, mit welcher der »werteorientierte« Westen seine imperialen Feldzüge verkauft – Feldzüge, bei denen es nicht um Humanität und Menschenfreundlichkeit, sondern immer um Macht- und Geschäftsinteressen geht, in aller Regel um Rohstoffe und Ressourcen. Und genau hier liegt der Kern des Konflikts des Westens mit Russland: Nicht Putins autokratische Regierungsführung oder homophobe Gesetze sind der Grund, warum er im Westen zur Unperson wurde – viele der aktuellen Alliierten des Westens rangieren diesbezüglich weit unter dem Niveau Russlands –, sondern die Tatsache, dass er den immensen Ressourcenreichtum Russlands der fröhlichen Ausbeutung durch transnationale Konzerne entzogen und unter die Kontrolle des Staats gebracht hat. Und damit hat er sich auch wieder zu einem wichtigen Player im »Great Game« gemacht – dem seit Jahrhunderten währenden Kampf der großen Nationen um die Rohstoffe und Ressourcen dieser Erde.

Seit im Zuge der Krise um die Ukraine in den Medien das Wort »Putinversteher« aufgetaucht ist und als Diskreditierung all jener eingesetzt wird, die sich weigern, diesen Konflikt als Schwarz-Weiß-Film mit eindeutiger Rollenverteilung in Gute (USA, EU und Nato) und Böse (Putin und Russland) zu sehen, sind wir bekennende Putinversteher. Dass »Verständnis« nicht »Zustimmung« oder »Akzeptanz« bedeutet und ein »Versteher« kein »Verehrer« ist – diese semantische Klarstellung scheint wichtig zu sein: Hitler zu »verstehen« heißt keinesfalls, ihm zuzustimmen. Und so verhält es sich auch mit dem russischen Präsidenten, der schon oft mit Hitler verglichen wurde: Hillary Clinton, ehemalige US-Außenministerin und Präsidentschaftskandidatin, sorgte für die internationale Premiere des neuen Hitler-Vergleichs, Deutschlands damaliger Finanzminister Wolfgang Schäuble legte indirekt nach, indem er den Beitritt der Krim zu Russland mit Hitlers Einnahme des Sudetenlands gleichsetzte. Der Verweis auf den Bad Boy Nummer 1 der politischen Zeitgeschichte scheint im Zuge der medialen Zuspitzung kriegerischer Konflikte offenbar unvermeidlich und ist – auch wenn sich angesehene Intellektuelle dieses Jobs befleißigen und uns wie Hans Magnus Enzensberger vor dem Irakkrieg etwa Saddam Hussein als neuen Hitler präsentieren – nichts anderes als dumpfe Propaganda.

Das heißt nun nicht, dass der Nicht-Hitler Wladimir Putin ein Waisenknabe, sein Regierungsstil der eines »lupenreinen Demokraten«, wie Ex-Kanzler Gerhard Schröder ihn einmal nannte, und Russland ein freiheitlicher Rechtsstaat ohne Fehl und Tadel sei. Das ist nicht der Fall, und Kritik an der Amtsführung des russischen Präsidenten ist in mancher Hinsicht berechtigt. Dass jedoch der Versuch, die Motive Russlands in der Ukraine-Krise zu verstehen und Einsicht in die Beweggründe und Ursachen von Putins Handeln zu gewinnen, diskreditiert und »Putinversteher« (oder »Russlandversteher«) als Schimpfwort gebraucht wird, kommt einer Diffamierung jeder Art von Analyse gleich. Wo jedoch nicht mehr analysiert werden darf, da herrscht Ideologie, wo Verstehen verboten wird, regieren Glaubensbekenntnisse. Deshalb bekennen die Autoren sich neuerdings und ausdrücklich als »Putinversteher«. Denn je boshafter, hitlerartiger Putin in den Medien porträtiert wird, desto wichtiger wird ein nüchternes und realistisches Verstehen – nicht durch psychologisierende Spekulation über eine Person, sondern durch politische Analyse, nicht durch einseitige Ideologie, sondern durch ein möglichst objektives Erkennen der Lage.

Von einem solchen möglichst neutralen Erkenntnisgewinn haben sich die westlichen Medien während der gesamten Krise in der Ukraine weitgehend – und seit der Zuspitzung der Lage im November 2013 nahezu vollständig – verabschiedet. Und so kam es, dass die im Westen verbreitete Ideologie mit Putin als neuem Quasi-Hitler von der Bevölkerung mehrheitlich als solche erkannt wurde und sich die Journalisten wunderten, dass ihre über Monate auf allen Kanälen penetrierte Freund-Feind-Unterscheidung vom Publikum nicht angenommen wurde. Selten klafften öffentliche und veröffentlichte Meinung weiter auseinander. Mehr als die Hälfte aller Deutschen äußerte in Umfragen im April 2014 Verständnis für die Haltung Russlands und sah im Anschluss der Halbinsel Krim kein Überschreiten einer »roten Linie«, dem militärisch entgegengetreten werden sollte. Mehr als drei Viertel der Bevölkerung wollte keinen neuen Kalten Krieg.[2] Anfangs wurde die Tatsache, dass sich die sogenannten »meinungsbildenden« Medien ihrer entscheidenden Funktion beraubt sahen, weil die öffentliche Meinung nicht der veröffentlichten ihrer Leitartikler und Redakteure entsprach, mit dem Verdacht erklärt, der in Leserbriefen und Kommentaren im Netz geäußerte Protest sei »von Moskau organisiert«.[3]

Nachdem dann repräsentative Umfragen die weite Verbreitung des Unglaubens belegten und man Moskau zwar reichlich Böses andichten konnte, aber nicht die Fähigkeit, mehr als 40 Millionen Deutschen das Gehirn zu waschen, verlegten sich die Journalisten auf psychologische Deutungen, mit Erklärungen, die freilich kaum weniger krude ausfielen als die Theorie einer Propagandaverschwörung des Kremls. Da wurden dann die Sympathien für Putin mit dem unausrottbaren Hang der Deutschen zu »starken Führern« erklärt oder mit der Ignoranz von zu reichen und saturierten Wohlstandsbürgern, die einfach nur ihre Ruhe haben wollen, oder mit der Feigheit des »deutschen Michel«, der alles außer Krieg will, sowie mit der schlichten intellektuellen Beschränktheit der »Putinversteher«, deren Verständnis sich aus Unwissen und Halbwahrheiten speisen würde. Dass sie selbst vielleicht Desinformationen und Halbwahrheiten verbreitet haben könnten, auf diesen Gedanken kamen die Medienmacher nicht. Und so wiesen sie den Vorwurf einseitiger Berichterstattung entrüstet weit von sich und fuhren fort in ihrer Schwarz-Weiß-Malerei, die Russland auf die Person Putin, einen machtsüchtigen Autokraten, reduzierte und als Gegenstück den anonymen »Westen« inszenierte, der nur das Gute wollend hilflos einem aggressiven Tyrannen ausgeliefert ist.

Dass die massive Einmischung des Westens in die Angelegenheiten der Ukraine dazu heruntergespielt und das Monster Putin massiv aufgeblasen werden musste, versteht sich von selbst. Weniger selbstverständlich und deshalb überraschend für die Medien ebenso wie für die Politik war die Tatsache, dass dieses Schattenspiel vom Publikum so schnell durchschaut wurde. Ob das nun einfach nur am undefinierbaren Bauchgefühl der Bevölkerung lag oder an den Erfahrungen mit gefälschten Kriegsanlässen wie in Jugoslawien (»Hufeisenplan«) und Irak (»Massenvernichtungswaffen«) in der jüngeren Vergangenheit oder an der wachsenden Dominanz von Internet und Social Media, die alternativen Nachrichten schnelle und große Verbreitung ermöglichen und so den ehemaligen Leitmedien zunehmend den Rang ablaufen? Welche Faktoren auch immer dafür verantwortlich sind: Das Misstrauen gegenüber den Verlautbarungen etablierter Politik und Medien ist im Zuge der Ukraine-Krise erheblich gewachsen. Und dies zu Recht, wie wir im Folgenden deutlich sehen werden. Dass schon 2013 bei einer Umfrage von Transparency International 54 Prozent der Deutschen die Medien für korrupt hielten, passt da ins Bild.[4]

»In der internationalen Politik geht es nie um Demokratie oder Menschenrechte. Es geht um die Interessen von Staaten. Merken

Sie sich das, egal, was man Ihnen im Geschichtsunterricht erzählt.« So fasste vor einigen Jahren Egon Bahr, einer der Architekten von Willy Brandts Ostverträgen, seine jahrzehntelangen Erfahrungen als Außenpolitiker vor einer Schulklasse zusammen. Ihren Bericht über den Auftritt des sozialdemokratischen Urgesteins in Heidelberg überschrieb die *Rhein-Neckar-Zeitung*: »Egon Bahr schockte Schüler: Es kann Krieg geben.« Und wir sollten uns mit diesem alten Fahrensmann der Außenpolitik merken: Wenn es ihn in der Ukraine gibt – und der Bürgerkrieg ist ja seit Jahren im Gange –, dann ist es definitiv kein Krieg um Demokratie und Menschenrechte, sondern um die Interessen von Staaten.

In diesem Buch werden wir deshalb versuchen, die Interessen der beteiligten Staaten so darzustellen, wie sie sich auf dem Schachbrett geopolitischer Auseinandersetzungen darbieten – jenseits der propagandistischen Verbrämungen und Verzerrungen, mit denen Kriege seit jeher aufgeladen werden. Um diese Interessenlage aufzuhellen, müssen wir auf die Entwicklungen der vergangenen 25 Jahre zurückblicken: Auf das Ende des Kalten Kriegs, die Wiedervereinigung Deutschlands, den Niedergang der Sowjetunion und die Entstehung der Russischen Föderation ebenso wie auf die Entwicklungen der Europäischen Union, der Nato und der Supermacht USA. Und natürlich müssen wir uns die Geschichte der Ukraine anschauen, das große Land zwischen Europa und Asien, das von einem Krieg zerrissen zu werden droht, was weder im Interesse seiner Bürger noch in dem der Welt sein kann. Dass die beiden größten Atommächte, die USA und Russland, dabei direkt aufeinander losgehen, mag durch das Gleichgewicht des nuklearen Schreckens nach wie vor ausgeschlossen sein, doch auch ein mit Stellvertretern und verdeckten Mitteln geführter Krieg ist keine wünschenswerte Perspektive.

Auf einen wesentlichen Unterschied zwischen Russland und Ukraine wurde in jüngster Zeit häufig hingewiesen: In Moskau bestimmt seit Putin die Politik, welche Oligarchen Geschäfte machen dürfen, in der Ukraine bestimmten die Oligarchen, wer in Kiew Politik machen darf. Solange Gorbatschow und der oft betrunkene Jelzin die Amerikaner in Russland Business machen ließen, war alles in Ordnung. Erst als Putin den Ausverkauf stoppte und den Oligarchen Michail Chodorkowski ins Gefängnis steckte, weil er sein ergaunertes Ölimperium an Big Oil USA verkaufen und politisch aktiv werden wollte, wurde die Politik des Kremls zum Problem. Auch in Kiew lief alles lange einigermaßen gut, bis sich die USA mit der CIA und unzähligen NGOs massiv einmischten, um eine »orangene« Revolution vom Zaun zu brechen. Seitdem ist der bisherige Oligarchen-Pluralismus gestört und stärker gespalten denn je – in ein eher dem Westen und ein dem Osten zugeneigtes Lager.

Zu Letzterem zählte die Regierung Janukowitsch, die deshalb mit Unterstützung des Westens weggeputscht und durch ein westlich orientiertes Marionettenregime ersetzt wurde. Dass auch unzufriedene, weil verarmte und perspektivlose Bürger auf dem Maidan gegen eine korrupte und kleptokratische Regierung protestierten, ist völlig unbestritten; Ebenso klar sollte aber auch sein, dass diesen bei dem »Regime-Change« nur eine Statistenrolle zukam. Erzwungen und durchgeführt wurde er von den gewalttätigen Sturmtruppen des Rechten Sektors und von Scharfschützen, die auf dem Maidan wahllos in die Menge feuerten – parallel zur Vertragsunterzeichnung für einen friedlichen Übergang mit Neuwahlen zwischen Viktor Janukowitsch und dem deutschen Außenminister Frank-Walter Steinmeier und seinen EU-Kollegen. Dass es sich bei diesen Killern um Söldner handelte, die weder von der amtierenden ukrainischen Regierung noch seitens der EU oder Russlands angeheuert waren: Dieser Verdacht hat sich in den vergangenen Jahren weiter erhärtet (siehe Kapitel 7). Gäbe es nur den Anschein eines handfesten Beweises, dass die Russen oder der ihnen freundlich gesonnene, demokratisch gewählte Präsident Janukowitsch an dieser Eskalation des Konflikts beteiligt waren: Wir könnten sicher sein, dass er uns längst im Breitbandformat präsentiert worden wäre. Nein: Dass der damalige deutsche Außenminister Steinmeier und seine EU-Kollegen vorgeführt und ihr Vertrag für einen friedlichen Übergang und Neuwahlen sofort nach Unterzeichnung Makulatur wurde, konnte weder im Interesse Russlands noch Janukowitschs liegen. Letzterer wurde dann mit Gewalt abgesetzt und verjagt, und Putin sah sich gezwungen, Russlands Marinestützpunkt in Sewastopol auf der Halbinsel Krim zu sichern – was mit einer halbwegs verlässlichen Regierung in Kiew und dem noch Jahrzehnte währenden Pachtvertrag völlig unnötig gewesen wäre, nicht aber bei einem von den USA installierten Putschregime.

Das Schwarze Meer ist für Russlands Gas- und Ölverkäufe in den Süden essentiell – und eben darum geht es Big Oil, den Oligarchen der USA, die den frisch eroberten Rohstoff aus Irak und Libyen sowie Erdgas aus Katar über eine Pipeline an Jordanien, Israel, Libanon und Syrien verkaufen wollen. Dass der Syrer Assad aber lieber einen Deal mit Putin abschloss, um die schon bis in die Türkei führende russische Blue Stream Pipeline ans Mittelmeer zu verlängern, ist ein wesentlicher Hintergrund des vom Westen finanzierten »Regime-Change« in Syrien. Auch dort geht es nicht um Demokratie, Menschenrechte oder das Absetzen eines Diktators, sondern um die Beseitigung eines unpassenden Herrschers und um ein Geschäft, das man sich von Russland nicht verderben lassen will.

Aus dem gleichen Grund hat der Hegemon aus Amerika schon lange Russlands Planungen einer eurasischen Zoll- und Handelsunion auf dem Kieker. Auch dass China, Indien und andere mit den Russen Milliardendeals abschließen und neuerdings ihre Öl- und Gaslieferungen nicht mehr in US-Dollar, sondern in Landeswährung bezahlen können, kann nicht dulden, wer wie die USA »einzige Weltmacht« sein will. Gleiches gilt für die Kontrolle über die Bodenschätze im Kaspischen Becken, von denen der amerikanische Geostratege Zbiginew Brzezinski forderte, dass »keine einzelne Macht Kontrolle über dieses Gebiet erlangen« darf und ein »ungehinderter wirtschaftlicher und finanzieller Zugang« für die »Weltgemeinschaft« sichergestellt werden müsse – wobei er unter »Weltgemeinschaft« statt eines multipolaren Pluralismus natürlich die von den USA dominierten Kräfte der Globalisierung verstand: »Somit kann das Bemühen Russlands, allein über den Zugang zu bestimmen, nicht hingenommen werden«, betonte Brzezinski.[5] Insofern wundert es auch nicht, dass Joschka Fischer, ehemaliger Außenminister und mittlerweile auf der Gehaltsliste eines Think-Tanks der ehemaligen US-Außenministerin und Brzezinski-Schülerin Madeleine Albright, Anfang Mai 2014 in einem Interview tönte: »Putin will die Weltmacht!«[6] Die will er aber keineswegs, anders als Fischers Arbeitgeber in den USA.

Die amerikanische Geostrategie muss man also kennen, wenn man die Ereignisse in der Ukraine verstehen will – ebenso wie ihren Gegenpol, die »eurasische« Strategie, die der russische Soziologe und Philosoph Alexander Dugin entworfen hat und die sich gegen die Universalität des westlichen Systems und eine globale amerikanische Bevormundung richtet (Kapitel 15). In beiden Konzepten spielt die Ukraine als »Dreh-und Angelpunkt« (Brzezinski) zwischen dem transatlantischen und dem eurasischen Block eine entscheidende Rolle – und droht nach dem vom Westen massiv geförderten Putsch und dem anschließenden Bürgerkrieg seit Jahren zu zerreißen. In diesem Krieg geht es nicht um Freiheit oder Menschenrechte, sondern um Macht und Stellungskriege auf dem geopolitischen Schachbrett. Und wie im verfrüht beendet geglaubten Kalten Krieg wird in seiner Neuauflage der Kampf wieder mit Stellvertretern geführt – in diesem Fall mit der ohnehin schon gespaltenen und streitenden Bevölkerung der Ukraine.

Nehmen wir einmal folgendes Szenario an: In Deutschland findet ein von einer äußeren Macht geförderter Putsch statt, bei dem die demokratisch gewählte Regierung mit Waffengewalt abgesetzt und durch ein Regime ersetzt wird, in dem die NPD und ihre bewaffneten Kameradschaften einen bedeutenden Einfluss haben. Daraufhin besetzen in Nordrhein-Westfalen aufgebrachte Bürger Rathäuser und Verwaltungsgebäude und errichten Straßensperren, weil sie die Junta in Berlin nicht als legitime Regierung ansehen. Sie fordern Autonomie für ihre Region, wollen dazu ein Referendum abhalten, doch Berlin schickt Panzer und Soldaten, um diese »Separatisten« und »Terroristen« zu eliminieren. So werden die rebellierenden Bürger Nordrhein-Westfalens in den Medien durchweg genannt, obwohl sie keinerlei Interesse haben, sich von der föderalen Republik zu separieren, doch einer illegal an die Macht gekommenen Regierung unterordnen wollen sie sich auch nicht. Sie fordern größere Autonomierechte für ihre Region und weigern sich, Befehle aus der Hauptstadt anzunehmen, die nun ihrerseits die Armee mobilisiert, um die »Aufständischen« zu bekämpfen.

Ziemlich genau dies geschieht seit 2014 in der Ukraine, wo seit dem Machtwechsel CIA und FBI das Regime in Kiew beraten,[7] wie solche Angriffe auf die eigene Bevölkerung am besten zu führen sind, und wo nach Presseberichten schon 2014 private Söldner amerikanischer Militärkonzerne im Kampfeinsatz waren[8] – neben den Terrormilizen des Rechten Sektors, die seither als »Nationalgarde« in offizieller Mission agieren. So wird zum wiederholten Mal in der Geschichte das zerrissene Land der Ukraine, das außer während einiger Monaten nach dem Ersten Weltkrieg erst seit 1991 eine eigenständige Nation ist, zum Aufmarsch- und Schlachtfeld, auf dem sich die Landsleute gegenseitig bekriegen, weil fremde Mächte sie als Stellvertreter für ihre Kämpfe nutzen.

Unter den Habsburgern galten die Ukrainer als die »Tiroler des Ostens«, weil sie wie diese sehr kaisertreu zur Monarchie standen, den feudalen Polen galten sie als »Kleinpolen«, dem russischen Zarenreich als »Kleinrussen« und ihre Sprache als jeweils bäuerlicher Dialekt der eigenen Hochsprache. Alle führten Kriege um die Kontrolle dieses großen Landes, das wie kein anderes in Europa seine Grenzen, Verwaltungen, Währungen und Amtssprachen in den letzten 200 Jahren Dutzende Male verändern musste – nicht aus eigenem Willen, sondern auf Druck kolonialer und imperialer Mächte. Diese ebenso wechselvolle wie tragische Geschichte hat in den kaum mehr als zwei Jahrzehnten autonomer Existenz der Ukraine nicht zu einer einheitlichen Geschichts- und Erinnerungskultur geführt. Vielmehr herrscht heute eine Art historisches Identitätssplitting, bei dem auf der einen Seite dem mit der deutschen SS alliierten Nationalistenführer Stepan Bandera gehuldigt wird, der gegen Polen, Russen und Juden kämpfte, und auf der anderen Seite mehr oder weniger offen Stalin, der im »Großen Vaterländischen Krieg« den Faschismus besiegte – wobei jede Seite die Helden der anderen für verachtenswerte mörderische Verbrecher hält. Und so wenig die junge Ukraine ein identitätsstiftendes, mehrheitsfähiges nationales Narrativ hervorgebracht hat, so wenig ist sie auch zu einer echten parlamentarischen Demokratie geworden. Was einst die Statthalter des Zaren, des polnischen Adels oder der Donaumonarchen waren, sind heute Oligarchen und Provinzfürsten, die Wirtschaft und Medien kontrollieren und damit auch die Politik in Kiew.

Gegen ein derart korrumpiertes, pseudodemokratisches Feudalsystem wendet sich der Protest der ukrainischen Bevölkerung seit vielen Jahren und kulminierte im Herbst 2013, als sich die amtierende Regierung weigerte, das von der Europäischen Union angebotene Assoziierungsabkommen zu unterzeichnen. Dabei handelte es sich schlichtweg freilich um ein »unanständiges« Angebot, weil es eine gleichzeitige Zoll- und Handelsunion mit Russland ausschloss und weil es militärische Zusammenarbeit und damit die Anwesenheit der Nato in der Ukraine einschloss. Außerdem konnte dieses Angebot, soweit es einen möglichen Beitritt zur EU betraf, nicht ernst gemeint sein, gleichwohl es den Protestierenden auf dem Maidan so suggeriert wurde und sie deshalb auch mit Europafähnchen auftraten. All diese »Fallstricke«, die bei jedem Präsidenten der Ukraine Skepsis und Bedenken ausgelöst hätten, wurden in den westlichen Medien ebenso wenig erwähnt wie die Tatsache, dass die Chance, ein Land mit fast 50 Millionen Einwohnern in die EU aufzunehmen, deren Pro-Kopf-Einkommen gerade mal ein Drittel der ärmsten EU-Länder beträgt, nur auf sehr lange Sicht nicht gleich null ist. Doch alles dies musste unter den Mantel des Schweigens gebettet werden – um die Bürgerproteste in Kiew weiter mit Hoffnung zu nähren, um Proteste zu Hause gar nicht aufkommen zu lassen und um die gesamte Schuld an dem Konflikt der neuen Ausgeburt des Bösen allein zuschieben zu können: Osama bin Putin.

Wenn Sie nach der Lektüre dieses Buchs vielleicht ein bisschen zum »Putinversteher« geworden sind, sind Sie keinesfalls blauäugig, sondern haben sich vom undifferenzierten Blick einer Schwarz-Weiß-Propaganda verabschiedet, mit der Völker zum Krieg getrieben werden. Dabei wird natürlich jeder Seite von ihren Propagandisten stets eingeredet: »Wir sind die Guten!«

2 Konfliktreich: Eine kurze Geschichte der Ukraine

Die Geschichte der Ukraine als Staat ist tatsächlich kurz: Einerseits existierte sie als unabhängige Nation abgesehen von einigen Monaten nach dem Ersten Weltkrieg erst seit der Auflösung der Sowjetunion 1991. Anderseits ist mit der Kiewer Rus eine erste Staatsgründung im 9. Jahrhundert überliefert, was einigen Historikern Anlass bietet, eine tausendjährige Nationalgeschichte zu konstruieren, die freilich so nie existierte, zumindest nicht als ukrainische Nation. Denn schon in der ersten schriftlichen Erwähnung, der *Nestorchronik* von 882 heißt es: »Und Oleg ließ sich als Fürst von Kiew nieder, und Oleg sprach: ›Dies soll die Mutter der russischen Städte sein.‹«

In Kiew fing also alles an, aber sowohl die ukrainischen, wie auch die russischen und die weißrussischen Nationalgeschichten berufen sich auf diese Tradition – und streiten darüber, wer deren legitimer Erbe ist. Dabei deuten die Russen auf das zweite große Zentrum von Olegs Reich, Novgorod, die Weißrussen auf das dritte, die Stadt Pskow, und verweisen damit die Ukrainer auf den Posten eines Juniorpartners (»Kleinrussen«), dem beim Entstehen des Moskauer Zarenreichs allenfalls eine Nebenrolle zukam.

In allen drei Ländern wird, zumindest von den weniger wissenschaftlich und eher patriotisch gesinnten Vertretern der Historikerzunft, gern unterschlagen, dass das Wort »rus« aus dem Skandinavischen stammt: »Rus« hieß das Ruder der Wikinger, »Ruoti« waren die Schweden. Die mittelalterliche *Chronik der vergangenen Jahre* für das Jahr 862 vermerkt, dass die slawischen Bewohner »über das Meer zu den Warägern« gefahren seien, um die Wikinger zu bitten, bei ihnen zu herrschen: »Unser Land ist groß und reich. Aber es gibt darin keine Ordnung. Deshalb kommt, um bei uns zu regieren.« Dass die alten ostslawischen Stämme zu einer genuinen Staatsgründung allein nicht in der Lage gewesen sein sollen und sich deshalb Ausländer ins Land holten, scheint für einen heroischen vaterländischen Mythos zwar unpassend, entspricht aber historisch ebenso den Tatsachen wie die noch einige Jahrhunderte währende Anwesenheit von Wärangern, skandinavischen Söldnern, auf russisch-ukrainischem Boden, die das neu entstandene Fürstentum gegen Angriffe aus dem Süden und Osten verteidigten.

Die Ukraine: das flächenmäßig größte Land Europas mit kurzer Geschichte, Spielball divergierender Interessen zwischen West (EU und USA) und Ost (Russland).

So einig sich patriotische Ukrainer und Russen beim Kleinreden dieser ausländischen »Amtshilfe« bei der mittelalterlichen Staatsgründung sein mögen, bei fast allen anderen Fragen driften ihre Historiker bei der Suche nach originär russischen beziehungsweise ukrainischen Wurzeln weit auseinander – und dies nicht erst, seit der Zar 1876 die ukrainische Sprache in der Öffentlichkeit verbot und statt der ethnischen Bezeichnung »Ukrainer« den Begriff »Kleinrusse« dekretierte. Auch in der Nationalgeschichte des Königreichs Polen, das lange über große Teile der heutigen Ukraine herrschte, waren die dortigen Einwohner »Kleinpolen«, und für Kaiser Franz-Joseph in Wien, dessen k. u. k. Monarchie sich bis nach Galizien erstreckte, die »Tiroler des Ostens«. Nicht mehr als kaisertreue brave Bauern, aber auch nicht weniger – weshalb die vergleichsweise liberale Vielvölkermonarchie Österreich-Ungarn im Gegensatz zur Herrschaft der russischen Zaren und des polnischen Adels als Imperialmacht noch am ehesten gelitten war. In Lemberg gab es um die vorletzte Jahrhundertwende jedenfalls mehr Franz-Joseph-Denkmäler als in Wien.

Mit dem Niedergang der Monarchie der Habsburger und des russischen Zarenreichs gegen Ende des Ersten Weltkriegs konnte in Kiew zwar für kurze Zeit eine Ukrainische Volksrepublik errichtet werden, die sich in etwa über das heutige Staatsgebiet der Ukraine erstreckte, doch schon nach kaum zwei Jahren gelangten die alten Mächte wieder zur Herrschaft. Die Westukraine wurde dabei zu einem Teil Polens und der Rest des Landes zu einer Republik der neu entstandenen Sowjetunion.

Wie dieser kurze Abriss zeigt, kann von einer gemeinsamen Nationalgeschichte der polyethnischen und multikulturellen Bevölkerung der Ukraine kaum eine Rede sein, denn seit den Anfängen der Kiewer Rus existieren in den verschiedenen Landesteilen die verschiedensten und sich widersprechenden Erinnerungskulturen. Der Versuch, aus den historisch überlieferten Fakten nur eine und eine einzig wahre patriotisch-nationale Linie zu ziehen, muss schon deshalb scheitern, weil die ursprünglichen Bewohner dieses Gebiets nicht in nationalen Kategorien dachten, sondern ihre Identität aus der Zugehörigkeit von Sippen, Stämmen oder Dynastien herleiteten. Auch deren Nachkommen konnten auf dem Gebiet der heutigen Ukraine jahrhundertelang keinen Staat bilden und wurden ausschließlich von anderen Großmächten regiert – und gegeneinander in den Krieg geführt: Zuletzt und mit kaum fassbaren Opferzahlen im Zweiten Weltkrieg, als sich – wie schon 1914 bis 1918 entlang des Dnjepr die deutsch-österreichischen und die russischen Armeen – die deutsche Wehrmacht und die Rote Armee gegenüberstanden und Ukrainer gegen Ukrainer kämpften. Und dies mit großem Hass auf beiden Seiten: auf die faschistische Nazi-Armee, die Osteuropa und Russland brutal überfallen hatte, und auf die Sowjetunion Stalins, dessen brutale Zwangskollektivierung der Landwirtschaft 1933 den Hungertod (»Holodomor«) von etwa drei Millionen Menschen in der Ukraine verursacht hatte. Da dieser Gewaltpolitik Stalins auch in anderen Teilen der Sowjetunion zahlreiche Menschen zum Opfer fielen – allein in Kasachstan waren es mehr als eine Million – ist es umstritten,[1] daraus einen speziell gegen die Ukrainer gerichteten Völkermord abzuleiten, doch eben dies – die Anerkennung der Stalin'schen Verbrechen als Genozid – fordern die ukrainischen Regierungen seit ihrer Unabhängigkeit 1991.

Genau das führte seitdem, nunmehr auf erinnerungskulturellem, geschichtspolitischem Feld, erneut zu Schlachten von Ukrainern gegen Ukrainer – wieder mit Großmächten im Hintergrund, die auf dem geistigen Feld ihre Stellvertreterkriege ausführen. Während einige Länder, unter anderem 2008 auch die USA, die seitens der Ukraine gebrauchte Bezeichnung »Genozid« anerkannte, lehnte das europäische Parlament 2010 dies ab und stufte die von Stalin herbeigeführte Hungerkatastrophe als »Verbrechen gegen die Menschlichkeit« ein. Auch der zu diesem Zeitpunkt der Ukraine als Ministerpräsident vorstehende Viktor Janukowitsch hatte sich vor dem Europäischen Rat dafür ausgesprochen – während die ukrainische Opposition weiter auf einem gezielt gegen die Ukraine gerichteten »Genozid« beharrt.

Dies sind für einen kaum mehr als zwei Jahrzehnte existierenden Staat, der um ein nationales Narrativ, ein patriotisches Identifikationsmodell ringt, keine geschichtspolitischen Petitessen, sondern zeigt, wie stark das über Jahrhunderte von fremden Mächten zerrissene Land noch immer gespalten ist. Dass sich ukrainische Patrioten, die gegen die Herrschaft der Polen in der Westukraine kämpften, der Hitler-Armee anschlossen und sich auch an deren Massakern zur Ausrottung der Juden beteiligten, ist für die ukrainischen Patrioten, die mit der Roten Armee die Ostukraine gegen den Ansturm der Deutschen verteidigte, ebenso untragbar wie umgekehrt die Tatsache, dass im Osten der Sieg über den Faschismus im »Großen Vaterländischen Krieg« – und damit auch Stalin – historisch identitätsstiftend sind. Beide Seiten haben sich, könnte man zugespitzt sagen, mit Massenmördern eingelassen – mit der braunen Pest und dem roten Terror –, und beide Seiten können sich dabei durchaus auf ukrainischen Patriotismus als Grundmotiv für ihr Handeln berufen. Wie aus dieser Dichotomie eine gemeinsame Erzählung der Ukraine als Nation werden kann, wie die ukrainischen Patrioten ihr weitgehend ungebrochenes historisches Verhältnis zu Hitlers Faschismus auf der einen und Stalins Kommunismus auf der anderen Seite aufarbeiten und zu einem gemeinsamen nationalhistorischen Haus zusammenfügen sollen, scheint ein kaum lösbares Dilemma.

Vor diesem Hintergrund muss auch der Hinweis des Altbundeskanzlers Helmut Schmidt verstanden werden, der im Mai 2014 in einem Interview der *Bild* sagte, die Ukraine sei »kein Nationalstaat« und es sei ein Irrtum sei anzunehmen, »dass es ein Volk der Ukrainer gäbe, eine nationale Identität«. Schmidt wurde daraufhin allenthalben als »Putinversteher« und Verbreiter »russischer Propaganda« beschimpft, doch wie die oben aufgezeigten Verwerfungen deutlich machen, sind eher diese Anwürfe Propaganda als Schmidts provokantes, aber historisch zutreffendes Resümee. Eine nationale Identität, unter der sich ein Teil der Bevölkerung als Opfer (des sowjetischen Kommunismus) fühlt und ein anderer als Sieger (über den Faschismus), ist schlechterdings nicht vorstellbar. Und so konnte es auch seit der Unabhängigkeit der Ukraine 1991 nicht gelingen, eine solche Quadratur des Kreises herzustellen – auch nicht im Rückgriff auf die kurze Existenz einer Ukrainischen Volksrepublik am Ende des Ersten Weltkriegs.

Im Jahr 1918 war Kiew von drei verschiedenen Mächten beherrscht: Zuerst von den Bolschewisten, die nach dem Sturz des Moskauer Zaren auch in Kiew die Macht übernommen hatten, dann von den Deutschen, welche die Rotarmisten verjagten und ein Marionettenregime unter Pawlo Skoropadskyj einsetzten, das sogleich die russische Amtssprache verbot und eine ukrainische Grammatik einführte, und zuletzt nach dem Rückzug der Deutschen im Dezember 1918 von einem selbst ernannten ukrainischen Nationalisten, Symon Petljura, in dessen Herrschaftsbereich während seiner nur 15 Monate dauernden Amtszeit mindestens 35 000 Juden ermordet werden.

Der in Kiew aufgewachsene Arzt und Schriftsteller Michail Bulgakow beschrieb diese schreckensreichen Jahre in seinem autobiografisch geprägten Roman *Die weiße Garde*, in dem er aus seiner tiefen Abneigung gegen die roten Revolutionäre keinen Hehl macht, den entstehenden ukrainischen Nationalismus aber noch viel furchtbarer findet, vor allem weil er »die russische Bevölkerung terrorisiert mit einer scheußlichen Sprache, die es gar nicht gibt«. In dieser Neuerfindung liegt für Bulgakow die Wurzel des Nationalismus, und schon in seinem ersten Roman erweist sich der spätere Autor von *Der Meister und Margerita* als der satirische Großmeister der Weltliteratur, wenn er die neue Sprachverwirrung mit beißendem Spott beschreibt:

»Vorgestern fragte ich diese Kanaille Doktor Kurizki, der kann seit November vorigen Jahrs plötzlich kein Russisch mehr. Früher Kurizki, jetzt ukrainisch Kuryzky. Ich frage ihn also, wie Kater (russisch *Kot)* auf

Ukrainisch heißt, das wußte er noch (*Kit),* aber als ich ihn fragte, wie der Wal (russisch *Kit)* heißt, glotzt er mich an und schweigt.«[2]

Die Etablierung des Ukrainischen, das nichts anderes als Russisch mit ein paar abgeleiteten Vokalen ist und als Bauernsprache keine Worte für die Tiere hat, die nicht auf Feld und Flur leben, die Einführung dieses Dialekts als Nationalsprache war für den Wortkünstler Bulgakow nicht ein neuer, patriotischer Anfang, sondern ein Rückschritt in einen beschränkten, bornierten Nationalismus.

Fast ein Jahrhundert später ist der von Bulgakow thematisierte Sprachenstreit immer noch hochaktuell: Bei einer Debatte über das von Präsident Janukowitschs »Partei der Regionen« eingebrachte Gesetz, dass Minderheitssprachen in den Regionen als zweite Amtssprachen genutzt werden können, flogen noch 2012 im Kiewer Parlament nicht nur schlagkräftige Argumente, sondern auch die Fäuste. Das verdeutlicht, dass es sich in einem Land, in dem fast die Hälfte der Einwohner zu Hause Russisch spricht, um mehr als bloße Symbolpolitik handelt, die mit simpler Schwarz-Weiß- beziehungsweise »Y-I«-Malerei auf Wählerfang aus ist, sondern dass die Ukraine nach wie vor und emotional höchst aufgeladen um die fundamentalen Grundlagen eines Nationalstaats ringt. Das hat nicht nur zu einer übersteigerten Zurückdrängung alles Russischen geführt, sondern auch zu einer ungebrochenen Verehrung äußerst zwielichtiger Helden wie des radikalen Nationalisten Symon Petljura, dem in Kiew ein übergroßes Denkmal errichtet wurde oder auch seinem Nachfolger im Geiste, dem Partisanenkämpfer und Kollaborateur der deutschen SS Stepan Bandera, den Präsident Viktor Juschtschenko kurz vor seiner Abwahl 2010 noch mit dem höchsten Orden des Landes zum »Held der Ukraine« erhob. Als sein Nachfolger Janukowitsch dies über die Gerichte 2011 rückgängig machte, beschuldigte ihn Juschtschenko, »die Geschichte umzuschreiben und die Helden des ukrainischen Volks zu erniedrigen, um Russland zu gefallen«.

Doch der Polen, Russen und Juden hassende Nationalist Stepan Bandera wird nur von einem Teil des ukrainischen Volkes als Held, im Osten des Landes dagegen als Nazi-Kollaborateur und Kriegsverbrecher angesehen – und dies nicht nur, weil die von ihm geführten Verbände der Organisation Ukrainischer Nationalisten (OUN) noch vor dem Einmarsch der deutschen Wehrmacht 1941 in Lemberg 7000 Menschen, die meisten von ihnen Kommunisten und Juden, ermordet haben. Seine Karriere als rechtsextremer Patriot und Terrorist begann, als er 1934 einen Mordanschlag auf den polnischen Innenminister verübte, verhaftet wurde und bis zu seiner Befreiung durch die deutschen Truppen 1939 im Zuchthaus von Brest-Litowsk saß. Im Auftrag der Deutschen stellte er eine Partisanentruppe zusammen und erhielt die Weisung, »provokatorische Putsche in der Ukraine zu organisieren mit dem Ziele, die Sowjettruppen in ihrem unmittelbaren Hinterlande zu schwächen«. Als er dann aber, nachdem die Deutschen 1941 Kiew eingenommen hatten, eine unabhängige ukrainische Nation ausrufen wollte, verfrachteten die Nazis Bandera für eine Weile ins KZ Sachsenhausen – um ihn später samt seiner Bande in deutsche Uniformen zu stecken und im Volkssturm einzusetzen. Frisch versorgt mit deutschen Waffen sammelte er in den Wäldern der Karpaten eine Ukrainische Insurgenten-Armee (UPA), die von Hitlers Gnaden bald ein marodierendes Eigenleben zwischen den Fronten führte und sich erst ein Jahr nach dem Ende des Zweiten Weltkriegs auflöste. Von 1946 an lebte Bandera dann unter dem Namen Popel in Bayern und soll von dort – so behauptete jedenfalls der sowjetische Geheimdienst KGB, der ihn 1959 aufspürte und durch einen Blausäureanschlag ermorden ließ – die Aktivitäten separatistischer Terrorgruppen in der Tschechoslowakei und der Westukraine gesteuert haben. Er sei, vermerkte der *Spiegel* zum Tod Banderas, »durch die gleiche Kampfmethode umgekommen, der er sein Leben gewidmet hatte: den politischen Terror. Mit einem Mordanschlag hatte er seine abenteuerliche Karriere begonnen, mit einem Mordanschlag scheint sie nun beendet worden zu sein.«[3]

Dass zwielichtige Figuren wie der mit der Weißen Armee des Zaren und den Polen paktierende Petljura und der mit der Nazi-Armee und massenhaftem Judenmord verbundene Bandera in der 1991 unabhängig gewordenen Ukraine als Nationalhelden installiert wurden, ist zum einen der Tatsache geschuldet, dass die Auswahl an historischen Heldenfiguren, die zu einer nationalen Identifikation taugen, sehr gering ist, zum anderen aber auch ein eminent geschichtspolitischer Akt, mit dem vor allem unter Präsident Juschtschenko eine prowestliche und antirussische Stimmung erzeugt wurde. Dabei mutet es fast schon wie eine ironische Wiederholung der mittelalterlichen Geschichte von 882 an, als sich die Stammesführer ausländische Mächte holten, um in Kiew zu regieren, dass sich mehr als 1000 Jahre später »Nationalhelden« wie Petljura und Bandera ausländischer Mächte bedienten, die an einer autonomen, freien Ukraine gar kein Interesse hatten – und dann ein diese Helden verehrender ukrainischer Präsident sich vor allem dadurch hervortut, Nato, EU und USA einzuladen, sein Land zu regieren.

Inwiefern diese Mächte wirklich an Freiheit und Demokratie einer unabhängigen Nation Ukraine Interesse haben, ob sie für die Rechte der auf dem Maidan gegen Korruption und Kleptokratie demonstrierenden Bürger wirklich eintreten, werden wir im Folgenden noch genauer betrachten. Beim historisch letzten großen Überfall auf die Ukraine 1941 ging es Hitlers »Unternehmen Barbarossa« und seinen ukrainischen Sturmtruppen unter Bandera vor allem um den Zugriff auf das »wehrwirtschaftlich wichtige Donezbecken«, die Ostukraine, wo bis heute 80 Prozent der Rohstoffe und der Schwerindustrie des Landes beheimatet sind. 2014 dann waren die Erben Banderas, die Milizen des Rechten Sektors, erneut dabei, diese Region anzugreifen – nun nicht mehr als Handlanger der aus Westen heranmarschierenden Wehrmacht, sondern der »Soft-Power« des Westens, der das ohnehin zerrissene Land mit Versprechungen und viel Geld in den letzten Jahren immer weiter auseinandergetrieben hat: Allein die USA haben nach Aussagen ihrer Chefdiplomatin Victoria Nuland fünf Milliarden Dollar in die »Demokratieförderung« investiert. Um Demokratie geht es dabei kaum, sondern vielmehr um Macht und Geschäfte – und für diese ist einmal mehr das Donezbecken im Osten, das Ruhrgebiet der Ukraine, von allergrößtem Interesse.

Die Halbinsel Krim, seit 1783 Teil des Russischen Reichs, war und ist weniger von wirtschaftlicher als von strategischer Bedeutung: Als beinahe einziger eisfreier Hafen der russischen Flotte sichert Sewastopol den Zugang zum Mittelmeer. Zur Feier der dreihundertjährigen Freundschaft von Russland und der Ukraine im Jahr 1954 erwies sich der aus der Ukraine stammende Nikita Chruschtschow seiner alten Heimat ganz besonders verbunden: Er vermachte die Krim mit ihren 21 600 Quadratkilometern und knapp zwei Millionen Bewohnern der Ukraine als Geschenk. Solange die Sowjetunion existierte, stellte das nur einen symbolischen Akt, aber keinerlei Problem dar. Nach 1991 aber sah sich Russland dann gezwungen, mit der Ukraine einen langfristigen Pachtvertrag über den Hafen Sewastopol abzuschließen, der auch die Anwesenheit von etwa 20 000 russischen Soldaten auf der Halbinsel einschließt. 2012 hatte Präsident Janukowitsch ihn um weitere 30 Jahre verlängert – unter Protesten jener Oppositionsparteien, die sich Ende Februar 2014 mit Gewalt an die Macht gebracht hatten. Dass Russland daraufhin Bedenken über die Einhaltung dieses Vertrags kommen konnten – zumal als von den radikalen Milizen des Rechten Sektors zum Marsch auf die Krim aufgerufen wurde[4] –, scheint da zumindest nachvollziehbar.

3 Weltherrschaft: Das »Great Game«

Im Jahr 1904 formulierte Halford Mackinder, Geograf und Professor an der London School of Economics, erstmals seine Theorie des »Heartlands«, der Region in der Mitte des eurasischen Kontinents, dessen Kontrolle er als entscheidend für den Fortbestand des britischen Imperiums ansah.[1] Die Entwicklungen der Technik und Infrastruktur wie Straßen oder Eisenbahnen würden zu Lande immer bessere Verbindungen und Truppentransporte ermöglichen, sodass die Überlegenheit der die Meere beherrschenden britischen Seemacht schrumpfe. Selbst Seeblockaden könnten gegen eine im Zentrum von Europa und Asien entstehende Macht nichts ausrichten, weshalb es für die imperiale Strategie Großbritanniens vor allem wichtig sei, eine Annäherung von Deutschland und Russland zu verhindern. Denn, so brachte Mackinder seine Heartland-Theorie später auf den Punkt: »Wer Osteuropa regiert, beherrscht das Heartland. Wer das Heartland regiert, beherrscht die Weltinsel. Wer die Weltinsel regiert, beherrscht die Welt.«

Dass Deutschland nach der Reichsgründung 1871 eine sehr dynamische Entwicklung genommen und um die Jahrhundertwende begonnen hatte, eine eigene Flotte aufzubauen, wurde von der britischen Insel mit äußerstem Argwohn betrachtet. Dass der Kaiser zur See eigentlich nicht viel mehr vorhatte, als auch seinem Reich einen »Platz an der Sonne« – das Überseegeschäft mit der Ausbeutung afrikanischer oder asiatischer Kolonien – zu sichern, gab den Briten dabei weniger Anlass zur Sorge als die Konkurrenz durch eine entstehende kontinentale Koalition, in der sich Deutschland und seine technische Stärke mit Russland und seinem Reichtum an Land und Ressourcen verbünden könnte. Eine solche Liaison zu verhindern, wurde damit zu einem Imperativ der britischen Politik.

Nachdem der Erste Weltkrieg eine Verschiebung der kontinentalen Machtverhältnisse mit sich gebracht hatte, aktualisierte Mackinder die Westgrenze des Heartlands in einem Bogen vom Baltikum in den Süden, der etwa der Position entsprach, an der sich nach dem Zweiten Weltkrieg die von Winston Churchill »Eiserner Vorhang« genannte Teilung zwischen West- und Osteuropas vollzog. Zuvor hatte ein deutscher Kollege Mackinders, Karl Haushofer, dessen geopolitischen Ideen aufgegriffen und damit entscheidende Impulse für Hitlers Eroberung von »Lebensraum im Osten« gegeben. »Ich brauche die Ukraine, damit man uns nicht wieder wie im letzten Krieg aushungern kann«, hatte Hitler im Vorfeld des Russlandfeldzugs verkündet und im Sommer 1942 schien dann der Alptraum der britischen Geostrategen Realität geworden zu sein: Das »Heartland«, von der Oder bis zum Don, war von deutschen Truppen besetzt. Und nach der Eroberung der Kohle und Stahlregion des Donezbeckens waren die Ölquellen des Kaukasus in Reichweite – bis die Rote Armee den deutschen Vormarsch in Stalingrad stoppte.

Dass die Ukraine wie schon im Ersten Weltkrieg auch von 1941 bis 1944 zum tödlichsten aller Schlachtfelder wurde – allein mehr als 1,5 Millionen sowjetischer Kriegsgefangener hatten die Deutschen in der Zentralukraine erschossen oder verhungern lassen –, hatte nicht nur mit ihrer strategischen Lage im »Heartland« zu tun, sondern auch mit der schon seit der Antike gerühmten »schwarzen Erde«: Riesige Landwirtschaftsflächen, die sich über 500 Kilometer erstreckten und als die fruchtbarsten Böden der Erde gelten. Dazu kam der Reichtum an Bodenschätzen in dem von Hitlers Strategen als »wehrwirtschaftlich wichtig« besonders ins Auge gefassten Donezbecken in der heutigen Ostukraine.

Dass gerade um diese Region seit dem Frühjahr 2014 im Bürgerkrieg wieder gekämpft wird, liegt deshalb auch nicht allein an seiner geografischen Nähe zu Russland und seiner Mehrheit russischstämmiger Bewohner, die das vom Westen unterstützte Putschregime in Kiew ablehnt, sondern daran, dass hier ein Großteil der Rohstoffe und Industrie beheimatet sind. Denn darum – um Kontrolle der Rohstoffe und Märkte – geht es im »Great Game« der Außen- und Geopolitik der Nationen seit mehr als 200 Jahren. Was Halford Mackinder als Pionier der geopolitischen Strategie über den »Achsenpunkt der Geschichte« in Osteuropa formulierte, kann nach wie vor als Blaupause des nunmehr nicht mehr britischen, sondern anglo-amerikanischen Empires gelten. Und so liest es sich denn auch, wenn man Mackinders Erben folgt, dem 2017 verstorbenen geopolitischen Chefberater fünf amerikanischer Präsidenten einschließlich Barack Obama: Zbigniew Brzezinski schrieb in seinem 1997 erschienen Buch *Die einzige Weltmacht. Amerikas Strategie der Vorherrschaft* dem »Heartland«, das er das »eurasische Schachbrett« nennt, eine entscheidende Rolle für die Erlangung globaler Hegemonie zu. Und dabei sieht er die Ukraine als Dreh- und Angelpunkt:

»Die Ukraine, ein neuer und wichtiger Raum auf dem eurasischen Schachbrett, ist ein geopolitischer Dreh- und Angelpunkt, weil ihre bloße Existenz als unabhängiger Staat zur Umwandlung Russlands beiträgt. Ohne die Ukraine ist Russland kein eurasisches Reich mehr. Wenn Moskau allerdings die Herrschaft über die Ukraine mit ihren 52 Millionen Menschen, bedeutenden Bodenschätzen und dem Zugang zum Schwarzen Meer wiedergewinnen sollte, erlangte Russland automatisch die Mittel, ein mächtiges Europa und Asien umspannendes Reich zu werden. [...] Verlöre die Ukraine ihre Unabhängigkeit, so hätte das unmittelbare Folgen für Mitteleuropa und würde Polen zu einem geopolitischen Angelpunkt an der Ostgrenze eines vereinten Europas werden lassen. Eine langfristige amerikanische Geostrategie für Europa wird die Fragen der europäischen Einheit und echter Partnerschaft mit Europa mit aller Bestimmtheit angehen müssen. Eine Politik für ein geeintes Europa wird sich außerdem – wenn auch gemeinsam mit den Europäern – der hochsensiblen Frage nach Europas geographischer Ausdehnung stellen müssen. Wie weit soll sich die Europäische Union nach Osten erstrecken?«[2]

Diese Frage ist mittlerweile beantwortet, denn mit ihrem Entweder-oder-Angebot an die Ukraine – Freihandel mit Russland oder Assoziierung zur EU – haben Europäische Union und Nato klar gemacht, dass sie bis an die russischen Grenzen vorrücken und sich im Schwarzen Meer festsetzen wollen. Dazu wurde ein Regierungswechsel in Kiew inszeniert und eine faschistische Miliz ausgebildet,[3] für die scheinbar dieselbe Parole gilt, mit der Brzezinski seinerzeit seine Gotteskämpfer in Afghanistan in den Krieg schickte: »So viel russisches Blut wie möglich vergießen!« So hatte er die Mujaheddin und die saudischen Söldner um Osama bin Laden zum »Heiligen Krieg« gegen die »Ungläubigen« motiviert, um den Russen in Afghanistan »ihr Vietnam« zu bereiten. Und ganz in diesem Sinne scheinen jetzt auch die militanten Kämpfer der vom Westen geförderten »Übergangsregierung« angefeuert zu werden. Kein Wunder, dass in dieser Atmosphäre Anfang Mai 2014 im Gewerkschaftshaus von Odessa Dutzende »prorussische« Demonstranten getötet wurden. Doch Tragödien wie diese sind genau das Richtige, um den Konflikt und die Spaltung des Landes weiter anzuheizen – und die Träume amerikanischer Hegemonie auf dem eurasischen Schachbrett wahr werden zu lassen. Dazu halfen die USA auch 2008 in Georgien zu zündeln, denn die kleine Republik verbindet das Kaspische und das Schwarze Meer – und die Kontrolle der Öl- und Gasreserven der kaspischen Region sind für die »einzige Weltmacht« von zentraler Bedeutung, wie Brzezinski ausführt:

»Amerikas primäres Interesse muss folglich sein, [...] dass keine einzelne Macht die Kontrolle über dieses Gebiet erlangt und dass die Weltgemeinschaft ungehinderten finanziellen und wirtschaftlichen Zugang zu ihr hat. [...] Somit kann das Bemühen Russlands, allein über den Zugang zu bestimmen, nicht hingenommen werden, da es der regionalen Stabilität abträglich ist.«[4]

Unter »Weltgemeinschaft« ist selbstredend eine unipolare, von den USA dominierte Truppe zu verstehen, die aus Brzezinskis Sicht unabdingbar ist, um »regionale Stabilität« bei Russlands direkten Nachbarn zu garantieren. Der imperiale Klartext macht deutlich, worum es geht: Nicht um Freiheit und Menschenrechte, sondern um Macht und militärische Kontrolle. Dass die Nachbarstaaten in Zentralasien – China, Russland und die ehemaligen Sowjetrepubliken – selbst für Stabilität sorgen könnten, dass sie die Vermarktung der Bodenschätze in ihrem Teil der Welt selbst in die Hand nehmen und davon profitieren können, dass Handel und Wandel im eurasischen »Heartland« am Ende über eine neue Seidenstraße laufen, deren geplante Hochgeschwindigkeitsstraßen China, die kommende Wirtschaftsmacht Nummer 1, mit Russland, der Rohstoffmacht Nummer 1, verbinden und in Duisburg, am größten Binnenhafen Europas, enden soll: All dies ist in einer unipolaren Welt, in der die USA, die »Full Spectrum Dominance« – wie es in einem Strategiepapier des Pentagon heißt – erreichen wollen, ein absolutes No-Go.[5]

Für eine globale »Vorherrschaft auf allen Ebenen« ist die Kontrolle über das eurasische »Heartland« noch heute so unverzichtbar wie einst für das britische Empire, das an einer multipolaren Welt ebenso wenig Interesse hatte wie heute die USA – und so zieht sich eine Linie von Mackinder über Brzezinski bis zur aktuellen Politik der amerikanischen Regierung. Diese hat der ehemalige Präsident Obama zuletzt Ende Mai 2014 bei einer Grundsatzrede an der Militärakademie in West Point definiert:

»Ich glaube mit jeder Faser meiner Seele an die Einzigartigkeit Amerikas. Doch was uns einzigartig macht, ist nicht unsere Fähigkeit, internationale Regeln und die allgemeine Rechtsstaatlichkeit zu missachten, sondern es ist unser unbedingter Wille, beides durch unser Handeln zu bewahren. [...] Amerika muss auf globaler Ebene stets die Führungsrolle übernehmen. [...] Unser Militär ist das Rückgrat dieses Führungsanspruchs und wird auch in Zukunft stets das Rückgrat dieses Führungsanspruchs bleiben. Die Vereinigten Staaten werden Militäraktionen nutzen, wenn notwendig auch unilateral, wenn unsere Kerninteressen es erfordern.«[6]

Im noch nicht sehr alten 21. Jahrhundert hat diese Bewahrung internationaler Regeln und Rechtsstaatlichkeit dazu geführt, dass die USA ein halbes Dutzend souveräner Nationen angegriffen und Millionen Tote, Verletzte und Heimatlose produziert haben. Da diese Kriege nicht dafür sorgten, dass in Afghanistan, Irak oder Libyen Rechtsstaatlichkeit herrscht, können wir davon ausgehen, dass es die »Kerninteressen« der USA waren, die sie erforderlich machten. So wie der jegliche internationalen Regeln missachtende Drohnenkrieg, der Tausende Zivilisten in Pakistan, Jemen und anderswo bereits das Leben gekostet hat. Nicht Recht und Demokratie haben Priorität, sondern über allem steht die »Full Spectrum Dominance«, der globale Führungsanspruch. Solange dieser nicht erreicht ist, ist dessen »Rückgrat«, also das Militär, gehalten, ihn durchzusetzen – »wenn notwendig« eben unter Missachtung allgemeiner Rechtsstaatlichkeit.

Zuletzt waren solche wahnsinnigen Beschwörungen von Einzigartigkeit und Überlegenheit wohl in den dreißiger Jahren im Berliner Sportpalast zu hören, als die angebliche Überlegenheit der deutschen Werte dazu benutzt wurde, die Massen zu einem Krieg gegen die Barbaren und »Untermenschen« im Osten zu treiben – doch ohne eine derart arrogante Hybris lässt sich auch heute ein Übermensch nicht konstruieren, vor dessen »Kerninteressen« Recht, Moral und Humanität schlicht zurückzustehen haben. Wo »wir«, in unhinterfragbarer Einzigartigkeit, die »Guten« sind, da ist es auch ohne Frage notwendig, dass wir zweierlei Maß anwenden: einen doppelten Standard – für uns und für die anderen.

»Die Herausforderung für die postmoderne Welt besteht darin, sich an doppelte Standards zu gewöhnen. Solange wir unter uns sind, arbeiten wir auf Grundlage von Gesetzen und offener, kooperativer Sicherheit. Aber wenn wir es mit eher altmodischen Staaten außerhalb des postmodernen Kontinents Europas zu tun haben, müssen wir zu den eher raueren Methoden früherer Zeiten zurückkehren – Gewalt, prä-emptive Attacken, Täuschung, was immer es braucht, um mit denen umzugehen, die noch wie im 19. Jahrhundert jeder in einem Staat für sich leben. Unter uns halten wir uns an die Gesetze, aber wenn wir im Dschungel operieren, müssen wir die Gesetze des Dschungels anwenden.«[7]

Diese Forderung stammt nicht von dem *Dschungelbuch*-Autor Rudyard Kipling, der mit *Kim* 1901 den ersten Spionageroman über das »Great Game« verfasste, sie stammt auch nicht vom Ahnherrn der Geopolitik Halford Mackinder, der um dieselbe Zeit im Zusammenwachsen Europas und Asiens die Großgefahr für das Britische Weltreich sah: Sie wurde im 21. Jahrhundert von Robert Cooper formuliert, einem ranghohen britischen Diplomaten, Berater des damaligen Premiers Tony Blair und der ehemaligen Außenbeauftragten der Europäischen Kommission Catherine Ashton. Dass sich dessen »New Liberal Imperialism« außer durch die Neuvokabel »postmodern« von der klassischen kolonialen Sklavenhaltermentalität kaum unterscheidet, liegt klar auf der Hand. Denn es hat sich nichts geändert an den Methoden, mit denen das große planetare Machtspiel gespielt wird – und gespielt werden muss, denn anders als mit Gewalt, Angriffskriegen und Täuschung lassen sich »altmodische« Staaten, die für sich leben wollen, der »Full Spectrum Dominance« einer globalen Macht nicht unterordnen.

Dass der globale Schachspieler und Ziehvater Osama bin Ladens, Zbigniew Brzezinski, deshalb auch grundsätzlich nichts dagegen hat, in der Ukraine faschistische Sturmtruppen zu bewaffnen, ist da keine Überraschung. Anfang Mai 2014 fordert er die Obama-Regierung auf, die US-Bevölkerung endlich zum Krieg zu mobilisieren und die »Freiheitskämpfer« in Kiew mit Waffen für den Bürgerkrieg auszurüsten:

»Die Ukrainer werden nur kämpfen, wenn sie denken, dann auch Hilfe vom Westen zu bekommen, besonders bei der Versorgung mit Waffen, um einen erfolgreichen Städtekampf zu führen. Sie können die Russen nicht auf offenem Feld schlagen, wenn Tausende Panzer einrollen. Sie können sie nur durch andauernden Widerstand in den Städten schlagen. Dann würden die ökonomischen Kosten des Kriegs für die Russen dramatisch ansteigen, und er würde politisch sinnlos. Um aber eine Stadt zu verteidigen, braucht man tragbare Antipanzergeschütze, tragbare Raketen und etwas Organisation.«[8]

Für die »Organisation« dieses Bürgerkriegs sorgen in Kiew seit 2014 Berater der CIA und des FBI sowie nach übereinstimmenden internationalen Berichten auch bewaffnete Truppen des privaten US-Militärkonzerns Academi, vormals Blackwater.[9]

Weil die ukrainische Armee die Befehle der Regierung größtenteils missachtete und sich weigerte, gegen ihre eigene Bevölkerung in der Ostukraine vorzugehen, haben die Putschisten eine »Nationalgarde« aufgestellt und bewaffnet – was bedeutet, dass die militanten Nationalisten des Rechten Sektors nunmehr in offizieller, staatlicher Antiterrormission unterwegs sind, um »Terroristen« zu jagen. Die Regierung in Kiew hatte 2014 auch damit begonnen, die von russischen Separatisten gehaltenen Städte zu bombardieren. Ukrainer kämpfen einmal mehr gegen Ukrainer, ein Regime führt Krieg gegen die eigene Bevölkerung, und wir – der Westen – treiben sie dazu. Der Internationale Währungsfonds (IWF) hatte – ganz im Stile seiner üblichen

Finanzmilitanz – dem Regime die dringend benötigten Kredite versprochen, allerdings unter der Bedingung, dass zuvor der Süden und Osten der Ukraine »heim ins Reich« geholt werden. Nicht ein Runder Tisch, sondern die an der Entrussifizierung der Ukraine arbeitenden Milizen des Rechten Sektors und der mitregierenden Swoboda-Partei haben diesen Job jetzt übernommen.

Dass im »Great Game« um Ressourcen und Absatzmärkte nicht fair, sondern mit doppelten Standards gespielt wird, dass Menschenrechtscharta und internationale Vereinbarungen des Völkerrechts ignoriert werden, wenn der als postmoderner Liberalismus getarnte Neokolonialismus seine Gesetze »im Dschungel« durchsetzen will, dass nicht eine unsichtbare Hand die globalen Märkte zivil und zum Wohle aller regiert, wenn man sie nur lässt, sondern es stets und nicht nur im Hintergrund der militärischen Faust bedarf: Diese Regeln internationaler Machtpolitik gelten im »postmodernen« 21. Jahrhundert weiterhin. Und dass sich das transatlantische Bündnis, der Westen, gerne »Wertegemeinschaft« nennt, hält ihn nicht davon ab, seine Werte außer Kraft zu setzen, wenn es seinen »Kerninteressen« nützt.

Dies so klar und eindeutig ausgesprochen zu haben, dafür gebührt dem Strategen Robert Cooper, einem maßgeblichen Architekten der EU-Außen- und Sicherheitspolitik, durchaus Respekt, denn so und nicht anders ist es: Der Westen und allen voran Amerika operiert systematisch mit doppelten Standards, kann es aber nicht so klar sagen, denn sonst wären wir ja nicht mehr die Guten.

4 Öl, Gas und Sicherheit: Willkommen in Pipelinistan

Nach dem mit Gewalt erzwungenen Regierungswechsel in Kiew stimmten die Bewohner der Halbinsel Krim mit großer Mehrheit für den Beitritt zur Russischen Föderation. Dass die legal auf der Krim stationierten russischen Soldaten zur Sicherung der Wahllokale ihre Kasernen verließen, wurde von westlicher Seite als Einschüchterungsversuch gewertet, der die Legitimität des Volksbegehrens zweifelhaft mache. Als Russland das Beitrittsersuchen umgehend annahm, nannte US-Außenminister John Kerry dies dann »einen beispiellosen Akt der Aggression« und sagte weiter: »Sie können einfach nicht im 21. Jahrhundert die Methoden des 19. Jahrhunderts anwenden, indem sie auf verfälschten Grundlagen in ein anderes Land einmarschieren.« Da die USA mit exakt diesen Methoden und auf »verfälschten Grundlagen« nach Belieben in andere Länder einmarschieren, sehen wir an diesen Vorwürfen an Russland den Doppelstandard in Reinkultur am Werk. Verglichen mit der Suche nach Massenvernichtungswaffen im Irak oder dem »humanitären Einsatz« in Libyen ist das Mehrheitsvotum der Krimbewohner geradezu unverfälscht und glaubwürdig. Zudem wurde der Präzedenzfall für die Akzeptanz solch separatistischer Volksbegehren im Fall des Kosovos von niemand anderem geschaffen als von den USA, der Nato und der EU selbst, die dieses mit Gewalt und Bomben auf Belgrad durchsetzten.

Auch der Bruch des Völkerrechts durch Russland, der im Zuge des Beitritts der Krim von Politik und Medien angeprangert wurde, war nicht so eindeutig, wie Professor Reinhard Merkel, Rechtswissenschaftler an der Universität Hamburg, in der *FAZ* nüchtern feststellte:

»Hat Russland die Krim annektiert? Nein. Waren das Referendum auf der Krim und deren Abspaltung von der Ukraine völkerrechtswidrig? Nein. Waren sie also rechtens? Nein, sie verstießen gegen die ukrainische Verfassung (aber das ist keine Frage des Völkerrechts). Hätte aber Russland wegen dieser Verfassungswidrigkeit den Beitritt der Krim nicht ablehnen müssen? Nein, die ukrainische Verfassung bindet Russland nicht. War dessen Handeln also völkerrechtsgemäß? Nein, jedenfalls seine militärische Präsenz auf der Krim außerhalb seiner Pachtgebiete dort war völkerrechtswidrig. Folgt daraus nicht, dass die von dieser Militärpräsenz erst möglich gemachte Abspaltung der Krim null und nichtig war und somit deren nachfolgender Beitritt zu Russland doch nichts anderes als eine maskierte Annexion? Nein.«[1]

So viel zur eigentlichen Rechtslage, die sachlich betrachtet nicht zu einem völligen Freispruch für Russland führen kann, aber auch weit entfernt ist von einer Verurteilung für einen »beispiellosen Akt der Aggression«. Vielmehr hat Russland im geopolitischen Schach nur zu einer Variante gegriffen, die der Gegner zuvor selbst schon angewandt hatte. Genau deshalb überschrieb Professor Merkel seine Analyse strafrechtlicher Tatbestände in Sachen Krim mit dem Titel »Kühle Ironie der Geschichte«: »Wenn nicht alle Zeichen trügen, ist der Westen soeben dabei, sich für eine verfehlte Außenpolitik die Quittung einer welthistorischen Blamage zuzuziehen. Er sollte deren Kollateralschäden nicht allzu weit in die Sphäre des Völkerrechts ausdehnen.«

Diese Mahnung ist bei den handelnden Regierungen bis dato nicht angekommen. Nach wie vor werden Russland und Putin als die alleinigen Aggressoren des Konflikts dargestellt, nach wie vor wird ein mit Gewalt und einem Verfassungsbruch an die Macht gebrachtes Regime als legitim anerkannt und unterstützt, und nach wie vor legen die Medien die Motive des Westens und seine Rolle im »Great Game« in keiner Weise offen. Sie tönen dafür aber umso lauter, dass Russland mit dem Beitritt der Krim dabei sei, das alte Sowjetimperium wieder zu errichten – was zwar an Ronald Reagans unvergessene Horrorpropaganda vom »Reich des Bösen« anknüpft, mit der Realität aber wenig zu tun hat.

Einige Tage bevor Wladimir Putin Anfang Juni 2014 der Einladung zur Feier des 70. Jahrestags des D-Days, der Landung der Alliierten in der Normandie, folgte, wurde er von zwei französischen Journalisten interviewt und mit seiner Aussage konfrontiert, dass er den Untergang der Sowjetunion als größte Katastrophe des Jahrhunderts bezeichnet habe: Ob es nicht sein Bestreben sei, das alte Sowjetimperium wieder aufzurichten? Nein, antwortete Putin: Den Untergang der UdSSR habe er als Katastrophe bezeichnet, weil 25 Millionen Menschen, die unter dem Dach der Sowjetunion in den verschiedenen Landesteilen lebten, staatenlos geworden seien. An einer Wiedererrichtung des Sowjetreichs habe Russland kein Interesse, sondern an partnerschaftlichen Beziehungen zu seinen asiatischen Nachbarn und zu Europa. In einem Gespräch mit dem deutschen Fernsehen 2005 hatte er auf eine ähnliche Frage geantwortet: »Die Leute in Russland sagen, wer den Zusammenbruch der Sowjetunion nicht bedauert, hat kein Herz, wer ihn bedauert, hat keinen Verstand.« Hat da der Wolf Putin nur Kreide gefressen und sich im Schafsfell verkleidet? Eher nicht, wenn wir die Züge betrachten, die Russland seit dem Fall der Berliner Mauer und dem Ende des Warschauer Pakts auf dem geopolitischen Schachbrett geführt hat.

Alle russischen Präsidenten von Gorbatschow bis Putin hatten Andockversuche an den Westen unternommen: Jelzin schlug 1992 ein gemeinsames Sicherheitssystem mit den USA, Europa und Japan vor, Putin wollte 2001 Verträge zu einer Energieallianz von Russland und EU abschließen, Medwedew regte 2008 eine internationale Friedenscharta von Vancouver bis Wladiwostok an. Doch wie schon bei Gorbatschows Vision vom »gemeinsamen Haus Europa« zeigte der Westen diesen Ambitionen die kalte Schulter. War dieses Desinteresse in den neunziger Jahren noch der Tatsache geschuldet, dass die chaotischen Zustände des geschwächten Russlands eher zu ökonomischen Raubzügen einluden als zu einer fairen, rechtsstaatlichen Partnerschaft, begegnet der Westen dem unter Putin wirtschaftlich wieder auferstandenen Russland mit Argwohn und Skepsis. Der Grund waren freilich weniger die undemokratischen Mittel, mit denen er die Stabilität und den ökonomischen Aufschwung Russlands herstellte, sondern eher die Tatsache, dass Verträge wie unter Jelzin, der die internationalen Mineralölkonzerne ins Land gelockt und für 25 Jahre auf jegliche staatliche Gewinnmarge verzichtet hatte, nun nicht mehr möglich waren.

Der erstaunliche ökonomische Aufschwung Russlands verdankte sich unterdessen nicht allein der Durchsetzungskraft des Präsidenten, der Bodenschätze und Energieexporte wieder unter staatliche Kontrolle brachte, sondern dem seit Anfang der neunziger Jahre fast auf das Dreifache gestiegenen Ölpreis. Die Exportsteuer von 90 Prozent ab 15 Dollar pro Barrel spülte bei den anhaltend hohen Ölpreisen unerwartete Milliarden Dollar in den Haushalt des Kremls. Dieser Boom versetzte Putin nicht nur in die Lage, die maroden Staatsfinanzen zu sanieren und Russlands Auslandsschulden zu tilgen, sondern ermöglichte auch neue Investitionen in die Exploration und Förderung von Energieträgern und den Ausbau von Geschäften und Pipelines zu den europäischen und asiatischen Nachbarn. Damit war Russland zurück im »Great Game« – nicht mehr als gestürztes und zerfallendes ehemaliges Riesenreich, sondern als Energieriese mit Zukunft, ein Land, das nicht nur über fast ein Drittel der bekannten Erdgas-, Öl- und Mineralreserven des Planeten verfügt, sondern auch in der Lage ist, diese zu fördern und zu vermarkten.

Dass Präsident Obama im aktuellen Ukraine-Konflikt Russland als »regionale Macht« bezeichnet, kann getrost als eher plumpe Verspottung im Propagandakrieg der Worte abgebucht werden. In der Realpolitik des »Great Game« ist Russland nämlich die Energiesupermacht Nummer 1: das Herz- und Kernstück des »Heartland«, dessen Zusammenwachsen mit Europa und Asien die anglo-amerikanischen Strategen von Mackinder über Brzezinski bis zum »Project New American Century« nach wie vor fürchten wie der Teufel das Weihwasser.

Ihre ersten Schritte nach der Auflösung der Sowjetunion galten denn auch dem großen Öl- und Gasreservoir im Kaspischen Becken und den dortigen Pipelines. Pipelines sind neben den Seewegen die Hauptschlagadern auf dem großen geopolitischen Schachbrett: Sie befördern die Stoffe, ohne die keine Wirtschaft in der industrialisierten Welt überleben kann – und sie liefen vom Kaspischen Meer Anfang der neunziger Jahre alle über Russland. Dieses Transitmonopol zu brechen, war ebenso das erklärte Ziel der USA und der transnationalen Ölkonzerne, wie es Russlands Interesse war, die westliche Konkurrenz aus seinem asiatischen Hinterhof herauszuhalten. Dass Staaten wie Aserbaidschan, Kasachstan, Turkmenistan, Tadschikistan oder Usbekistan von teilweise üblen Autokraten regiert wurden, störte die »Wertegemeinschaft« des Westens dabei wenig: Pipelines sind teuer und empfindlich, sie bedürfen besonderer Sicherheit – wer diese verbürgen kann, ist in »Pipelinistan« mit im Boot.

Um die Anrainer Russland und Iran zu umgehen, starteten die westlichen Öl-Konsortien zwei Großprojekte: Die von Turkmenistan über Afghanistan und Pakistan nach Indien führende TAPI-Pipeline und die vom aserbaidschanischen Baku über Tiflis in Georgien zum türkischen Ölhafen Ceyhan laufenden BTC-Pipeline. Während letztere, bei der BP Hauptaktionär ist, seit 2006 Öl ans türkische Mittelmeer transportiert, ist TAPI, seit Anfang der neunziger Jahre vom US-Konzern Unocal konzipiert, noch immer nicht im Bau, vor allem wegen der unruhigen

Lage in Afghanistan. Nachdem sich 2001 dort die von der CIA und dem pakistanischen Geheimdienst ISI als Hüter der Pipeline installierte Taliban-Regierung bei den Verhandlungen über die Transitgebühren als zu hartnäckig erwies, wurde der von einem Vertreter des amerikanischen Energiekonzerns Unocal angedrohte »Teppich voller Bomben« im Rahmen des »War on Terror« prompt geliefert – und die Taliban wurden aus Kabul wieder verjagt. Als erste Amtshandlung unterzeichnete der neu eingesetzte Präsident Hamid Karzai in Dezember 2002 den Vertrag über TAP – ohne »I«, denn die Verlängerung nach Indien musste offen bleiben.

Die Inder verhandelten mittlerweile über IPI – eine Iran-Pakistan-Indien-Pipeline, die den USA ein Dorn im Auge ist, weil sie TAPI unrentabel machen und dem Iran Geschäfte ermöglichen würde. Doch weder Indien noch Pakistan wollen sich auf eine allein von den USA kontrollierte Energieversorgung verlassen und halten trotz amerikanischem Druck an IPI fest, die auf iranischer Seite schon fertig ist und eigentlich Ende 2014 in Betrieb gehen sollte. Doch das pakistanische Teilstück fehlt noch, weil die USA Pakistan massiv unter Druck setzen, aus dem Projekt auszusteigen, und dem Land mit wirtschaftlichen Sanktionen drohen. Wenn irgendwann Nachrichten über Terroraktivitäten in Belutschistan, der an den Iran grenzenden pakistanischen Provinz, auftauchen, wissen Sie, worum es geht: Weil in einem umkämpften Gebiet niemand Millionen in eine Pipeline investiert, muss dort – falls sich die Regierungen nicht anders von der IPI-Pipeline abbringen lassen – ein bisschen Terror inszeniert werden. Seit 2017 ist nun außerdem eine direkte Unterwasserpipeline vom Iran nach Indien in Gespräch, die Pakistan umgehen würde.[2]

Schon seit 2010 in Betrieb ist die russische Pipeline Blue Stream, die Gas durch das Schwarze Meer in die Türkei befördert und die Russland mit Blue Stream 2 verlängern möchte – nach Syrien. Dass sich Syriens Diktator Assad auf dieses Ange-

Die von US-Konzernen seit den neunziger Jahren projektierte Turkmenistan-Afghanistan-Pakistan-Indien-Pipeline (TAPI) soll Öl und Gas zum Persischen Golf transportieren und ist über das Planungsstadium noch nicht hinausgekommen. Indien ist aus dem Projekt ausgestiegen und favorisiert jetzt die Peace-Pipeline IPI (Iran-Pakistan-Indien), die von iranischer Seite bereits fertig ist und die die USA verhindern wollen.

bot eingelassen hat und das Angebot einer von den USA und der EU projektierten Pipeline, die Erdgas aus Katar durch Jordanien und Syrien ans türkische Mittelmeer befördern soll, ablehnte, ist vermutlich der eigentliche Grund für den vom Westen ab 2011 massiv propagierten Regimewechsel in Damaskus sowie für die Tatsache, dass Katar und Saudi-Arabien die Rebellen im syrischen Bürgerkrieg finanzierten und mit Al-Qaida-Söldnern unterstützten. Es geht dabei nicht um Demokratie oder Menschenrechte, sondern um das Milliardengeschäft mit den energiehungrigen europäischen Anrainern des Mittelmeers. Diesem Geschäft ist Assad im Weg und will zudem nicht nur russischem Erdgas Zugang zum Mittelmeer verschaffen, sondern hat auch mit dem Iran einen milliardenschweren Lieferungsvertrag geschlossen. Das – und nicht die unzweifelhafte Diktatur des Herrschers Assad – ist der Grund für den vom Westen mit Geld aus Katar und Saudi-Arabien geförderten Bürgerkrieg in Syrien und für die Unterstützung, die Assad in diesem Konflikt durch Russland erfährt. Es ist das große Spiel um Ressourcen und Marktzugänge – und hier gelten der Doppelstandard und die Gesetze des Dschungels: Täuschung, präemptive Attacken, Krieg.

Im August 2013 standen die Truppen der USA, Englands und Frankreichs kurz davor, mit Bombardements in den syrischen Konflikt einzugreifen, weil nach mehreren Giftgaseinsätzen, die der Assad-Regierung zugeschrieben wurden, laut Präsident Obama eine »rote Linie« überschritten war. Nachdem am 21. August in der Region Ghuta erneut mehrere hundert Zivilisten durch den Einsatz chemischer Waffen ums Leben gekommen waren, legte Präsident Obama den Termin des Bombenangriffs auf den 2. September fest, England verlegte ein U-Boot und Kampfflugzeuge nach Zypern, eine Staffel der französischen Luftwaffe wurde in Bereitschaft versetzt. Ohne Frage wäre es zu diesem Angriff auf Damaskus gekommen – der US-Präsident hatte ihn sogar schon öffentlich angekündigt. Dass er im letzten Moment abgewandt wurde, ist einem russischen Agenten zu verdanken, der dem britischen Geheimdienst MI6 ein Muster des in Ghuta verwendeten Giftgases zukommen ließ – samt eines vertrauenswürdigen Belegs, dass dieses nicht aus russischen Beständen stammte und daher auch nicht im Arsenal von Assad gewesen sein konnte. Nachdem die Chemiker des MI6 dies geprüft hatten, funkten sie eilig nach Washington: »Wir wurden reingelegt!«

Wie dies geschah, deckte Seymour Hersh in zwei investigativen Reportagen einige Monate später auf: Als eine klassische »False-Flag-Operation« hatten die »Rebellen« selbst das Giftgas eingesetzt. Die Kampfstoffe stammten aus der Türkei und waren auf der von der CIA eingerichteten »Rattenlinie« zur Versorgung der Aufständischen nach Syrien gebracht worden. Mit dem von der Türkei, Katar und Saudi-Arabien ausgeheckten Plot sollten die Großmächte in den Konflikt hineingezogen werden, was

Russland verhinderte und danach einen Deal mit Assad aushandelte, sämtliche syrischen Chemiewaffen zu vernichten.[3]

Wer nun glaubt, dass das Auffliegen der Geschichte und die Beweise, dass nicht der »Schlächter« Assad gegen sein eigenes Volk einschließlich Kindern mit Chemiewaffen vorging, sondern die vom Westen eingeschleusten Söldner der al-Nusra-Front, zu einem Ende des verdeckten Kriegs in Syrien geführt haben, irrt. Die »rote Linie«, die gesetzt wurde, gilt nach dem doppelten Standard eben nur für eine Seite: Wir, die Guten, dürfen so etwas, weil wir für »Freiheit« und »Menschenrechte« unterwegs sind, weil wir »Diktatoren« beseitigen und den »Terror« bekämpfen. Und wenn unsere Helfershelfer dabei auch mal Giftgas einsetzen und einen Massenmord unter falscher Flagge veranstalten, ist das kein Grund, sich von ihnen zu trennen: Es geht um Größeres, um das große Spiel, in dem jedes Mittel erlaubt ist und in dem »wir« immer die Guten sind.

Wo derart mit Haken und Ösen, mit Terror und Täuschung bis hin zum veritablen Bomben- und Gaskrieg gekämpft wird, lohnt zur Aufhellung der Hintergründe stets ein Blick auf die Karte von Pipelinistan. Und so verhält es sich auch bei dem aktuellen Konflikt in der Ukraine: Etwa ein Viertel der Erdgaslieferungen an die EU kommt aus Russland, und etwa 80 Prozent werden im Transit durch Pipelines in der Ukraine gefördert. Der schon zu Zeiten der Sowjetunion begonnene und seitdem stets gewachsene Export lief seit vielen Jahrzehnten problemlos: Die Russen lieferten zuverlässig, Deutschland und die Europäer zahlten prompt, bis im Zuge der Orangen Revolution 2004 einige Strategen begannen, einen kleinen Gaskrieg zu entfachen. Schon zuvor hatte es zwischen der Ukraine und Russland immer wieder Streit gegeben, weil die Ukraine aus den Transitrohren mehr Gas für sich selbst abzapfte, als vereinbart war. Auf diese Weise waren einige Oligarchen in der Ukraine steinreich geworden, allen voran die mehrfache Präsidentschaftskandidatin Julia Timoschenko, die das Gas, das Russland dem Bruderland zum

Freundschaftspreis überließ, zu Weltmarktpreisen ins Ausland verkaufte und so innerhalb kurzer Zeit zur reichsten Frau des Landes wurde.[4]

Nach Timoschenkos bescheidenem Einstieg ins Wirtschaftsleben mit Raubkopien von Videokassetten hatten ihre Geschäfte durch die Beziehung zu dem Provinzfürsten Pawlo Lasarenko einen entscheidenden Schub bekommen, als dieser 1996 zum Premierminister ernannt wurde und Lady Ju zur Direktorin der staatlichen Energiewerke machte. In dessen Rohre lieferte Russland der Ukraine täglich Gas weit unter Marktpreis, was Timoschenko als gelernte Raubkopiererin auf die Idee brachte, den billigen Stoff einfach abzuzapfen und auf eigene Rechnung zum Weltmarktpreis zu verkaufen. Als ihr Mentor Lasarenko nach kaum zwei Jahren als Premier abtreten musste und wegen der Anklage, zwei Milliarden Dollar außer Landes geschafft zu haben, 2003 in den USA verhaftet und zu neun Jahren Gefängnis verurteilt wurde, war seine Schülerin zu Hause zur Gasprinzessin und Ikone der von den USA gesponsorten Orangen Revolution aufgestiegen. Dass sie sich als neue Retterin der Zukurzgekommenen in Szene setzte und von dem verurteilten Ex-Premier, dessen Konten sie mit 680 Millionen Dollar gefüllt haben soll, lautstark distanzierte, änderte aber nichts am Volksmund, der sie fortan nur noch »Sonka« nannte – eine in der Ukraine in den zwanziger Jahren populäre Diebin und Gangsterbraut.[5]

»Jeder, der nur einen Tag im ukrainischen Geschäftsleben tätig war, könnte ins Gefängnis gesteckt werden«, hat Madame Timoschenko zu ihren mafiösen Geschäftspraktiken freimütig bekannt – was zeigt, dass sie die Regeln in Pipelinistan verstanden hat. Als sie mit ihrem politischen Partner Wiktor Juschtschenko die Macht in Kiew übernommen und einen schnellen Beitritt zu Nato verkündete, schritt Russland ein: Feindliche Raketen vor der Haustür mit Zugriff auf die Hauptschlagader des Gasgeschäfts mit Europa waren schlicht nicht tragbar. Putin warnte Juschtschenko vor diesem Schritt und bot im Gegenzug den Beitritt zu einer Freihandelszone mit Weißrussland und Kasachstan sowie eine dauerhafte Gasversorgung der Ukraine zum Niedrigpreis an. Falls Kiew dies ablehne, müsse die Ukraine ab sofort den Weltmarktpreis von 100 US-Dollar statt des Freundschaftspreises von 40 Dollar für 1 000 Kubikmeter Gas bezahlen.

Das war für die ohnehin bei Russland mit Milliarden Dollar für Gaslieferungen im Rückstand liegende Ukraine nicht bezahlbar, und so stellte sie die Zahlungen ganz ein. Daraufhin tat Gazprom zum Jahreswechsel 2006, was jeder Energieversorger bei einem zahlungsunwilligen Kunden irgendwann tut: Der Gashahn wurde zugedreht. Nur in den Exportrohren nach Westen lief noch Gas – und daraus zapfte sich die Ukraine ihren Bedarf jetzt einfach ab, was wiederum die Empfänger in Europa in Aufregung versetzte: Sie waren von der Ukraine in diesem Zahlungsstreit mit Russland als Geisel genommen worden. Seitdem versucht die EU, diesen Streit zu schlichten, der jedoch nach 2006 drei Jahre später wieder ausbrach und 2014 erneut eskalierte. Im Mai 2014 schaltete sich EU-Kommissar Günther Oettinger ein, als Gazprom angesichts von Zahlungsrückständen der Ukraine in Höhe von 5,2 Milliarden Dollar erneut mit einem Lieferungsstopp drohte.

Pipelines sind sensibel und können, wie dieses Beispiel zeigt, auch von Transitstaaten leicht als Druckmittel eingesetzt werden. Je weniger »Wegelagerer« auf der Strecke befriedet und geschmiert werden müssen, desto kostengünstiger wird der Energietransport. Von daher kann die von Gerhard Schröder und Wladimir Putin eingefädelte North-Stream-Pipeline, die in kürzester Zeit gebaut und seit 2012 russisches Gas durch die Ostsee direkt nach Deutschland liefert, nur als segensreich bezeichnet werden.

Dass die Ukraine, Weißrussland und Polen als bisherige Transitländer gegen die North-Stream-Pipeline protestierten, weil es ihre Position bei der Gebührenforderung schwächt, leuchtet unmittelbar ein. Dass die Vereinigten Staaten diese Versorgungsli-

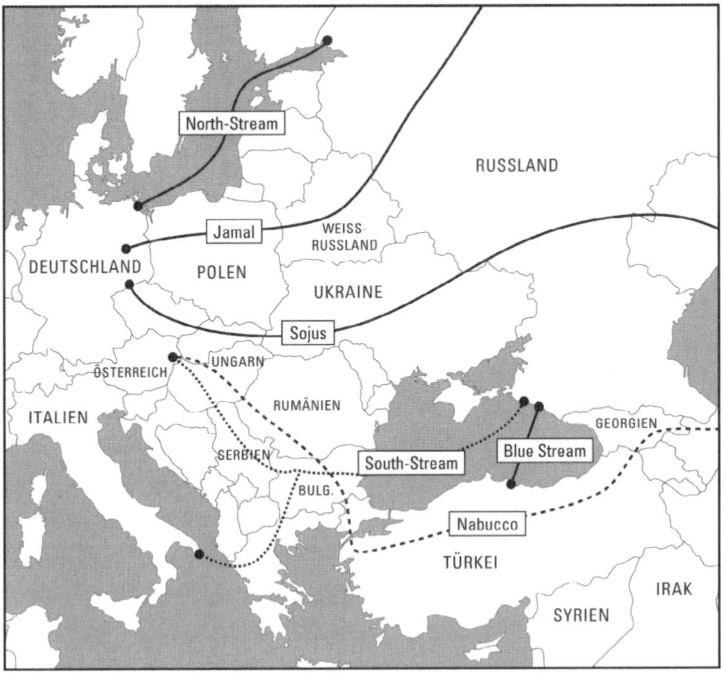

Die North-Stream-Pipeline liefert seit 2012 Erdgas direkt von Russland nach Deutschland durch die Ostsee. Die South-Stream-Pipeline befindet sich von russischer Seite im Bau und führt durch das Schwarze Meer über Bulgarien und Ungarn nach Österreich, mit einem Abzweig nach Italien. Die USA üben Druck auf die EU aus, die vertraglich vereinbarte Fertigstellung zu verhindern. Die Gazprom-Pipeline Blue Stream läuft bereits bis in die Türkei, ihre geplante Verlängerung nach Syrien und ans Mittelmeer spielt unter anderem auch für den dortigen Konflikt eine Rolle. Die Nabucco-Pipeline, von einem europäischen Konsortium unter Beteiligung der deutschen RWE projektiert, gilt seit 2013 als gestorben, weil Kasachstan seine Gasreserven an China und Russland verkauft hat. Mit der Eskalation des Russland-Konflikts machen sich die Planer aber wieder Hoffnungen. Deshalb stellt auch die schon im Bau befindliche Gas-Pipeline – »Nord Stream 2« – zwischen Russland und Deutschland für die USA ein »Problem« dar, die deren Inbetriebnahme verhindern will, um die ökonomisch und ökologisch hochgradig unsinnige Idee durchzusetzen, Fracking-Gas mit Riesentankern von Amerika nach Europa zu schippern.

nie zu verhindern suchten, ist dagegen allein ihrem großen Ziel im »Great Game« geschuldet: der Schwächung und Unterwerfung Russlands unter die Fittiche der einzigen und einzigartigen Weltmacht. Aus diesem Grund sandten die USA im Mai 2014 gewichtige Armdrücker nach Bulgarien und Ungarn, um das bereits im Bau befindliche South-Stream-Projekt zu stoppen. Die durch das Schwarze Meer laufende Pipeline soll bis nach Österreich führen, ist von Russland mit den Transitstaaten vertraglich vereinbart und für den wachsenden Energiebedarf Europas ebenfalls sinnvoll. Dass die USA dagegen vorgehen und Brüssel zu ihrem Handlanger machen, liegt definitiv nicht im europäischen Interesse, sondern ist allein dem geopolitischen Ziel der einzigen Weltmacht geschuldet.

Dass dieses Ziel erreichbar sei, schien nach dem Zerfall der Sowjetunion auf der Hand zu liegen: Bei der globalen militärischen Überlegenheit und der wirtschaftlichen Macht der USA war es nur noch eine Frage der Zeit, bis die unkontrollierten Felder auf dem globalen Schachbrett eingenommen und deren Bevölkerung in Vasallen des Imperiums umgewandelt werden konnten. »Vasallen« nannte auch Brzezinski diese Manövriermasse, und in neokonservativen Denkfabriken wie dem »Project for the New American Century« (PNAC) wurde darüber gebrütet, wie man die dafür notwendigen Rüstungsausgaben nach dem Wegfall des Großfeinds Kommunismus gegenüber der Bevölkerung begründet. In einem Papier des PNAC unter dem Titel »Rebuilding America's Defenses« beschrieben die Autoren – darunter Dick Cheney, Donald Rumsfeld, Paul Wolfowitz und weitere führende Köpfe der späteren Bush-Regierung – diese Transformation als langwierigen Prozess, es sei denn, »ein katastrophisches und katalysierendes Ereignis, ein neues Pearl Harbour« würde ihn beschleunigen.[6]

Ein solches Ereignis trat am 11. September 2001 ein. Ohne die berechtigten Zweifel an der offiziellen Version der Ereignisse hier weiter auszuführen,[7] können wir festhalten, dass diese Anschläge in der Folge zu einem globalen »War on Terror« instrumentalisiert wurden – um im Inneren demokratische Freiheiten und Bürgerechte zu beschneiden und außenpolitisch eine neue Art von präemptiven Kriegen zu implementieren, deren Eroberungsfeldzüge unter dem Signum des »Kriegs gegen den Terror« laufen. Dass der russische Präsident Putin am 11. September 2001 als erster ausländischer Staatsführer im Weißen Haus anrief, seine Solidarität bekundete und Unterstützung zusagte, dass Russland im Zuge des folgenden Afghanistan-Feldzugs US-Militärbasen in Usbekistan zustimmte und logistische Hilfen leistete, änderte nichts an der Ausrichtung der geopolitischen US-Strategie, in der Russland einer »Full Spectrum Dominance« im Wege steht.

Am 13. Dezember 2001 kündigten die Vereinigten Staaten einseitig den seit 1972 gültigen ABM-Vertrag über Raketensysteme. Das Versprechen, das man den Russen bei den Verhandlungen zur deutschen Wiedervereinigung gegeben hatte – aus der Auflösung des Warschauer Pakts keinen militärischen Vorteil zu ziehen und die Nato nicht nach Osten zu erweitern –, wurde gebrochen. Dass Gorbatschow sich dies bei den Zwei-plus-Vier-Verträgen nicht hatte schriftlich geben lassen, mag im Nachhinein als unverzeihlicher Fehler erscheinen, ist im Zuge der sich überschlagenden historischen Ereignisse 1989 und 1990 aber durchaus nachvollziehbar: Dass dem Abzug der russischen Armee aus Osteuropa nicht ein Aufmarsch von US-Truppen folgen sollte, war die selbstverständliche Grundvoraussetzung der gesamten Verhandlungen. Mit der Kündigung des ABM-Vertrags und der systematischen Ausweitung der Nato in Osteuropa bekam Russland die Quittung für sein Vertrauen: Polen, Tschechien, Ungarn, Estland, Lettland, Litauen, Bulgarien, die Slowakei und Slowenien wurden bis 2005 Nato-Mitglieder. Mit der beabsichtigen Aufnahme der Ukraine und Georgiens in das Militärbündnis sollte die Umzingelung Russlands perfekt gemacht werden. Nicht weil Putins Regierung in Sachen Demokratie und Freiheit mangelhaft ist, sondern weil es um die Kontrolle von Eurasien und seiner Rohstoffe geht – und diese Kontrolle ist nicht zu gewinnen, solange sich der Energiekoloss Russland als freier Agent zwischen Europa und Asien in Pipelinistan schalten und walten kann.

»Russland will Krieg. Schau, wie sie ihr Land an unsere Militärbasen heranrücken«: Diese im Internet kursierende Grafik zeigt, warum die Einkreisungsängste Russlands nicht ganz unbegründet sind.

Wie es Präsident Obama in der oben zitierten Rede vor den West-Point-Kadetten im Mai 2014 so treffend ausdrückte: »Nur weil wir den größten Hammer haben, verwandelt sich nicht jedes Problem in einen Nagel.« Um solche Probleme strategisch anzugehen und Regierungswechsel nicht immer mit der Brachialgewalt des militärischen Hammers, sondern mit Hilfe von »Soft Power« schleichend herbeizuführen, wurden die Farben-Revolutionen erfunden.

5 Besser als Krieg: Farb-Revolutionen und Fake-Demokratie

Um einen künstlichen Volksaufstand aufzukochen, braucht es nicht viel:

1. Sende einen kleinen Trupp Agenten in das Zielland, die als Studierende, Geschäftsleute, Touristen, Kreative, Journalisten et cetera Kontakte knüpfen.
2. Gründe eine Reihe von Organisationen (NGOs), die sich für Menschenrechte, Demokratie, Ökologie oder Soziales einsetzen, sammle in den lokalen Gruppen Unzufriedene, Liberale und Leichtgläubige; Möchtegernwestliche Studierende und junge Leute sind besonders geeignet.
3. Rekrutiere ein Netzwerk einheimischer Mitverschwörer – Intellektuelle, Medienleute, Politiker, wenn möglich Militärs –, indem du sie entweder kaufst, oder mit Veröffentlichungen über private Verfehlungen Druck ausübst.
4. Suche dir eine Farbe oder ein Symbol für die »Revolution« aus, gestalte Plakate, Banner, Sticker und Websites – immer auch in englischer Sprache.
5. Starte den Aufstand mit »spontanen Protestaktionen«: Mit Vorwürfen wegen »Menschenrechtsverletzungen«, »Wahlbetrug«, »Korruption«, was auch immer. Die Anschuldigungen müssen nicht wahr sein, aber die Proteste leidenschaftlich.
6. Bringe die Twitter- und Facebook-College-Community dazu, die »spontanen« Proteste in den sozialen Netzwerken und auf der Straße zu unterstützen. Schicke deine gekauften Akade-

miker und Politiker in die Talkshows, lass sie Artikel schreiben und auftreten, organisiere weiter Kundgebungen und Protestevents, um den Druck auf die Regierung zu erhöhen. Die ausländischen Medien werden die Aktionen jetzt als »spontanen« Aufstand für »Bürgerechte«, gegen »Wahlfälschung« oder Ähnliches porträtieren.

7. Jetzt brauchst du ein paar gewalttätige Provokateure, welche die Polizei zum möglichst brutalen Einschreiten gegen die »berechtigten Bürgerproteste« bringen. Bilder von übel zugerichteten Frauen und anderen Opfern der »Regierungsgewalt« erregen weltweit Aufsehen. Internationale Proteste hageln auf die Regierung nieder.
8. Dann bringst du deine gekauften Politiker nach vorne und brauchst nur zu warten, bis USA, UN oder EU Druck auf die amtierende Regierung ausüben. Die Drohung mit ökonomischen Sanktionen, Überflugverboten, bewaffneten Aufständen oder Bombardements wird die Regierung überzeugen, sich deinem Willen zu beugen oder zurückzutreten und Neuwahlen auszurufen.

Der letzte Punkt des Rezepts »How to Cook up a Fake ›People's Uprising‹!«, aus dem wir diese Kurzanleitung für postmoderne Staatsstreiche zusammengefasst haben, lautet: »Falls die Farben-/Frühlingsrevolution scheitert, bereite eine Militäraktion vor.«[1]

So, wie die Theorie der unsichtbaren Hand des Markts in der Praxis nicht ohne die militärische Faust funktioniert, verhält es sich auch mit der Theorie des nicht gewalttätigen »Regime-Changes«, die in der Praxis nur selten ohne den Einsatz direkter Gewalt funktioniert – wie in der Ukraine nach dem Scheitern der Orangen und der Euro-Maidan-Revolutionen zu sehen ist. Weder der Regierungswechsel 2004 noch der Regierungswechsel 2014 hat für die zu Protesten mobilisierten Unzufriedenen und Leichtgläubigen etwas gebracht – außer einem neuen Oligarchen an der Spitze des nach wie vor korrumpierten, kleptokratischen Systems sowie einen nunmehr zu einem mörderischen Bürgerkrieg ausgearteten Konflikt, in dem das Gewaltmonopol des Staats an privat organisierte Milizen und Banden gefallen ist.

Auch die anderen Farben- oder Frühlingsrevolutionen, die nach diesem Muster in neuerer Zeit in Osteuropa und in arabischen Ländern inszeniert wurden, führten in der Regel zu militärischen Aktionen und haben den zum Protest mobilisierten Bürgern wenig Positives oder gar Schlimmeres gebracht. Der wesentliche Grund für dieses Scheitern ist darin zu suchen, dass die Methode der Destabilisierungen und Regierungswechsel durch Farben- oder Frühlingsrevolutionen sich zwar die Förderung der Demokratie und der Zivilgesellschaft auf die Fahnen schreibt und zivilgesellschaftliche Kräfte dafür mobilisiert, doch dass es primär nur darum geht, eine »unfreundliche« Regierung gegen einen »freundliche« auszutauschen. Dabei ist nicht die »Freundlichkeit« gegenüber ihrer eigenen Bevölkerung, sondern die gegenüber den machtpolitischen und geschäftlichen Interessen des Westens entscheidend – und da tun es ein neuer Oligarch, ein Autokrat oder eine Militärregierung eben auch.

Ersonnen wurden diese Methoden nicht von Friedensforschern oder zum Zwecke der Sozialplanung, sondern als Mittel der psychologischen Kriegsführung, in Denkfabriken, die vom Pentagon und Big Oil (Rockefeller) finanziert werden: dem Tavistock-Institut und der RAND-Institution. In den sechziger Jahren hatte der Tavistock-Leiter und Hypnoseexperte Dr. Fred Emery das relativ neue Phänomen großer Popkonzerte und die »rebellische Hysterie« des Publikums studiert, das ihn an das Schwarmverhalten von Bienen erinnerte. In seiner Analyse dieses Verhaltens »schwärmender Heranwachsender« gab er sich überzeugt, dass man dieses Massenphänomen auch zum Zwecke der Beseitigung unkooperativer Regierungen kanalisieren und steuern könnte. Die Analyse der französischen Studentenbewegung im Mai 1968 schien Emerys These vom Verhalten rebellischer Schwärme zu bestätigen: Aus den dezentralen Protesten weniger tausender Studierender entstand eine Bewegung, die Millionen erfasste, die Regierung destabilisierte und zum Rücktritt des Präsidenten Charles de Gaulle führte. So wurden in der Folge die Strukturen, Muster und Taktiken spontaner Aufstände zu einem Studienobjekt der Verhaltensforscher von Tavistock und der US-Geheimdienste. Howard Perlmutter, ein Schüler Emerys und Professor für Sozialarchitektur, stellte bei einer Konferenz 1989 ein neues Paradigma zur Destabilisierung traditioneller Kulturen vor: »Rock-Videos in Kathmandu«.

»Laut Perlmutter waren für solche destabilisierende Transformationen zwei Dinge nötig: ›Der Aufbau international engagierter Netzwerke von international und lokal engagierten Organisationen‹ (denen die heutigen Menschenrechtsorganisationen und anderen NGOs entsprechen) und ›die Schaffung globaler Ereignisse durch die Transformation von lokalen Ereignissen in solche, die durch die Massenmedien sofortige internationale Auswirkungen haben‹.«[2]

John Arquilla und David Ronfeldt von der RAND-Corporation schlossen Mitte der neunziger Jahre diese Blaupause an das Informationszeitalter an, indem sie E-Mail und Mobilfunk-Nachrichten in das Potential der Vernetzung und Schwarmbildung einbezogen. Ihre Arbeit legte den Grundstein für das, was in den Medien mittlerweile als Twitter- oder Facebook-Revolutionen bezeichnet worden ist – hinter denen unterdessen keine »spontanen« Proteste in den sozialen Medien steckten, sondern eine vorbereitete, ausgefeilte Strategie, die es wenigen geschulten Aktivisten und Führern erlaubte, zu großen Demonstrationen zu mobilisieren.[3] Das heißt natürlich nicht, dass jede Art von Bürgerprotest gegen undemokratische Regierungen per se einer geheimdienstlichen Strategie folgt, wo sich aber diese Proteste gegen Regierungen richten, die von den USA als »unfreundlich«

eingestuft sind, kann durchaus davon ausgegangen werden, dass CIA und Co. mit am Werke sind – wenn nicht als genuiner Auslöser dann als Trittbrettfahrer.

Die Schulungen übernehmen Spezialisten für Marketing, Verhaltensforschung und psychologische Kriegsführung, von denen die leitenden Aktivisten mit Finanzmitteln, PR-Material sowie der erforderlichen Hard- und Software für die Schwarmbildung ausgerüstet werden. Zudem stellt man professionelle Meinungsforscher für alternative Wahlbeobachtungen zur Verfügung, deren »Exit-Polls« Fakten liefern sollen, um möglicherweise manipulierte Wahlergebnisse der amtierenden Regierung zu kontern und auf dieser Basis neue Massenproteste wegen Wahlbetrugs zu initiieren.

Als erfolgreiche Premiere dieser neuen Technologie des Staatsstreichs gilt die Beseitigung der serbischen Regierung unter Slobodan Milošević, der selbst durch eine Reihe internationaler Sanktionen, mehrere Aufstände und ein zweimonatiges Nato-Bombardement nicht zum Rücktritt zu bewegen war. Die *Washington Post* berichtete im Dezember 2000:

> »Von den USA finanzierte Berater spielten die entscheidende Rolle hinter der Szene bei nahezu allen Facetten der Anti-Milošević-Bewegung, führten Umfragen durch, schulten Tausende von oppositionellen Aktivisten und halfen, die entscheidend wichtige parallele Zählung bei den Wahlen zu organisieren. US-Steuerzahler zahlten auch für 5000 Spraydosen, mit denen studentische Aktivisten die Wände überall in Serbien mit Anti-Milošević-Graffiti pflasterten. [...] Hinter den scheinbar spontanen Straßenaufständen, die Milošević zwangen, die Ergebnisse der heiß umkämpften Präsidentenwahl am 24. September zu akzeptieren, stand eine sorgsam ausgearbeitete Strategie serbischer Demokratie-Aktivisten mit aktiver Unterstützung westlicher Berater.«[4]

Hinter der serbischen Gruppe Otpor! (»Widerstand!«), die diese »Schwarmrevolution« anführte, standen das US-State-Department und verschiedene NGOs, die laut *Washington Post* 41 Millionen Dollar in die Operation investierten. Der US-Botschafter in Serbien, Richard Miles, wurde danach sofort nach Georgien versetzt – normalerweise ein Abstieg für einen Diplomaten, in diesem Fall jedoch die Belohnung für einen erfolgreich durchgeführten Coup d'Etat, der nun in einem anderen Land wiederholt werden sollte. Die ehemaligen Otpor!-Aktivisten stiegen zu gut bezahlten Beratern auf, die seitdem in zahlreichen Ländern zur »Demokratieförderung« eingesetzt werden. Ihre Broschüren und Flugblätter tauchten übersetzt und nur leicht an lokale Gegebenheiten angepasst, in allen Ländern auf, aus denen die Medien von Farben-, Tulpen-, Jasmin- oder Frühlingaufständen berichteten.[5]

Es handelte sich dabei stets um Länder mit Regierungen, die den Geschäfts- und Militärinteressen der Vereinigten Staaten nicht entgegenkamen, sodass man die Drohung mit dieser neuen nicht gewalttätigen Waffe des Pentagon auch mit der Parole »Und bist du nicht willig, kommt die ›Demokratisierung‹!« umschreiben könnte. Dabei kann auch nach ihrem Einsatz von wirklicher Demokratie selten die Rede sein, denn Werte und die berechtigten Interessen der Bevölkerung sind bei dieser verdeckten, nicht gewalttätigen Kriegsführung nur Mittel zum Zweck – und der bestand bei der Zerschlagung Jugoslawiens vor allem in der Errichtung von Militärstützpunkten. »Bei einem zunehmend unsicheren Mittleren Osten benötigen wir Stützpunkte und Überflugrechte im Balkan, um das Kaspische Öl zu schützen«, notierte die *Washington Post* im Februar 1999, als im Kosovo der Bau von Camp Bondsteel begann, dem größten US-Stützpunkt seit dem Vietnamkrieg. Weitere Militärbasen in Osteuropa – in »Schlagweite« des Nahen und Mittleren Ostens, des Kaspischen Meers und Russlands – entstanden in rascher Folge.

Die Methode des Regierungsumsturzes durch von außen gesteuerte »demokratische« Volksaufstände ist eine Waffe, gegen die sich eine betroffene Nation nur schwer verteidigen kann.

Die einzige Möglichkeit besteht darin, die Aktivitäten und Geldflüsse von NGOs zu kontrollieren und sie bei verfassungswidrigen Tätigkeiten einzuschränken oder zu schließen. Deshalb beschloss das russische Parlament 2006 ein Gesetz, dass NGOs als juristische Geschäftspersonen definiert werden und ihre Zwecke und (Finanz-)Mittel entsprechend offenlegen müssen. Die von USA-gesteuerten »Schwärmen« in Gang gebrachte Orange Revolution hatte Russland in Alarmbereitschaft versetzt, vor der neuen »Soft Power« der Amerikaner und ihrer virtuellen »Demokratisierung«, der stets eine sehr reelle Militarisierung folgt, zumal diesen Versuchen des Westens, Unruhe in der Ukraine zu stiften, eine lange Tradition vorausgeht.

6 CIA: Sechzig Jahre Erfahrung in der Ukraine

Während in den westlichen Medien vor allem die Einmischung Russlands in der Ukraine betont (und kritisiert) wird, fällt ein anderer traditioneller Akteur weitgehend unter den Tisch: die USA, insbesondere in Gestalt ihres Auslandsgeheimdienstes. Nur wenigen Kommentatoren sind offenbar die vielgestaltigen CIA-Programme bekannt, die seit den fünfziger Jahren bis in die Gegenwart kontinuierlich in der Ukraine umgesetzt wurden und werden.

Nachdem im April 2014 herauskam, dass der damalige CIA-Chef John Brennan unter falschem Namen zu Gesprächen nach Kiew gereist war, wurden einige Medien zwar kurz aufmerksam – insbesondere nachdem es hieß, dass just nach seinem Treffen mit lokalen Sicherheitsschefs die sogenannte »Antiterror-Operation« in der Stadt Slawjansk sowie in der Ostukraine gestartet wurde.[1] Doch US-Präsident Obama wiegelte schon kurze Zeit später ab. Auf einer gemeinsamen Pressekonferenz mit Bundeskanzlerin Merkel anlässlich ihres Besuchs in Washington im Mai sagte er:

> »Es gab Unterstellungen, dass Amerikaner irgendwie in der Ukraine Unruhe stiften würden. Ich muss sagen, dass es uns nur darum geht, dass die Ukraine ihre eigenen Entscheidungen treffen kann. Das Letzte, was wir wollen, sind Unordnung und Chaos im Zentrum Europas. Der deutschen Öffentlichkeit, die vielleicht russisches Fernsehen schaut, möchte ich raten, auf die Fakten konzentriert zu bleiben – auf das, was tatsächlich im Land passiert ist.«[2]

Dieser Rat wurde im offiziellen Berlin offenbar als Provokation empfunden. Nur zwei Tage später jedenfalls berichtete die *Bild* unter Berufung auf »deutsche Sicherheitskreise«, dass die Putschregierung in Kiew »von Dutzenden Spezialisten« von CIA und FBI beraten werde, um dabei zu helfen, die Rebellion im Osten des Landes zu beenden.[3] Dass dieser öffentliche Affront gegen Obama über die größte deutsche Tageszeitung lanciert wurde, die zudem für ihre traditionell feste transatlantische Ausrichtung bekannt ist, ließ einen ernsten Dissens zwischen Berlin und Washington in dieser Sache erkennen.

Unerwähnt aber blieb in der Presse die lange Historie dieser Art von Einmischung. Denn tatsächlich operiert die CIA seit den fünfziger Jahren kontinuierlich in der Ukraine – dabei meist an der Seite rechtsextremer Nationalisten.

Die historische Forschung zu diesem Thema stützt sich auf das 1998 in den USA verabschiedete sogenannte Nazi-Kriegsverbrechen-Enthüllungsgesetz, in dessen Folge die Behörden mehrere Millionen Seiten amtlicher Dokumente freigaben. 2004 entstand dazu ein erster Regierungsbericht.[4] Da erst anschließend eine Fülle weiterer Dokumente ihren Geheimschutz verlor, wurde 2010 ein weiterer Bericht veröffentlicht, in dem sich nun ein ganzes Kapitel mit der Geschichte amerikanischer und auch deutscher Geheimdienstaktivitäten in der Ukraine beschäftigt.[5]

Nachdem die Nazis bei ihrem Vormarsch gegen die Sowjetunion im Zweiten Weltkrieg bereits auf die Unterstützung ukrainischer Nationalisten unter Stepan Bandera gesetzt hatten, nahm nach dem Krieg die CIA Banderas Sicherheitschef Mykola Lebed unter ihre Fittiche. Die Zusammenarbeit sollte bis in die achtziger Jahre währen. Lebed, der in internen Dokumenten von den Amerikanern als »bekannter Sadist und Kollaborateur der Deutschen« mit »hinterhältigem Charakter« beschrieben wurde und von dem man wusste, dass die Gestapo ihn ausgebildet hatte, wurde zum wichtigsten Mann der CIA, um im Kalten Krieg Einfluss auf die Ukraine zu nehmen. Ab etwa 1950 war dies die

Aufgabe der CIA-Operation »Aerodynamic«, zu deren Schlüsselfigur Lebed aufstieg: Es wurden Agenten in die Ukraine ein- und ausgeschleust und das ukrainische Untergrundnetzwerk in jeder Hinsicht unterstützt. Ebenso wie heute ging es dabei im Kern um die Schwächung Moskaus.

Die Gründung der CIA 1947 lag zu dieser Zeit nur wenige Jahre zurück. Erst der Zweite Weltkrieg hatte die USA bekanntlich zur Supermacht werden lassen. Die Besetzung führender Industriestaaten, wie Deutschland, Japan oder Italien, und die damit einhergehende neue Rolle in der Welt erforderte auch eine Umstrukturierung und Erweiterung des eigenen Sicherheitsapparates. Das neu geschaffene Imperium musste angemessen verwaltet werden.

Schlüsselpersonen dieses Prozesses waren unter anderem Allan Dulles, weltgewandter Diplomat, Unternehmensanwalt und Bankier, sowie James Forrestal, Direktor einer der damals führenden Investmentbanken und bald darauf erster Chef des ebenfalls nach dem Krieg neu geschaffenen Verteidigungsministeriums.

Dulles hatte bereits in den dreißiger Jahren eine wesentliche Rolle dabei gespielt, die USA für Auslandsinterventionen bereit zu machen. Als sich die politische Elite des Landes, noch unter dem Eindruck der großen Wirtschaftskrise, in Isolationisten und Interventionisten aufspaltete, wurde er zum Lobbyisten für ein energisches Einmischen in die Weltpolitik. Bücher unter seiner Koautorenschaft wie das 1939 erschienene Werk *Kann Amerika neutral bleiben?* halfen dabei, das Land geistig für den Kriegseintritt vorzubereiten. Der Tenor lautete, dass eine militärische und ökonomische Isolation in einem zunehmend vernetzten internationalen System nicht länger möglich wäre. Dahinter stand die Überzeugung von Finanzeliten und Politplanern, dass Amerika ohne die Märkte des britischen Weltreichs, der westlichen Hemisphäre und Asiens nicht dauerhaft prosperieren könnte. Dulles selbst arbeitete dabei im Rahmen des Council on Foreign Relations (CFR), der den New Yorker Geldadel repräsentierte.

Nach dem gewonnenen Krieg galt es, rasch neue und dauerhafte Strukturen des Machtmanagements zu schaffen. Der spätere CIA-Direktor Richard Helms schildert dazu in seinen Memoiren, wie Dulles 1946 gebeten wurde, »Vorschläge für die Form und Organisation dessen zusammenzustellen, was 1947 die CIA werden sollte«. Dulles, daneben Partner einer einflussreichen Unternehmenskanzlei und später von 1953 bis 1961 selbst Chef der CIA, bildete zu diesem Zweck eine sechsköpfige Beratergruppe, die im Wesentlichen aus Wall-Street-Bankern und Anwälten bestand. Zwei Jahre später berief Ex-Banker und Verteidigungsminister Forrestal ihn darüber hinaus zum Vorsitzenden eines Komitees, das gemeinsam mit zwei weiteren New Yorker Anwälten die Arbeit der CIA überprüfen sollte. Diese drei Anwälte trafen sich dazu regelmäßig in den Vorstandsräumen einer Wall-Street-Investmentfirma. Entscheidend an dieser Struktur ist weniger die politische Korruption, die unvermeidlicher Teil solcher Verstrickungen ist, als ein grundlegenderes Schema, nämlich die Schaffung und Nutzung von staatlichen Geheimdiensten im Sinne einer Wirtschafts- und Finanzelite. Denn die Wall-Street-Anwälte und Investmentbanker, die hinter der Gründung der CIA standen, sahen in der Behörde von vornherein keinen reinen Nachrichtendienst, sondern vor allem ein Instrument für verdeckte Aktionen.

Eigens zu diesem Zweck wurde 1948 innerhalb der CIA eine noch geheimere Abteilung, das sogenannte Office of Policy Coordination (OPC) gegründet – ohne Billigung oder auch nur Wissen des Parlaments. Eben jenes OPC steuerte die in den fünfziger Jahren startende Operation »Aerodynamic« in der Ukraine. Angesichts des Ausmaßes und der Aktivität der ukrainischen Widerstandsbewegung schätzte Frank Wisner, ebenfalls Wall-Street-Anwalt und damaliger Chef des OPC, dieses Projekt als »Top-Priorität« ein.

Doch Mitte der fünfziger Jahre, nachdem es der Sowjetunion gelungen war, das Netzwerk von Mykola Lebed in der Ukraine zu infiltrieren, endete die aggressive Phase des CIA-Programms »Aerodynamic«: Das Ein- und Ausschleusen von Agenten und militanten Widerstandskämpfern war erst einmal passé.

In der Folge verlegte man sich auf den nicht weniger wichtigen verdeckten ideologischen Kampf. Unter Lebeds Führung wurde in New York eine Art »Kulturprogramm« gestartet. Die CIA gründete dazu eine private Organisation namens Prolog Research Corporation, die ukrainische Zeitungen und Bücher veröffentlichte sowie Radioprogramme produzierte. Parallel wurde eine Außenstelle in München namens Ukrainische Gesellschaft für Auslandsstudien geschaffen, wo die meisten Prolog-Veröffentlichungen entstanden. Prolog bezahlte eine ganze Reihe von ukrainischen Schriftstellern im Exil, von denen die meisten nichts vom CIA-Hintergrund der Organisation wussten. Die schönen Künste wurden zur Propagandawaffe. Das CIA-Programm unterstützte in den siebziger Jahren sogar Ausstellungen ukrainischer Kunst in den USA, wobei der Schwerpunkt auf Arbeiten von Dissidenten lag, die in der Ukraine verboten waren. Ein erst kürzlich freigegebener CIA-Bericht zu Prolog und der Gesamtoperation »Aerodynamic« von 1972 erklärt den Zweck des Ganzen in offenen Worten:

> »Dieses Projekt unterstützt die Dissidenten unter den Intellektuellen der Ukraine, von denen die meisten unter 40 Jahre alt sind, durch politische, moralische und materielle Hilfestellung und indem es die Untergrundliteratur der Dissidenten veröffentlicht. Diese Schriften werden unter den Intellektuellen im Westen bekannt gemacht, aber vor allem in die Sowjetunion eingeschleust, in Form der politischen Monatsmagazine und ausgewählter politisch-literarischer Werke des Projekts.«[6]

Besonders hervorgehoben wird im Bericht das in München erscheinende programmeigene Magazin *Suchasnist* (»Modernität«), eine Literaturzeitschrift, die großes Ansehen in Emigrantenkreisen genieße und von der Sowjetunion stark angegriffen werde. Der Bericht erwähnt auch die Genehmigung des Projekts durch das sogenannte 40 Committee, das zu der Zeit unter dem Vorsitz von Henry Kissinger stand und das sämtliche verdeckten Operationen beaufsichtigte.

In den sechziger und siebziger Jahren beeinflusste Prolog eine ganze neue Generation von Ukrainern, die weder ahnten, dass die USA der Zahlmeister vieler ihrer Ideengeber waren, noch wussten, dass diese Unterstützung ihres nationalen kulturellen Selbstbewusstseins nur ein Mittel zu einem größeren imperialen Zweck sein sollte.

Lebed setzte sich 1975 zur Ruhe, blieb aber weiterhin Berater von Prolog. Bis in die neunziger Jahre hinein wurde er von der CIA vor Ermittlungen durch das Justizministerium wegen seiner Nazi-Kollaboration geschützt. Noch 1992 erklärte die CIA auf Anfrage, es seien keinerlei Akten zu Lebed auffindbar.[7] Er starb 1998.

Ende der siebziger Jahre weitete Zbigniew Brzezinski, damals Nationaler Sicherheitsberater von US-Präsident Jimmy Carter, das Programm weiter aus, da er von dessen Erfolg überzeugt war. Sein familiärer Hintergrund spielte wohl ebenso eine Rolle: Brzezinskis Vater, ein polnischer Diplomat, war selbst im Gebiet der späteren Ukraine aufgewachsen. In den achtziger Jahren wurde das Programm auf weitere Nationalitäten innerhalb der Sowjetunion ausgedehnt und galt letztlich als eines der erfolgreichsten dieser Art für die CIA.

Parallel wurden die Projekte zur Beeinflussung der öffentlichen Meinung organisatorisch auf neue Beine gestellt. Nachdem die Watergate-Enthüllungen in den siebziger Jahren auch zur Aufdeckung vieler illegaler CIA-Operationen im Ausland geführt hatten, waren die Kompetenzen des Geheimdiensts von Präsident Carter stark eingeschränkt worden. Als Ronald Reagan 1980 im Weißen Haus einzog, überlegte man dort, wie man diese neuen gesetzlichen Beschränkungen umgehen könnte. Reagans Wahlkampfmanager, der spätere CIA-Chef William Casey, verfiel dabei auf die Idee, die verdeckten Programme zur Meinungsbeeinflussung in eine offizielle Stiftung zur »Demokratieförderung« auszulagern. Dazu schuf man 1983 eine seltsame Hybridstruktur namens National Endowment for Democracy (NED). Diese »Nationale Stiftung für Demokratie« wurde offiziell vom Parlament gegründet und vom Außenministerium finanziert, firmierte aber formell als private, überparteiliche und gemeinnützige Stiftung. Diese Konstruktion ermöglichte es, ausländische Organisationen zu unterstützen, ohne dass die US-Regierung direkt Gelder überwies oder in Haftung genommen werden konnte. Zugleich behielt die CIA über Mittelsmänner ihren Einfluss.[8]

Die *Washington Post* schilderte 1991 in einem euphorischen Artikel diesen Wandel hin zu »mehr Offenheit«:

»Wir leben jetzt im Zeitalter der offenen Aktion. Die große demokratische Revolution, die in den vergangenen Jahren über den Globus fegte, war ein Triumph der offenen Aktion. Die alten Veteranen der CIA haben eine Generation lang von dieser Art weltweitem antikommunistischen Putsch geträumt. Doch als es dann passierte, geschah es im Offenen. Es gab keine geheimen paramilitärischen Armeen und fast kein Blutvergießen. Als Schlüsselelemente in der Verschwörung erwiesen sich Telefone, Fernseher und Faxgeräte. Im hellen Tageslicht konnten die Vereinigten Staaten und ihre Alliierten Dinge erreichen, die im Verborgenen undenkbar gefährlich gewesen wären. [...] Der Zahlmeister offener Operationen ist die Nationale Stiftung für Demokratie, eine quasi private Gruppe, die von Carl Gershman geleitet und vom US-Kongress finanziert wird. In den späten achtziger Jahren organisierte sie offen, was einst unaussprechlich geheim war – Geld an antikommunistische Kräfte hinter dem Eisernen Vorhang zu verteilen.

Wer die Liste der Empfänger von NED-Geldern liest (ein öffentliches Dokument), der unternimmt zugleich einen Streifzug durch die Geschichte der Demokratiebewegungen: In der Tschechoslowakei begann die Stiftung 1984 damit, demokratische Kräfte zu unterstützen. In Ungarn startete die Förderung 1986 – dazu gehörte Hilfe bei den Wahlen sowie Geld für Ungarns erste unabhängige öffentliche Meinungsumfrage. In Rumänien und Bulgarien unterstützte die Stiftung neue Zeitschriften Intellektueller und andere Hilfsmittel der Demokratie. [...] Die Stiftung war auch in der Sowjetunion aktiv. Sie gab Geld an sowjetische Gewerkschaften, an die liberale »Interregionale Gruppe« im Parlament [...], an die ukrainische Unabhängigkeitsbewegung und an viele andere Projekte. Die verdeckte Finanzierung wäre, falls enthüllt, der Todeskuss für diese Gruppen gewesen. Die offene Finanzierung war, so scheint es, ein Geburtshelfer.«[9]

Beflügelt von ihrem Erfolg hat die NED in den Jahrzehnten seit dem Mauerfall konsequent weiter ihr Geld verteilt und Netze der Einflussnahme geknüpft. Der Jahresetat beträgt zirka 100 Millionen Dollar; 2012 ließ die Stiftung laut Jahresbericht 3,4 Millionen davon zur »Demokratieförderung« in die Ukraine fließen. 2014 listete die offizielle Webseite der NED mehr als 50 geförderte Einzelprojekte in der Ukraine auf, die sich auf 2,8 Millionen Dollar summierten. Im Durchschnitt erhielt jeder der unterstützten lokalen Vereine und Verbände somit etwa 50 000 Dollar pro Jahr.

Ein Blick in die Förderliste[10] gibt detailliert Auskunft: So erhielt ein Center for International Private Enterprise dort 350 000 Dollar, um »die Marktwirtschaft zu entwickeln« und das »Geschäftsklima zu verbessern«. Ein National Democratic Institute for International Affairs wiederum erhielt 370 000 Dollar, um inländische Wahlbeobachter zu bezahlen, die Poroschenkos Wahl zum Präsidenten im Mai 2014 »freier und fairer« machen sollten, so NED. Aber auch kleinere Projekte werden sorgsam gehegt, etwa das Dniprovsky Center for Social Research, das 20 000 Dollar erhielt, um den »Zugang zu unabhängigen Nachrichten in der östlichen Region von Dnepropetrowsk zu verbessern«, und das dazu eine eigene Online-Regionalzeitung herausgibt. 40 000 Dollar wiederum flossen an den Donezker

Presseclub, um den »Professionalismus der Medien in der Ostukraine zu verbessern«. Und so weiter ... Die Stiftung hat ein feines Netz gesponnen, das bereits vor dem Maidan bis in die kleinsten Regionen des Landes reichte und natürlich auch Abhängigkeiten vom zahlungskräftigen Geldgeber schafft. Im Abschlussbericht für das Jahr 2014 sprach NED selbst von der »bemerkenswerten Rolle«, die die ukrainischen Geldempfänger der Organisation beim politischen Umbruch gespielt hätten.[11]

Vor diesem Hintergrund mutete es seltsam an, als die Vizepräsidentin der NED Nadia Diuk im Frühjahr 2014 in einem Artikel zur Maidan-Bewegung von einer »selbstorganisierenden Revolution« in der Ukraine sprach.[12] So wenig, wie die ukrainische Zivilgesellschaft wirklich autonom und selbstbestimmt ist, so wenig ist deren Förderung durch den Westen dem hehren Ziel von Freiheit und Demokratie gewidmet. Der rote Faden von den militanten Nachkriegsjahren und dem Elitenberater Allan Dulles, über die Zusammenarbeit mit ukrainischen Nazi-Kollaborateuren wie Mykola Lebed, bis hin zur »Soft Power« der Intellektuellenförderung durch CIA und NED führte 2014 zu einer wieder militanten Gegenwart mit CIA-Beratern beim »Antiterror-Einsatz« in der Ostukraine. Der Erfahrungsschatz des Geheimdienstes dort ist allemal groß – und das Ziel das gleiche wie in den fünfziger Jahren: Moskau schwächen.

7 Tod auf Bestellung: Regimewechsel durch Scharfschützen

Der eigentliche Machtwechsel in der Ukraine vollzog sich Ende Februar 2014 im Schatten eines blutigen Einsatzes von Scharfschützen. Erst diese »Black Operation«, bei der auf dem Kiewer Maidan mehr als 50 Menschen niedergemetzelt wurden – und zwar sowohl Demonstranten als auch die ihnen gegenüber stehenden staatlichen Sicherheitskräfte –, ließ die Stimmung so hochkochen, dass die bestehende Ordnung zusammenbrach und Präsident Janukowitsch die Flucht ergriff.

Was war geschehen? Nachdem sich die Proteste im Januar schon einmal zugespitzt hatten, unternahm Janukowitsch Ende des Monats konkrete Schritte zu einer Entspannung der Lage. Seine Regierung trat zurück, und das Parlament setzte die zuvor beschlossene Einschränkung des Demonstrationsrechts wieder außer Kraft. Der Präsident ging Ende Januar sogar so weit, seinem Kontrahenten Arsenij Jazenjuk, der als Stellvertreter der inhaftierten Oppositionsführerin Timoschenko fungierte, das Amt des Premierministers anzubieten; Vitali Klitschko offerierte er den Posten des Vizepremiers, aber der Boxer lehnte ab, Jazenjuk hingegen signalisierte zumindest vage die Bereitschaft »Verantwortung zu übernehmen«.[1]

Durch diese Zugeständnisse des Präsidenten hatte sich die Situation auf dem Maidan entschärft, und ein friedlicher Kompromiss mit Janukowitsch schien möglich. In der Folge kam es Mitte Februar zu konstruktiven Gesprächen zwischen den Außenministern Deutschlands und Russlands in Moskau, bei denen der damalige deutsche Außenamtschef Frank-Walter Steinmeier allerdings etwas weltfremd betonte, dass es in der Ukraine »nicht um die Sicherung von geopolitischen Einflusssphären« gehen dürfe.

Wenige Tage später empfing Kanzlerin Merkel die Oppositionsführer Jazenjuk und Klitschko in Berlin. Die deutsche Regierung teilte danach mit, dass die Lage sich entspannt habe, und verwies auf die Freilassung von Regierungsgegnern sowie die Räumung einiger Regierungsgebäude in Kiew durch die Maidan-Aktivisten. Nach der Räumung des Rathauses hatte der ukrainische Generalstaatsanwalt am Sonntag, dem 16. Februar, angekündigt, dass die zuvor vom Parlament verabschiedete Amnestie für die während der Proteste festgenommenen Regierungsgegner in Kraft treten könne.[2]

In der Tat standen die Zeichen günstig, und eine Kompromisslösung lag auf der Hand. Die reguläre Amtszeit von Präsident Janukowitsch, der 2010 durch eine demokratische – und auch vom Westen anerkannte[3] – Wahl ins Amt gekommen war, lief 2015 aus. War er bereit, in den bis dahin verbleibenden Monaten die Macht zu teilen, dann gab es eigentlich auch für die Opposition keinen zwingenden Grund, die Proteste auf die Spitze zu treiben. Doch offenbar waren hinter den Kulissen längst andere Entscheidungen gefallen.

Am Dienstag, dem 18. Februar kam es jedenfalls zu einer durch die Situation völlig unmotivierten Explosion der Gewalt. Schon am Morgen versuchten mehrere tausend Menschen zum Parlamentsgebäude vorzudringen. Angeführt von den gut organisierten Abteilungen des Rechten Sektors wurde die Parteizentrale von Janukowitsch mit Molotow-Cocktails attackiert. Als die Gewalttäter von einer Polizeibarriere gestoppt wurden, bewarfen sie die Polizisten mit Steinen und setzten deren Autos in Brand. Sieben Polizisten starben, mehrere hundert wurden verletzt. Als die Polizisten daraufhin versuchten, den Maidan zu räumen, kam es auch auf Seiten der Opposition zu Toten und Hunderten Verletzten. Präsident Janukowitsch wandte sich daraufhin am späten Abend in einer Rede an die Nation und sagte, die Oppositionsführer hätten »das Prinzip der Demokratie verletzt, wonach man die Macht durch Wahlen erhält und nicht durch die Straße«. Düster konnte konstatiert werden, dass der 18. Februar zum blutigsten Tag in der zwanzigjährigen Geschichte der Ukraine geworden war.[4]

Doch die militanten Krawalle und Molotow-Cocktails waren nur der Anfang. Als Außenminister Steinmeier gemeinsam mit seinen Amtskollegen aus Frankreich und Polen am Morgen des 20. Februar nach Kiew eilte, um die neu aufflammende Krise in Gesprächen mit Regierung und Opposition beizulegen, lief offenbar längst ein anderes Programm: Regimewechsel durch Scharfschützen.

Wie der deutsche Korrespondent Moritz Gathmann berichtete, waren am frühen Morgen des 20. Februar auf dem Maidan Busse aus der Westukraine angekommen, wo militante Extremisten am Vortag in eine Kaserne eingedrungen waren und Waffen gestohlen hatten.[5] Um 9 Uhr früh dann stürmten militante Kämpfer der Opposition die Polizeibarrikaden, gleichzeitig eröffneten Scharfschützen, deren Auftraggeber bis heute nicht ermittelt sind, ihr Feuer. Sie richteten ein Blutbad an, das die Ereignisse vom 18. Februar in den Schatten stellte, und zielten dabei sowohl auf Demonstranten als auch auf Sicherheitskräfte. Die bekannte Strategie, Vertreter zweier Konfliktparteien zugleich zu töten, sodass jede Gruppe annehmen muss, die jeweils andere habe auf sie geschossen, ging auf: Chaos und blinde Wut griffen um sich.

Doch wer waren die Schützen? Klar ist, es gab Elitekämpfer der Regierung auf den Dächern – aber auch organisierte Scharfschützen der Opposition. Einer aus diesem Maidan-Team offenbarte sich im März 2014 einem Reporter der *Welt* und berichtete, die Killer vom 20. Februar hätten zu keiner der beiden Gruppen gehört – weder zu den staatlichen Spezialeinheiten noch zu den Scharfschützen der Opposition: »Das waren keine Spezialeinheiten, das waren engagierte Profikiller. Die kamen pünktlich und zogen pünktlich wieder ab, als sei der Arbeitstag beendet.« Der Arzt Oleg Musij bestätigte gegenüber dem gleichen Reporter: »Es fing um neun an und hörte um zwölf Uhr auf, so, als hätte sie jemand bestellt.«[6]

Als der estnische Außenminister Urmas Paet unmittelbar nach den Ereignissen nach Kiew reiste, erklärte ihm dort die prominente ukrainische Ärztin Olga Bogomolez, die Verwundete auf dem Maidan versorgt hatte (und die später im Mai selbst für die Präsidentschaft kandidierte), sie sei sehr besorgt darüber, dass die neue ukrainische Regierung keine Anstalten mache, die Vorfälle zu untersuchen. Paet berichtete der EU-Außenbeauftragten Catherine Ashton davon in einem Telefonat, dessen Mitschnitt Anfang März an die Öffentlichkeit kam. Außerdem erwähnte er die Aussage der Ärztin, dass Anhänger Janukowitschs und Anhänger der Opposition mit den gleichen Kugeln getötet worden seien. Diese letzte Aussage widerrief Bogomolez allerdings später gegenüber der Presse. Ob Druck auf sie ausgeübt worden war, ließ sich nicht ermitteln.[7]

Auch das ARD-Magazin *Monitor* schickte im März ein Rechercheteam nach Kiew, um die näheren Hintergründe der Ereignisse vom 20. Februar zu ermitteln. Der Arzt Oleksandr Lisowoi vom Kiewer Krankenhaus Nr. 6, der Verwundete beider Seiten behandelt hatte, sagte den deutschen Journalisten klar: »Die Verwundeten, die wir behandelt haben, hatten denselben Typ Schussverletzungen, ich spreche jetzt von dem Typ Kugeln, die wir aus den Körpern herausoperiert haben, die waren identisch. Mehr kann ich nicht sagen.«[8] Und ein hochrangiges Mitglied der Ermittlungskommission ließ sich von der ARD mit den Worten zitieren: »Das, was mir an Ergebnissen meiner Untersuchung vorliegt, stimmt nicht mit dem überein, was die Staatsanwaltschaft erklärt.«

Diese hatte ja bekanntlich Janukowitsch für den Einsatz der Scharfschützen verantwortlich gemacht. Leiter der Staatsanwaltschaft war dabei ein Vertreter der rechtsextremen Svoboda-Partei, die erst durch die Ereignisse vom 20. Februar an die Macht gekommen war.

Das ARD-Team berichtete wesentliche Details, die in den offiziellen Berichten nicht vorkamen: So seien die Oppositionellen auch vom Hotel Ukraina aus beschossen worden, das in ihrem Rücken lag. Ein Zeuge sagte: »Wir wurden von vorn beschossen und auch von hinten, etwa aus der achten oder neunten Etage des Hotel Ukraina. Das waren auf jeden Fall Profis.« Doch das Hotel, in dem auch viele Medienvertreter untergebracht waren, befand sich an jenem Tag fest in der Hand der Opposition. Diese hatte, laut den Recherchen der ARD, am Morgen des 20. Februar Einlasskontrollen eingeführt, sodass nur noch in das Hotel kam, wer einen Zimmerschlüssel besaß oder sich ausweisen konnte.«[9]

Weiterhin traf das ARD-Team in Kiew einen Amateurfunker, der den Funkverkehr der Scharfschützen der Janukowitsch-Regierung am Vormittag des 20. Februar mitgeschnitten hatte. Dort ist zu hören, wie ein Scharfschütze seine Kollegen über Funk fragt: »Wer hat da geschossen? Unsere Leute schießen nicht auf Unbewaffnete.« Kurze Zeit später sagt ein anderer: »Den hat jemand erschossen. Aber nicht wir.« Dann fügt er hinzu: »Gibt es da noch mehr Scharfschützen? Und wer sind die?« Der Funker schickte seine brisanten Aufnahmen den Ermittlungsbehörden, doch die zeigten nach seiner Aussage kein Interesse.[10] ARD-Journalist Stephan Stuchlik, der diese Fakten gemeinsam mit mehreren Kollegen in Kiew recherchiert hatte, berichtete darüber auch persönlich zu vorgerückter Stunde am 10. April im ARD-*Nachtmagazin*. Im Interview mit dem Magazin *Telepolis* konstatierte er:

»Ich kann beim jetzigen Stand unserer Recherchen nicht ausschließen, dass neben Janukowitsch-Schützen möglicherweise die viel zitierte ›dritte Seite‹ an den Schießereien beteiligt war. […] Man kann so eine Beteiligung nicht ins Reich der Fabeln verweisen, dafür waren die Ereignisse in Kiew weltpolitisch zu bedeutsam. Um ganz ehrlich zu sein: Es ist vor allem die Tatsache, dass die Generalstaatsanwaltschaft im Interview mit uns so eine Möglichkeit kategorisch ausschließt, die mich darüber nachdenken lässt.«[11]

Wer also beauftragte die Scharfschützen? Klar ist, dass kein echter Wille zur Aufklärung der Ereignisse existierte, weder bei der neuen Kiewer Regierung noch bei deren Unterstützern im Westen. Die kritischen Recherchen des ARD-Magazins *Monitor* blieben eine markante Ausnahme, doch schon in einer wenige Wochen später gesendeten ausführlichen ARD-Dokumentation zum Machtwechsel in der Ukraine kamen sie nicht mehr vor.[12] Dort wurde stattdessen wieder suggeriert, Janukowitsch sei der Auftraggeber der Killer gewesen – als habe es an dieser Frage nie Zweifel gegeben. Sämtliche unpassenden Details wurden ausgespart, wo doch die Glaubwürdigkeit der neuen Kiewer Regierung überhaupt erst auf der unterstellten Schuld Janukowitschs fußte.

Das Desinteresse an einer weiteren Aufklärung blieb in den folgenden Jahren auffällig, vor allem in der Berichterstattung vieler Leitmedien. Insbesondere die seither bekannt gewordene Fülle von Indizien, die die These einer dritten Scharfschützen-Partei von angeheuerten Söldnern weiter stützt, wird konsequent beschwiegen. Wie etwa die umfangreiche Materialsammlung von Prof. Ivan Katchanovski von der Universität Ottawa, die einen Zusammenschnitt von gut 50 gefilmten Zeugenaussagen enthält, die ebenfalls Schüsse aus dem Hotel Ukraina bestätigen.[13] Diese Zeugen stammen aus ganz verschiedenen Gruppen: Polizisten, Maidankämpfer, harmlose Aktivisten, Journalisten, Hotelpersonal sowie passive Schaulustige. Prof. Katchanovski hat seine Recherchen 2015 in einer Studie öffentlich gemacht, die seither fortlaufend aktualisiert wird.[14]

ARD, *Spiegel*, *FAZ* oder *Süddeutsche Zeitung* haben nie darüber berichtet, kein Interview mit ihm geführt, auch nie versucht, ihn zu widerlegen. Auch über einen Maidanschützen, der sich 2016 öffentlich damit brüstete, am Tag des Blutbads aus dem Konservatorium am Maidan heraus mehrere Polizisten erschossen zu haben, wurde nicht berichtet.[15]

Erst als Ende 2017 im italienischen Fernsehen mehrere Georgier mit dem Geständnis ihrer Teilnahme an den Scharfschützenmorden an die Öffentlichkeit gingen und behaupteten, zu den Morden unter anderem von einem ukrainischen Oppositionspolitiker angestiftet, und konkret vor Ort von einem Amerikaner – einem Ex-Scharfschützen einer US-Eliteeinheit – befehligt worden zu sein,[16] nahm der ARD-Faktenfinder Stellung.[17] Tenor: Alles nur zweifelhafte Behauptungen, Beweise würden fehlen. Auch in diesem ARD-Beitrag findet sich keinerlei Erwähnung der Monitor-Recherchen aus dem eigenen Haus, geschweige denn von Prof. Katchanovski.

Als schließlich im Februar 2018 der russische Sender Sputnik nachlegte und die Flugtickets der geständigen Georgier präsentierte, reagierte Tagesschau-Chefredakteur Kai Gniffke auf die Nachfrage, wann die ARD denn über diesen nicht unerheblichen Umstand berichten wolle, mit den Worten, die Redaktion habe die Veröffentlichung »mit Interesse gesehen«, könne aber »nicht konkret absehen, wann wir einen Recherchestand erreicht haben, der eine weitere Veröffentlichung zu diesem Thema möglich macht«.[18] Und das war's. Die ARD berichtete bis heute nicht. Es kann, so scheint es, einfach nicht sein, was nicht sein darf.

Unbestritten war das Blutbad vom 20. Februar der Auslöser für den eigentlichen »Regime-Change«. Denn nachdem draußen auf Kiews Straßen Unbekannte die Menschen niedermetzelten, wechselten drinnen im ukrainischen Parlament etwa 20 Abgeordnete aus der Fraktion von Janukowitschs Partei der Regionen in die Reihen der Opposition. Mit Hilfe dieser Überläufer kam es dann zur faktischen Entmachtung des Präsidenten – allerdings abseits der Legalität.

Das Parlament war zum Zeitpunkt der Abstimmung von militanten Maidan-Anhängern umstellt, die »unliebsame« Abgeordnete vor dem Gebäude verprügelten und ihnen den Zugang verwehrten.[19] Das Ergebnis zeigen Filmaufnahmen von der Abstimmung im Parlamentssaal: Die Ränge der Oppositionsparteien waren eng gefüllt, während die Reihen der beiden Fraktionen, wo sonst Kommunisten und Vertreter von Janukowitschs »Partei der Regionen« saßen, fast leer blieben.[20] Bei der Abstimmung über die Amtsenthebung Janukowitschs gab es keine einzige Gegenstimme, ein mehr als deutlicher Hinweis auf die Atmosphäre der Einschüchterung, unter der diese Abwahl stattfand. Am gleichen Wochenende wurde die Parteizentrale der Kommunisten in Kiew von Militanten gestürmt.[21] Trotz all diesem Druck und der Gewalt wurde bei der Abstimmung zudem die erforderliche Dreiviertelmehrheit verfehlt – nur 328 von 450 Abgeordneten, also 72,9 Prozent stimmten für eine Amtsenthebung Janukowitschs – ganz abgesehen davon, dass eine Amtsenthebung in der praktizierten Form in keiner Weise verfassungskonform war.

Zwar behauptete der Parlamentsbeschluss vom 23. Februar, die Machtübertragung auf den neuen Präsidenten Alexander Turtschinow vollziehe sich »in Übereinstimmung mit Artikel 112 der Verfassung der Ukraine«, auch weil Janukowitsch sich von der Ausübung seiner verfassungsgemäßen Macht »selbst zurückgezogen« habe – bekanntlich war der Präsident am Freitagabend, dem 21. Februar, aus Kiew geflohen. Doch laut der gültigen ukrainischen Verfassung konnte die Amtsperiode des Präsidenten nur aus vier eindeutig definierten Gründen vorzeitig enden: wegen Rücktritts, aus gesundheitlichen Gründen, im Zuge eines Amtsenthebungsverfahrens oder beim Tod des Amtsinhabers. Zurückgetreten aber war Janukowitsch nicht. Bereits am Samstag ließ er verlauten, es handle sich um einen Staatsstreich und er bleibe der gewählte Präsident.

Eine Amtsenthebung wiederum verlangte nach Artikel 111 der ukrainischen Verfassung eine parlamentarische Untersuchungskommission sowie eine Prüfung durch das Verfassungsgericht.

Erst wenn solche Prüfungen die Voraussetzung einer Amtsenthebung bestätigten, konnte das Parlament mit Dreiviertelmehrheit den Präsidenten seines Amtes entheben. Doch nichts von all dem war in Kiew geschehen. Juristisch gesehen handelte es sich daher eindeutig um einen Staatsstreich – was auch der *Spiegel* in einer zwei Wochen nach den Ereignissen veröffentlichten Analyse vorsichtig einräumte.[22]

Doch diese Realität geriet in den Leitmedien bald aus dem Blick, wenn sie denn überhaupt je einmal erwähnt wurde. Stattdessen wurde fortan der Eindruck erweckt, Janukowitsch sei irgendwie doch selbst zurückgetreten, und wenn auch nur, indem er Kiew verlassen und seinen Posten damit ja wohl geräumt hatte. So hieß es etwa in der *FAZ* zum ersten Jahrestag der Ereignisse im Februar 2015:

»Janukowitsch ist nicht gewaltsam aus dem Amt getrieben worden. Er ist von sich aus geflohen […]. Warum er das tat, ist unklar.«[23]

Dabei hatte gerade die *FAZ* noch in einer zwei Wochen zuvor veröffentlichten Analyse des gleichen Autors – des erfahrenen Ukraine-Korrespondenten Konrad Schuller – die Motive des Präsidenten für seine Flucht herausgearbeitet, von denen man nun angeblich nichts mehr wusste. So hatte die Zeitung geschildert, wie Janukowitsch am Freitag, dem 21. Februar 2014, einen Tag nach dem großen Massaker, um sein Leben fürchtete:

»Als er sah, wie der Majdan die Männer, die eben noch mit ihm ein Abkommen unterzeichnet hatten, in der Luft zerriss, muss er verstanden haben, dass seine Zeit um war. Einer, der damals bei ihm war, berichtet, der Präsident sei überzeugt gewesen, die Opposition werde binnen weniger Stunden kommen ›und ihn umbringen‹. Noch vor Mitternacht kletterten Janukowitsch, seine Geliebte und einige Begleiter deshalb in einen Hubschrauber und stiegen hoch in die Dunkelheit. Als er schon flog, rief der Präsident Hanna Herman (seine langjährige Vertraute; Anmerkung P.S.) an: Seine Wache habe ihm mitgeteilt, der Sturm komme, er habe noch vierzig Minuten.«[24]

Zum Hintergrund dieser Überlegung hieß es im gleichen Artikel der *FAZ*, dass an jenem Freitag »ein unbekannter Hundertschaftsführer von der ›Selbstverteidigung‹ des Maidan, Wolodymyr Parasjuk, die Bühne eroberte und unter tosendem Jubel zum Sturm auf die Präsidentenkanzlei rief. Wenn Janukowitsch bis zum Morgen nicht zurücktrete, werde man losziehen und ihn holen.«

Angesichts dessen noch ein Jahr nach den Ereignissen zu behaupten, es sei »unklar«, weshalb der Präsident »von sich aus« geflohen sei, erschien absurd. Doch solche rhetorischen Verrenkungen wurden nötig, wenn man um jeden Preis vermeiden wollte, die Dinge beim Namen zu nennen: In Kiew hatte sich ein gewaltsamer Putsch ereignet, ein Bruch der demokratischen Verfassung der Ukraine, der die unmittelbar folgende Krim-Krise mit all ihren internationalen Verwicklungen überhaupt erst auslöste.

Bemerkenswert ist bei all dem, dass Janukowitsch zuvor schon in Gesprächen mit den Außenministern Deutschlands, Frankreichs und Polens seiner Entmachtung zugestimmt hatte. Wie in einem parallelen Universum hatte es gleichzeitig zu den Tumulten am 20. und 21. Februar Verhandlungen des Westens mit dem Präsidenten in Kiew gegeben. Das Auswärtige Amt berichtete am Freitag, dem 21. Februar, stolz die Ergebnisse:

»Präsident Viktor Janukowitsch und die Oppositionsführer haben sich auf eine vorläufige Vereinbarung zur Lösung der innenpolitischen Krise in der Ukraine geeinigt. […] Außenminister Steinmeier war als Vermittler an der Aushandlung der Vereinbarung beteiligt. Die vorläufige Vereinbarung zwischen Regierung und Opposition in der Ukraine sieht eine Rückkehr zur Verfassung von 2004 innerhalb von 48 Stunden nach Unterzeichnung vor. Außerdem soll innerhalb von 10 Tagen eine

Übergangsregierung der Nationalen Einheit gebildet und bis September 2014 die Verfassung reformiert werden. Sobald eine neue Verfassung verabschiedet ist, sollen Präsidentschaftswahlen stattfinden, jedoch nicht später als im Dezember 2014. Die jüngsten Gewaltakte sollen durch die zuständigen ukrainischen Behörden in Zusammenarbeit mit der Opposition und dem Europarat untersucht und aufgeklärt werden. [...] Nach der Abreise des französischen Außenministers zu einer länger geplanten Reise nach China am Donnerstag Abend blieben Steinmeier und Sikorski in Kiew und verhandelten mit allen Beteiligten bis in die frühen Morgenstunden über eine Lösung. Am Freitag nahmen sie gemeinsam mit den Oppositionsführern Klitschko, Jazenjuk und Tjahnybok an einer Versammlung des sogenannten Maidan-Rates teil. Dem Gremium gehören verschiedene Gruppen von Regierungsgegnern an, die bisher den sofortigen Rücktritt von Präsident Janukowitsch gefordert hatten. Nach dem Gespräch mit den beiden Außenministern unterstützten auch die Vertreter des Maidan-Rates die Vereinbarung. Der Weg zur Unterzeichnung war damit frei.«[25]

Wie gesagt, dieses Verhandlungsergebnis wurde am 21. Februar verkündet – und von zahlreichen Zeitungen veröffentlicht –, also am gleichen Tag, an dem nur wenige Stunden später der erwähnte ukrainische Paramilitär auf die Maidanbühne lief, zum gewaltsamen Sturm auf die Präsidentenkanzlei aufrief und Janukowitsch dann auf Warnung seiner Wachen hin eilig mit dem Hubschrauber aus der Hauptstadt floh.

Am Samstag, dem 22. Februar wurde die Vereinbarung mit den europäischen Außenministern zwar noch unterzeichnet, war aber sogleich schon Makulatur, denn am selben Tag kam es zum beschriebenen Staatsstreich im Parlament. Daran wiederum nahmen weder Außenminister Steinmeier noch seine EU-Amtskollegen irgendeinen Anstoß.[26] Sie duckten sich weg und hatten die erteilte Lektion offenbar verstanden: Die Spielregeln in Kiew diktierten nun andere, eine friedliche Verhandlungslösung innerhalb Europas wurde nicht geduldet.

8 Fuck the EU: Ein Nachmittag mit Victoria Nuland

Dienstag, 6. Mai 2014, Washington. Es ist kurz nach 15 Uhr und die Atmosphäre im Auswärtigen Ausschuss des US-Senats scheint eher von Routine als von Anspannung geprägt. Vorn im Halbrund des Podiums plaudern einige Senatoren miteinander, entspannt in hohen Ledersesseln lümmelnd. Der Beginn der öffentlichen Anhörung verzögert sich, denn es fehlt noch jemand. Das Thema der heutigen Sitzung ist dabei in aller Munde: Am Morgen erst hat die *New York Times* erneut von heftigen Kämpfen in der Ostukraine berichtet, die Situation dort droht aus dem Ruder zu laufen. Was planen Obama und seine Regierung jetzt? Weshalb machen sie nicht mehr Druck auf Putin? Diese Fragen liegen in der Luft, während das Publikum im bis auf den letzten Platz gefüllten Raum darauf wartet, dass es losgeht.

Zugleich ist die Ukraine hier nur ein Thema unter vielen. Erst in der vergangenen Woche kam der Ausschuss in Sachen Afghanistan zusammen, und dann sind da noch Syrien, der Irak, Libyen – die Probleme häufen sich. Doch der ehrwürdige Tagungssaal des Auswärtigen Ausschusses mit seiner bis zur Decke reichenden dunklen Holzvertäfelung und der gewölbten Kuppel verströmt eine beruhigende Aura von Sicherheit und Kontinuität. In diesem Raum wird nichts so heiß gegessen, wie man es kocht.

Das Gebäude selbst ist dabei weniger alt, als es den Anschein hat, erst in den fünfziger Jahren wurde es erbaut. Es steht schräg hinter dem Capitol, dem Parlamentssitz, dessen Räumlichkeiten nach dem Krieg nicht mehr ausreichten für die vielen neuen Ausschüsse und Stäbe. Benannt ist der weiße Steinklotz namens Dirksen Senate Office Building nach einem Senator, der in den Sechzigern so populär war, dass eine Schallplatte mit seinen patriotischen Reden sogar in die Charts aufstieg und einen Grammy gewann. Diese Zeit, in der die Politik noch breites öffentliches Vertrauen genoss, ist längst eine ferne Erinnerung für die Anwesenden. Der junge Assistent, der dem plaudernden Ausschussvorsitzenden gerade einen Kaffee reicht, weiß davon wahrscheinlich ebenso wenig wie der Pressefotograf, der direkt vor dem Podium kniet, auf der Suche nach einer interessanten Perspektive. Die öffentliche Anhörung unter dem Titel »Ukraine – der russischen Intervention begegnen und einen demokratischen Staat unterstützen« ist heute vor allem eine Bühne für langerprobte Rituale.

Als mit zehn Minuten Verspätung schließlich Victoria Nuland erscheint, kann das Spiel beginnen. Die resolute Frau ist im Außenministerium zuständig für europäische und eurasische Angelegenheiten und damit auch Chefdiplomatin für die Ukraine. Sie entschuldigt sich lächelnd für ihre Unpünktlichkeit, gerade habe sie noch ein Gespräch mit Lady Ashton, der EU-Außenbeauftragten, geführt. Da ging es ebenfalls um Kiew.

Nuland, Anfang 50, ist lange im Geschäft: Begonnen hatte sie, die fließend Russisch spricht, ihre Karriere Anfang der neunziger Jahre in der Moskauer US-Botschaft, später avancierte sie zur Nato-Botschafterin in Brüssel. In der Regierung von George W. Bush wurde sie stellvertretende Sicherheitsberaterin von Vizepräsident Dick Cheney, zuständig unter anderem für die Nato-Osterweiterung. Und zuletzt war sie zwei Jahre lang Sprecherin des Außenministeriums, erst unter Hillary Clinton, dann unter John Kerry. Nuland ist eine Politmanagerin aus der zweiten Reihe, die das System kennt. Sie versteht auch die Rolle, die sie in einer Senatsanhörung zu spielen hat: Da ist Demut gefragt, Entgegenkommen, Respekt. Der Senat soll die Regierung ja kontrollieren, getreu seiner Wortbedeutung als »Rat der Alten« – auch wenn »Rat der Reichen« wohl passender wäre, denn die 100 Senatoren besitzen einer Erhebung zufolge im Durchschnitt ein Privatvermögen von drei Millionen Dollar. Selbst unter den weniger einflussreichen über 500 Abgeordneten des Kongresses stellen die Millionäre mittlerweile die Mehrheit.[1] Kein Wunder, führt doch die fehlende staatliche Wahlkampfkostenerstattung dazu, dass in der Regel der Kandidat mit dem größten Etat den Sieg davonträgt.

Und so sitzt Victoria Nuland nun einem erfolgreichen Unternehmer gegenüber: Senator Bob Corker, ein Selfmade-Mann aus den Südstaaten, zu Geld gekommen mit Baufirmen und Immobiliengeschäften, mittlerweile Politiker. Er ist der Sprecher der Opposition im Auswärtigen Ausschuss, und er macht keinen Hehl daraus, dass ihm Obama in der Krise viel zu zurückhaltend agiert. Corker hat die Fernsehkameras im Blick, er ist ein guter Rhetoriker, macht Kunstpausen, stellt Fangfragen, regt sich auf. Nuland reagiert, indem sie Moskau als gemeinsamen Gegner beschwört: »Wir sind weiterhin sicher, dass die Russen für die Instabilität verantwortlich sind. Sie liefern entscheidende Unterstützung. Sie geben das Geld. Sie liefern Waffen. Es sind russische Agenten in der Ukraine verwickelt.« Und sie beschwichtigt: »Seit 1992 haben wir 20 Milliarden Dollar nach Russland gegeben, um den Übergang zu einem friedlichen, aufstrebenden und demokratischen Staat zu unterstützen, so wie ihn die Bürger dort verdienen. Es liegt uns fern, Russland zu bestrafen. Wir unterstützen die Rechte aller Einzelnen, Russen ebenso wie Ukrainer, auf eine saubere, offene und verantwortungsvolle Regierung, die in Demokratie und Rechtsstaatlichkeit verwurzelt ist.«

Senator Corker reicht das nicht. Er fragt nach einer konkreten Strategie der Regierung, angesichts des Chaos. Corker begreift, dass Obama wie ein Getriebener handelt, zwar Stärke beweisen will, aber keinen Krieg beginnen möchte. Die Aktionen des Präsidenten sind nicht schlüssig, markige Worte nur, ohne ein klar erreichbares Ziel. Das ist der wunde Punkt, da kann man Obama treffen oder ersatzweise seine Helfer und Sprecher. Nuland blickt, um Verständnis bittend, zum Ausschussvorsitzenden Senator Menendez. Der Sechzigjährige ist um Ausgleich bemüht. Er ist ein äußerlich unscheinbarer Anwalt, Sohn kubanischer Einwanderer und Mitglied der Partei von Präsident Obama. Er vermeidet jede Aggressivität, ist sich wohl auch bewusst, dass viele im Raum weiterhin an den Skandal denken mögen, der nach wie vor mit seinem Namen verbunden ist: Kurz bevor er das renommierte Amt als Chef des Auswärtigen Ausschusses Anfang 2013 antrat, waren Behauptungen aufgetaucht, er habe sich mit minderjährigen Prostituierten in der Dominikanischen Republik eingelassen.

Nuland schaut Menendez mit konzentriert hochgezogener Augenbraue an und erläutert, wie man Russland weiterhin unter Druck setzen wolle. Die Senatoren auf dem Podium lauschen ihr skeptisch.

Kaum ein Jahr ist es her, dass sie Nulands Ernennung durch die Regierung überhaupt erst genehmigt haben. Es gehört zu den Regeln, dass der Senat bei der Vergabe wichtiger Posten um Zustimmung gebeten werden muss. Einige der Männer auf dem Podium erinnern sich vielleicht auch noch an Nulands erste Rede hier vor dem Ausschuss, am 14. November 2013, zu einer Zeit, als in der Ukraine noch alles ruhig und unter Kontrolle schien. Im Titel des damaligen Vortrags hatte sie ihren weitläufigen Arbeitsbereich schon selbstbewusst abgesteckt: »Ein Schlüsselmoment für die östliche Partnerschaft – Ausblick für die Ukraine, Moldawien, Georgien, Weißrussland, Armenien und Aserbaidschan.«

All diese Länder galt es über kurz oder lang an den Westen, und insbesondere an die Nato zu binden. Ein teures Unterfangen. Nuland nannte die Zahlen damals ganz offen, so wie eine Unternehmensberaterin, die den nüchternen Umgang mit Bilanzen ebenso gewohnt ist wie systemisches vernetztes Denken:

»Seit der Unabhängigkeit 1991 hat das amerikanische Volk den Übergang der Ukraine zu Demokratie und Marktwirtschaft mit fünf Milliarden Dollar unterstützt. Im Haushaltsjahr 2013 überstiegen unsere Hilfen 100 Millionen Dollar, und viel davon floss in Projekte, die der Ukraine dabei helfen, sich an europäische Standards anzupassen, in der Strafverfolgung, im Wahlsystem, beim Geschäftsklima, und im Justizsektor [...] Die Vereinigten Staaten haben seit 1991 mehr als 1,1 Milliarden Dollar ausgegeben, um Moldawien zu unterstützen. [...] In den vergangenen Jahren hat Georgien eine Milliarde Dollar an Hilfsgeldern erhalten. [...] Bei der östlichen Partnerschaft geht es am Ende um weit mehr, als um eine engere Beziehung zwischen der EU und verschiedenen Ländern in Osteuropa und dem Kaukasus. Es ist auch ein Schritt hin zu der langfristigen Vision eines vernetzteren Wirtschaftsraums, der von Lissabon bis Donezk reicht und der angeregt wird durch marktorientierte Reformen, wachsenden Wohlstand und eine sich vertiefende Demokratie. In dieser Absicht verhandeln die EU und die Vereinigten Staaten die Transatlantische Freihandelszone TTIP, die Wachstum, Investitionen und Arbeitsplätze auf beiden Seiten des Atlantiks verspricht, sowie ein regelbasiertes globales Handelssystem mit hohen Standards. Diese größere Vision von Europas vernetztem Wirtschaftsraum wird immer realer und attraktiver und könnte letztlich nicht nur Europa umfassen, sondern den gesamten transatlantischen Raum. Wir und die EU glauben, dass eine Investition in die östliche Partnerschaft daher in jedermanns langfristigem Interesse ist.«

Das war er also, der ganz große Bogen, das hehre Ziel, die globale Vision – und zugleich die Absage an jede Form von Multilateralismus. Es soll fortan weltweit nur *ein* System geben, nicht etwa mehrere, womöglich gleichrangige. »Full Spectrum Dominance« heißt das auf militärisch, »Integrated Global Trading Regime« auf ökonomisch. Letztlich handelt es sich um einen totalitären Machtanspruch, der aufgrund der vermeintlichen Förderung von Wohlstand und Demokratie eben auch in »jedermanns langfristigem Interesse« sei.

Diese totalitäre oder »alternativlose« Ausschließlichkeit von Politik, die ihre imperiale Ambition hinter ökonomischer Effizienz tarnt, gehört bei Nuland quasi zur Familienreligion. Ihr Ehemann Robert Kagan, Sohn eines Historikers, der sich mit einem mehrbändigen Werk zur Kriegführung im alten Griechenland hervortat, ist seit über 20 Jahren einer der einflussreichsten Vordenker der Neokonservativen. Er war in den achtziger Jahren zunächst Redenschreiber von Außenminister George Shultz, zu internationaler Prominenz gelangte der Publizist aber durch die berühmt-berüchtigte Denkfabrik Projekt for the New American Century (PNAC), die er mitgründete. Dieses »Projekt für das neue amerikanische Jahrhundert« betrieb ab 1997 in Washington aggressives Lobbying für mehr Rüstung und Kriege wie den im Irak. Die USA sollten dabei ein »wohlwollender globaler Hegemon« sein, so das offizielle Leitbild. Mitunterzeichner der Gründungserklärung waren neben Kagan politische Schwergewichte wie Dick Cheney, Donald Rumsfeld und Paul Wolfowitz, die alle später unter George W. Bush wichtige Posten übernahmen.

Im Herbst 2000, ein Jahr vor den Anschlägen am 11. September, plädierte eine PNAC-Studie, die der neugewählten Bush-Regierung als Handlungsanleitung dienen sollte, für eine massive Erhöhung der Rüstungsausgaben sowie eine Umwandlung der Streitkräfte in einen dominanten und mobilen, rasch verlegbaren Machtfaktor. Ziel war eine nachhaltige militärische Vorherrschaft, die der Studie zufolge dringend auf neue Waffensysteme wie die Raketenabwehr angewiesen war. Das Papier machte aber auch klar, dass der Prozess dieser Umwandlung langwierig wäre und Widerstand hervorrufen würde, »falls nicht«, so wörtlich, »ein katastrophales und beschleunigendes Ereignis – wie ein neues Pearl Harbor« einträte.[2] Als nur wenige Monate später, am 11. September 2001, Flugzeuge in die Türme des World Trade Centers und in das Pentagon einschlugen, wurde dies zum Anlass, die von PNAC angedachte Politik zu realisieren.[3]

2006 löste sich das PNAC auf – Kritiker meinten, weil alle wesentlichen Ziele erreicht waren. Von 2009 bis 2017 gab es aber ein Folgeprojekt Kagans, die sogenannte Foreign Policy Initiative (FPI), die – täglich grüßt das Murmeltier – auf ihrer Webseite folgende Ziele benannte:

- »Ein fortgesetztes US-Engagement in der Welt, diplomatisch, ökonomisch und militärisch, sowie Zurückweisung einer Politik, die zum Isolationismus führt,
- robuste Unterstützung für Amerikas demokratische Verbündete und Opposition zu Schurkenstaaten, die amerikanische Interessen bedrohen,
- Verteidigung der Menschenrechte derjenigen, die von ihren Regierungen unterdrückt werden, und US-Führerschaft bei der Verbreitung von politischer und ökonomischer Freiheit,
- ein starkes Militär mit dem Budget, das benötigt wird, damit Amerika die Bedrohungen des 21. Jahrhunderts meistern kann,
- ein internationales ökonomisches Engagement als Schlüsselelement der US-Außenpolitik in dieser Zeit großer wirtschaftlicher Erschütterungen.«

Alter Wein in neuen Schläuchen also. Doch seit Jahren schwindet die öffentliche Begeisterung für solch lärmende Führungsrhetorik. Im Mai 2014 ermahnte Kagan daher in einem langen Artikel seine Leser, zu denen auch Präsident Obama gehören soll, dass »Supermächte nicht in Rente gehen« und »was unsere müde Nation der Welt noch immer schuldet«.[4] Damit meinte Kagan natürlich die amerikanische Führung, ohne die sich andere Herrscher wie der »Krim-Schlucker« Putin eben einfach nehmen würden, was sie wollten. In einem direkt an Obama gerichteten Memorandum wies Kagan, der zuvor auch Außenministerin Hillary Clinton offiziell beraten hatte, dabei aber auf ein sehr ernstes aktuelles Problem hin:

»Zu den größten Herausforderungen der amerikanischen Außenpolitik zählt die öffentliche Einstellung zu Hause. Der neuesten Umfrage zufolge glauben 52 Prozent der Amerikaner, dass die Vereinigten Staaten ›sich um ihre eigenen Angelegenheiten kümmern sollten und andere Länder ihren Weg allein finden lassen sollten‹. Das ist das erste Mal in 50 Jahren, in denen diese Frage gestellt wurde, dass eine Mehrheit der Amerikaner diese Ansicht vertritt.«[5]

Mehr als zehn Jahre nach dem 11. September, nach den Kriegen in Afghanistan und dem Irak ist die Luft offenbar raus. Das Volk ist müde, erkennt keinen Sinn mehr in den endlosen Schlachten um Einfluss beziehungsweise »Demokratie« überall auf der Welt, während daheim doch vieles den Bach heruntergeht. Robert Kagan schreibt unermüdlich dagegen an, selbstgewiss, als Kriegsstratege, wie aus der Zeit gefallen.

Zugleich muss seine Frau als Teil der Regierung die konkreten Folgen in der Ukraine managen. Da reicht es längst nicht mehr, Brötchen an die Demonstranten auf dem Maidan zu verteilen, wie sie es noch im Dezember 2013 vor laufenden Kameras in Kiew tat. Spätestens seit ihrem abgehörten »Fuck-the-EU«-Telefonat vom Januar ist das Krisenmanagement zur Tortur geworden. Da hatte sie dem US-Botschafter in Kiew direkte Anweisungen zum »Regime-Change« gegeben. Der gewünschte Nachfolger Janukowitschs an der Spitze der ukrainischen Regierung wurde diskutiert oder präziser: von Nuland diktiert. Wenige Tage später landete ein Mitschnitt des privaten Gesprächs im Internet – abgehört und veröffentlicht mutmaßlich vom russischen oder ukrainischen Geheimdienst. Das markige und schlagzeilenträchtige »Fuck the EU« war dabei kaum das eigentlich Brisante. Entscheidender war die folgende Passage, die viele westliche Medien geflissentlich übersahen:

Nuland: »Ich denke nicht, dass Klitsch in die Regierung sollte. Ich denke, das ist nicht notwendig. Ich halte es für keine gute Idee.«

Botschafter, nach einer kurzen Pause: »Ja. Ich meine … wenn es darum geht, dass er nicht in die Regierung kommt, sollte man ihn einfach draußen lassen, wo er seine politischen Hausaufgaben machen kann und so weiter. […]«
Nuland: »Ich denke, Jaz ist der Typ, der die wirtschaftliche Erfahrung mitbringt, die Regierungserfahrung.«

Nuland hatte der Einfachheit halber die slawischen Namen der Oppositionsführer abgekürzt. Und so wurden der von Merkel favorisierte Klitschko schlicht zu »Klitsch« und Jazenjuk zu »Jaz« – fast wie Helden in einer Zeichentrickserie. Die Pointe bestand darin, dass der blasse »Jaz«, der in der Ukraine wegen seines scheuen Blickes den Spitznamen »das Kaninchen« trägt und der vorher lediglich als eine Art Stellvertreter für die inhaftierte Julia Timoschenko wahrgenommen wurde, nur wenige Wochen später tatsächlich zum Übergangspräsidenten aufstieg. Drei Monate lang, bis zur umstrittenen Präsidentschaftswahl im Mai 2014, lenkte der farblose Technokrat die Geschicke in Kiew im Sinne Amerikas. Victoria Nuland hatte ihn ausgewählt und gekürt und der EU nebenbei den Platz zugewiesen, der ihr abseits aller Sonntagsreden zugebilligt wurde: am Katzentisch.

Die regelmäßigen »Rechenschaftsberichte« der Politmanagerin vor dem Auswärtigen Ausschuss seither sind da nur ein vergleichsweise harmloses Pflichtprogramm, welches das amerikanische Politiksystem seinen Mitspielern abverlangt. Regierungsvertreter sollen vor laufenden Kameras ein wenig schwitzen und der heimischen Öffentlichkeit so die Illusion von demokratischen »Checks and Balances« liefern. Doch Victoria Nuland ist neben den macht- und selbstbewussten Senatoren auch noch anderen verpflichtet.

9 Schnittstelle im Machtpoker: Der Atlantic Council

Kaum zwei Meilen entfernt vom Dirksen Senate Office Building, wo die Nuland-Anhörung stattfand, liegt ein weiteres und wohl größeres Machtzentrum. Man bräuchte nur aufzustehen, den holzgetäfelten Saal des Auswärtigen Ausschusses zu verlassen und die Constitution Avenue entlangzugehen, vorbei am Capitol und der National Mall, der Nationalpromenade mit ihren beruhigend symmetrisch arrangierten Grünanlagen und all den Denkmälern für Präsident Lincoln, Martin Luther King, die gefallenen Soldaten im Vietnamkrieg, im Koreakrieg, im Zweiten Weltkrieg, dann rechts am Weißen Haus vorbei, und schon stünde man vor dem imposanten Hauptquartier des Atlantic Councils.

In dieser transatlantischen Denkfabrik, die im Wesentlichen die Aktivitäten der Nato sowie die Entwicklung des Freihandels unterstützt, hielt Victoria Nuland im November 2013 ihre allererste Rede als Regierungsmitglied – einen Tag vor ihrer im letzten Kapitel zitierten Antrittsrede beim Senatsausschuss. Der Atlantic Council ist eine in der Öffentlichkeit vergleichsweise unbekannte, aber außergewöhnlich gut vernetzte Schaltstelle. Dahinter stehen diejenigen, die in den Medien stets als »die internationale Gemeinschaft« firmieren, die man aber auch weniger wohlwollend als »das Imperium« bezeichnen könnte. Seit 2019 wird der Council von John F. W. Rogers geleitet, dem langjährigen Vizechef der Investmentbank Goldman Sachs.

Gegründet 1961, hat der Council seit Jahren die transatlantische Elite fest versammelt. Zu seinem internationalen Beraterstab gehörten 2014, zu Beginn der Ukraine-Krise, Josef Ackermann, die ehemaligen Staatschefs von Spanien und Polen, Zbigniew Brzezinski, die Chefs der Rüstungskonzerne Lockheed Martin und EADS, Medienzar Rupert Murdoch sowie eine große Zahl weiterer Wirtschaftsführer. Finanziert wird er von all denjenigen, die transatlantisch investieren, aber auch von vielen Regierungen. Zu den Hauptsponsoren, die 2014 mehr als 100 000 Dollar gaben, zählten zum Beispiel Airbus, der Ölmulti Chevron, die Deutsche Bank sowie der Rüstungsriese Lockheed Martin. Weitere Finanziers waren etwa der globale Vermögensverwalter Blackstone, der Wirtschaftsnachrichtendienst Bloomberg, Waffenhersteller Raytheon sowie Coca-Cola. Allein die Spitzengruppe der privaten Unterstützer spendierte 2014 mehr als 3,5 Millionen Dollar. Ergänzt wird deren Sponsoring durch Gelder von Stiftungen, wie Bertelsmann, Carnegie und Rockefeller, sowie Regierungen, unter anderem der USA, Kanadas, Schwedens, Großbritanniens, Kuwaits und der Vereinigten Arabischen Emirate. Weitere Gelder fließen dem Council direkt von der Nato und der Europäischen Kommission zu.[1]

Wer das Netzwerk leitet, steigt danach häufig direkt in die US-Regierung auf wie etwa General James L. Jones (2007–2009), der in der Folge zu Obamas Sicherheitsberater wurde, oder Chuck Hagel (2009–2013), den man anschließend nahtlos zum Verteidigungsminister ernannte. Von 2014 bis 2017 leitete John Huntsman, Sohn des gleichnamigen Milliardärs, das Netzwerk. Vor seiner Ernennung war Huntsman unter anderem US-Botschafter in China sowie Unterstützer der konservativen Hardliner John McCain und Sarah Palin. 2012 hatte er sich selbst um die Präsidentschaft beworben, danach um den Posten als Weltbankpräsident. 2017 ernannte ihn Donald Trump zum US-Botschafter in Moskau. Die Presse beschrieb ihn als »konservativ-technokratischen Optimisten mit moderaten Positionen«.

Diese glattgebügelt globalistische Charakteristik passt vielleicht auch auf Victoria Nuland, die in ihrer Vorstellungsrede beim Atlantic Council am 13. November 2013 emphatisch eine »transatlantische Renaissance« beschwor und stolz darauf hinwies, dass die Nato mittlerweile auf vielen Kontinenten aktiv sei und dort Hunderte Millionen Menschen »beschütze«, »vom Kosovo bis Afghanistan und Libyen«.[2] Der Zynismus solches Umdeutens tödlicher Bombenkriege in einen »Schutz« von Menschen wird unvermeidlich jedem abverlangt, der an verantwortlicher Position in das Netzwerk eingebunden ist. Der Council koordiniert einen globalen Konsens, der direkt auf unhinterfragbaren »Wahrheiten« beruht. Als a priori »gut« gelten dabei etwa der Freihandel, der Westen und auch die Ausdehnung des Systems.

Ziel scheint es vor allem zu sein, die intellektuelle Meinungsführerschaft in diesen Fragen zu bewahren. Dazu werden ununterbrochen Konferenzen und Gespräche mit Politikern, Militärs, Fachleuten und Journalisten organisiert. Moderiert werden sie häufig von Frederick Kempe, einem Journalisten, der das Tagesgeschäft beim Council leitet und der zuvor 25 Jahre für das *Wall Street Journal* geschrieben hatte. Letztlich ist das Netzwerk auch ein großer PR-Apparat, der stets bestrebt ist, die Ansichten der Sponsoren auf eine so geschickte Art zur herrschenden Meinung zu machen, dass der Anschein entsteht, es handle sich um das Ergebnis einer kontroversen und offenen Debatte.

Auf einer Tagung des Councils »für ein gemeinsames und freies Europa« trat im April 2014 neben US-Außenminister Kerry auch Altstratege Zbigniew Brzezinski auf. Er ermahnte Präsident Obama, die Bedeutung des Ukraine-Konflikts für den Westen endlich in deutlichen Worten auch dem amerikanischen Volk zu erklären. Brzezinski spürte wohl, wie der fehlende öffentliche Rückhalt daheim die »Operation Ukraine« am Ende doch noch scheitern lassen könnte. Weiterhin drängte er die eigene Regierung zu direkter Militärhilfe. Außerdem betonte Brzezinski auf der Council-Veranstaltung, Moskau destabilisiere die Ukraine, um sich das Land unterzuordnen – also genau das, was der Westen mit Hilfe eines gewaltsamen Machtwechsels bereits selbst getan hatte. Für einen Psychologen wäre das wohl ein klarer Fall von Projektion: Man unterstellt dem Gegenüber, was man selbst längst verbrochen hat, um den Zwiespalt zwischen eigenem moralischen Anspruch und Wirklichkeit zu kaschieren.

Der Council bietet dabei auch Journalisten Hilfestellung: Ist ein Reporter auf der Suche nach einem zitierfähigen Experten zu einem bestimmten Thema, kann er einfach auf der Webseite der Denkfabrik den Button »Experts« anklicken und in ein Suchfeld das gewünschte Thema eingeben. Fragt man dort nach »Ukraine«, präsentiert das Portal gleich sieben Namen – allesamt Fachleute, die in Diensten des Atlantic Council stehen. Darunter befinden sich ein früherer US-Botschafter in der Ukraine, ein früherer Büroleiter des Nato-Generalsekretärs, eine frühere Mitarbeiterin des Außenministeriums, eine frühere OSZE-Mitarbeiterin, ein früherer Direktor von Freedom House, einer weiteren Denkfabrik zur Demokratieförderung, der zudem auch bereits »Programme zur Unterstützung von Menschenrechtsbewegungen in Serbien, Weißrussland und in der Ukraine 1993–2004« entwickelt hat, sowie ein früherer Leiter des Carnegie Moscow Centers, ebenfalls einer Demokratieförderstätte, diesmal der geld- und einflussreichen »Carnegie-Stiftung für internationalen Frieden«.

Ukraine-Experte Nummer 7 allerdings fällt vor allem durch seinen bekannten Namen auf: Ian Brzezinski, ältester Sohn des in diesem Buch nun schon mehrfach zitierten Politstrategen. Der Junior kann eine typische Karriere vorweisen: Pentagon-Planer, Stabsmitglied im Auswärtigen Ausschuss des Senats, dann durch die gut geölte Drehtür zum privaten Sicherheitsdienstleister Booz Allen Hamilton – für den bekanntlich auch Edward Snowden arbeitete, bevor er dem System den Rücken kehrte. 2010 schließlich wurde Brzezinski junior vom Atlantic Council aufgenommen. Nebenher betreibt er eine eigene Unternehmensberatung, die Brzezinski Group, eine Firma, die auf eine öffentliche Webseite verzichtet und unter anderem Lobbyarbeit für eine polnische Ölfirma betreibt.

Der Sohn des weltgewandten (und 2017 verstorbenen) »Zbig«, wie der Alte von Freunden und solchen, die sich dafür hielten, genannt wurde, hat eine eher blasse Ausstrahlung und neigt bei längeren Vorträgen zum Stottern. Wohl hat er Mühe, im Schatten des überpräsenten Weltendeuter-Vaters zu bestehen. Öffentlich aber beschwört er die eigene Familientradition und erwähnt gern den Großvater Tadeusz Brzezinski, einen polnischen Diplomaten der zwanziger und dreißiger Jahre, der in ebenjenem von fremden Mächten durchgeschüttelten Gebiet aufwuchs, das erst Österreich-Ungarn war, dann Polen, und schließlich Teil der Sowjetunion, bis vor kaum mehr als 20 Jahren dort die Ukraine als Nationalstaat wiedererstand.

In gewisser Weise also führt der Junior einen Kampf um die Heimat der eigenen Familie – und verdient nebenbei gutes Geld. In ganz ähnlicher Weise kann auch die Arbeit von Victoria Nuland unter Verweis auf familiäre Wurzeln betrachtet werden: Ihr Großvater emigrierte in den zwanziger Jahren aus Russland. Mit etwas Pathos könnte man sagen, dass Nuland und Brzezinski nun das Land ihrer Ahnen zurückzuerobern versuchen. Der jüdische Meyer Nudelman, so der ursprüngliche Familienname, kam allerdings nie richtig in Amerika an und weigerte sich sogar, Englisch zu lernen. Sein Sohn Sherwin, Nulands Vater, wurde später zwar ein berühmter Medizinprofessor in den USA, litt aber unter dem chronisch kranken Emigrantenvater und wurde in den Siebzigern selbst mit schwersten Depressionen stationär psychiatrisch behandelt – da war Victoria gerade ein Teenager. Er forschte zum Sterben des Menschen und veröffentlichte dazu auch den finsteren Sachbuch-Bestseller *Wie wir sterben.* Seine Memoiren trugen den Titel *Verloren in Amerika*.[3]

Nun wäre es fahrlässig und auch oberflächlich, die große Politik auf solche privaten Familienumstände zu reduzieren. Aber eine Rolle spielen sie doch. Der Vater von Victoria Nulands Ehemann Robert Kagan beschäftigte sich Zeit seines Lebens forschend mit Kriegsführung, Nulands Vater erforschte den Tod selbst, und Ian Brzezinskis Vater erdachte über Jahrzehnte hinweg perfide Strategien für den Kalten Krieg. Ein gutes Karma für das Aufwachsen von Kindern sieht wohl anders aus.

Ian Brzezinski ist auch ein gern gesehener Interviewpartner in den Medien und präsentiert dort regelmäßig die Council-Agenda, so als handle es sich um eine alternativlose Stimme der Vernunft. Kurz nach dem Anschluss der Krim an Russland im März 2014 schrieb er in einem Gastbeitrag für die *Washington Post*, dass die Nato nun umgehend Waffen an Kiew liefern solle, und zwar direkt »aus US-Beständen in Europa«. Weiterhin seien dringend Militärberater zu entsenden. Auch solle die Nato unbedingt ein Militärmanöver in der Ukraine abhalten.[4] Kaum zwei Wochen später drängte Brzezinski junior als geladener Experte den Auswärtigen Ausschuss des US-Senats in die gleiche Richtung und forderte zudem, ein 1997 geschlossenes Abkommen zwischen der Nato und Russland zu suspendieren, demzufolge die Nato keine Kampftruppen in den neuen östlichen Mitgliedsstaaten stationieren wolle.

Dass Russland nun für lange Zeit kein Partner mehr sei, betonte auch Verteidigungsministerin Ursula von der Leyen bei ihrem Antrittsbesuch in Washington im Juni 2014. Sie wirkte aufgeregt bei ihrer Rede vor dem Atlantic Council, schwitzte stark, fast wie eine Kandidatin bei einem Vorstellungsgespräch. Die amerikanischen Gastgeber empfingen sie dabei jovial und lächelten auch wohlwollend, als sie von ihrer Urgroßmutter erzählte, die aus den USA stamme und ihr in Kindertagen immer erzählt habe, dass sie von Pocahontas abstamme. Von der Leyen hielt ihre Rede auf Englisch, wie um ihre Zugehörigkeit auch auf diese Art zu beweisen. Angesprochen auf das wachsende Misstrauen insbesondere vieler jüngerer Deutscher gegenüber den USA antwortete sie, man müsse die Schüleraustauschprogramme und Ähnliches stärken. Wer nach einem Austausch aus den Vereinigten Staaten zurückkomme, sei in der Regel ein »Believer«, so wörtlich die Ministerin, die lange selbst in den USA gelebt hatte.[5]

Um solchen Glauben zu festigen, veranstaltet der Atlantic Council auch regelmäßig internationale Events und verteilt bei diesen Gelegenheiten jährlich Auszeichnungen, so zum Beispiel den Preis für »hervorragende Führerschaft« in Washington, den Preis für den »globalen Bürger« in New York oder den »Freiheitspreis« im polnischen Breslau. Wer sie bekommt, hat sich verdient gemacht um die Ziele der Elite.

Im April 2014 erhielt der damalige EU-Präsident José Manuel Barroso einen solchen Preis bei einem großen Galadinner in Washington. Der Milliardärssohn und Council-Boss John Huntsman würdigte den Portugiesen bei diesem Anlass schneidig als einen »Führer, der die Dinge erledigt bekommt« und übergab ihm den im Scheinwerferlicht glänzenden Preis, eine tennisballgroße Glaskugel mit den eingravierten Konturen der Kontinente. Barroso, mit Fliege und glänzenden Wangen, war der Stolz über den »Oscar der Außenpolitik«, wie er es nannte, ins Gesicht geschrieben. Er vergaß auch nicht, in seiner Dankesrede seinen mehrjährigen Studienaufenthalt in den USA zu erwähnen sowie das gemeinsame Ziel der transatlantischen Freihandelszone. Außerdem betonte er seine enge Verbundenheit mit der ukrainischen Maidan-Bewegung. Gerade als Portugiese sei ihm der Kampf gegen Diktatur und Unterdrückung ein Herzensanliegen. Tatsächlich hatte Barroso seine Politkarriere in den siebziger Jahren als Chef einer maoistischen Partei begonnen, bevor er dann ins konservative Lager wechselte.

Nach einer per Video zugespielten Laudatio der eher schüchtern und müde wirkenden Angela Merkel trat schließlich die berühmte ukrainische Popsängerin und Maidan-Aktivistin Ruslana Lyschytschko auf, die ebenfalls eine Glaskugel vom Council überreicht bekam und anschließend mit blau-gelber Flagge um den Hals aus voller Kehle die ukrainische Nationalhymne schmetterte. Als 800 Gäste aus dem internationalen Establishment in Anzug und Abendkleid ergriffen Ruslanas schräger Mischung aus Pop, Kommerz und Revolutionspathos lauschten, hatte das Event seinen Höhepunkt erreicht. Die große Melange der Kontinente und Kulturen, der stolzen Emporkömmlinge und der wohlwollenden Sponsoren hatte sich für einen weiteren Abend selbst gefeiert.

Was also ist der Atlantic Council? Auf den ersten Blick wirkt er fast wie eine offizielle staatliche Institution, allein wegen des Namens, der sich leicht mit dem North Atlantic Council der Nato verwechseln lässt, dann auch wegen der vielen direkt und indirekt beteiligten aktiven Politiker, sowie schließlich aufgrund des Sponsorings durch zahlreiche Regierungen.

De facto aber ist hier ein privater Lobbyverein vollständig mit der Politik verschmolzen. Es hat wenig Sinn, die private Einflussnahme am Council zu bemängeln: Sie ist der Kern des Ganzen. Es ist eine Struktur entstanden, die oberhalb von Regierungen schwebt, die Amtsträger einlädt, empfängt und assoziiert, die Diskussionen lenkt und die Medien mit Experten und Material versorgt. Merkel darf eine Laudatio halten, Barroso bekommt einen Preis, die Brzezinskis geben Empfehlungen, Nuland und von der Leyen stellen sich vor, hören zu und fragen nach. Die Sponsoren selbst bleiben dezent im Hintergrund.

10 Poroschenko: Schokolade und Waffen

Zu den zahlreichen Seltsamkeiten beim Machtwechsel in der Ukraine im Jahr 2014 gehörte die Selbstverständlichkeit, mit welcher der Aufstieg eines Milliardärs an die Staatsspitze als demokratischer Fortschritt gefeiert wurde. Während im Westen in der Regel große Mühe darauf verwandt wird, den politischen Einfluss Superreicher zu kaschieren oder kleinzureden, und für jedermann sichtbare Beispiele wie Berlusconi in Italien allgemein als Skandal gelten, ticken die Uhren nun offenbar anders.

Zur Amtseinführung Petro Poroschenkos erschienen der US-Vizepräsident, der EU-Ratspräsident und auch der um moralische Ratschläge selten verlegene damalige deutsche Bundespräsident Joachim Gauck in Kiew, um sich in die Schar der Gratulanten einzureihen. Der meist als »Schokoladenkönig« bezeichnete neue ukrainische Präsident hat viele Freunde. Wenn auch dieser Titel als Verharmlosung gelten kann, denn Poroschenko gehörte neben dem Konfekthersteller Roshen auch ein Rüstungsunternehmen, das Kriegsschiffe herstellt sowie einen Granatwerfer, der laut Firmenwerbung »alle von der Nato zugelassenen Granaten« verschießen kann.[1] Einem »Waffenkönig« zur Wahl zu gratulieren wäre öffentlich allerdings schwer vermittelbar gewesen. Wohl auch deswegen wird bis heute in kaum einem Medienbericht diese Tatsache erwähnt und stattdessen lieber augenzwinkernd auf die präsidiale Schokolade verwiesen. Eher nach Granatwerfer als nach Konfekt klang dann auch die martialische Äußerung des Präsidenten im Juli 2014 bei einem Besuch der »Antiterrortruppen«, welche die Stadt Donezk belagerten: »Die Militanten werden mit Hunderten ihrer Leben für das Leben eines jeden Soldaten von uns zahlen.«[2]

Poroschenko, Jahrgang 1965, hatte noch zu Sowjetzeiten internationale Ökonomie studiert, sich nach der Wende als Unternehmer etabliert und immer wieder auch politische Posten übernommen. Nach der »Orangen Revolution« von 2004 war er neben dem prowestlichen Präsidenten Juschtschenko – den er mitfinanziert hatte – zunächst Chef des Nationalen Sicherheits- und Verteidigungsrats geworden, dann Außenminister. In der Regierung von Präsident Janukowitsch leitete er zeitweise das Wirtschaftsministerium und arbeitete in dieser Funktion auch das EU-Assoziierungsabkommen mit aus. In beiden Regierungen stand er außerdem der Nationalbank vor.

Eine der ersten Amtshandlungen Poroschenkos als Präsident war dann auch im Juni 2014 die Neubesetzung der Leitung ebenjener Nationalbank. Die neue Chefin Valeria Gontarewa hatte ihre nun benötigte Berufserfahrung bei den ukrainischen Ablegern westlicher Bankriesen wie der holländischen ING und der französischen Société Générale gesammelt.

Poroschenko war unter den ukrainischen Superreichen derjenige mit den direktesten politischen Ambitionen. Während die Nummer 1 des Landes, der Donezker Stahlbaron Rinat Achmetow lange Janukowitsch unterstützte, hatte Poroschenko (laut *Forbes*-Milliardärsliste von 2014 die Nummer 7 in der Ukraine) bereits 2004 Juschtschenko finanziert und ebenso die Maidan-Revolte seit Ende 2013. Auch wenn er selbst versuchte, seine direkte Beteiligung am Umsturz kleinzureden, und die Frage, ob er den Maidan finanziere, im Dezember 2013 so beantwortete: »Der Maidan organisiert sich selbst, es sind nicht irgendwelche reichen Leute, die ihn unterstützen. Aber wenn Sie die drei Lastwagen mit Holzpaletten, einen mit Brennholz und einen mit Trinkwasser meinen, die ich dort hingebracht habe, dann ja.«[3]

Unerwähnt ließ er, dass ein ihm ebenfalls gehörender Fernsehsender kontinuierlich von den Protesten berichtet hatte.

Dass Poroschenko Präsident werden würde, zeichnete sich bereits früh ab. Gemeinsam mit dem Boxer Vitali Klitschko, einem von der CDU-nahen Konrad-Adenauer-Stiftung unterstützten Kandidaten, reiste er bereits im März 2014, zwei Monate vor seiner Wahl, anlässlich verfrühter »Antrittsbesuche« zu Frankreichs Präsident François Hollande und Großbritanniens Regierungschef David Cameron. Ende März dann verabredete Poroschenko mit Klitschko einen Deal, demzufolge der Boxer nicht selbst zur Präsidentschaftswahl antreten und stattdessen den Milliardär unterstützen würde.

Poroschenko setzte daraufhin seine Rundreise durch Europa allein fort und wurde Anfang Mai, ebenfalls noch vor seiner Wahl, von Kanzlerin Angela Merkel in Berlin empfangen. Dieser Besuch sollte eigentlich geheim bleiben. Als die Information aber doch an die Presse durchsickerte (Poroschenko war mit seinem Privatjet in Schönefeld gelandet), ging das Kanzleramt in die Offensive und veröffentlichte ein gemeinsames Foto von Merkel und dem Milliardär. Unmittelbar vor dem Treffen hatte dieser die Anti-Kiew-Kämpfer in der Ostukraine noch verärgert als »Terroristen« bezeichnet, mit denen man keinesfalls verhandeln wolle. Auch seien weitere Sanktionen gegen Moskau dringend erforderlich. Nach der Kanzlerinnenvisite allerdings hatte der Kandidat überraschend deutlich rhetorisch abgerüstet.

Doch abseits aller Bekundungen zeigte Poroschenko bald, wie er mit dem Konflikt umzugehen gedachte: Nur einen Tag nach seiner Wahl vom 25. Mai ließ Kiew Kampfhubschrauber gegen die Aufständischen in Donezk einsetzen. Vielen anderen Präsidenten wäre das selbstverständlich als »Krieg gegen das eigene Volk« angelastet worden und hätte zu eiligen Sondersitzungen des UNO-Sicherheitsrates geführt. Nicht so bei Poroschenko, der von der »internationalen Gemeinschaft« offenbar eine Art Freibrief zur gewaltsamen Niederschlagung der Proteste erhalten hatte.

Laut unbestätigten russischen Quellen hatte er sich außerdem unmittelbar nach seiner Wahl mit einer amerikanischen Delegation getroffen, zu der unter anderem Frank Archibald, Chef der CIA-Abteilung für verdeckte Operationen, Jeffrey Egan, früherer CIA-Chef in der Ukraine, sowie Raymond Mark Davidson, aktueller »Chief of Station« dort, gehörten. Angeblich ging es dabei um militärische Hilfe, die man getarnt abwickeln wollte.[4]

Offenkundig ist zumindest, dass dem militärischen Angriff der Kiewer Regierung auf das eigene Volk im Osten des Landes eine dringende Mahnung des Internationalen Währungsfonds vorausging. Bereits vor Poroschenkos Wahl hatte der IWF am 1. Mai 2014 verlauten lassen, dass eine finanzielle Unterstützung der Ukraine ohne eine Kontrolle Kiews über die östlichen Landesteile wesentlich teurer werde. In einer entsprechenden Agenturmeldung hieß es unmissverständlich:

> »Bei einem Verlust der Kontrolle über den Osten des Landes benötigt die Ukraine nach Einschätzung des Internationalen Währungsfonds (IWF) mehr Finanzhilfe. Der bereits genehmigte Kredit über 17 Milliarden Dollar für das von Unruhen erschütterte osteuropäische Land müsse dann ›geändert‹ werden, teilte der Fonds mit.«[5]

Nur einen Tag später, am 2. Mai, reagierte die Kiewer Regierung mit einem massiven militärischen Angriff auf die ostukrainische Stadt Slawjansk. Der kaum verklausulierte Hinweis des IWF, vorgetragen von dessen resoluter Chefin Christine Lagarde, einer früheren französischen Finanzministerin und langjährigen Wirtschaftsanwältin für die US-Kanzlei Baker & McKenzie, zeigt worum es geht: Ohne die Ostukraine, einem entscheidenden Industriezentrum mit großem Anteil am Bruttoinlandsprodukt, käme das Land wirtschaftlich kaum auf die Beine – und das westliche Investment würde wesentlich unrentabler. Daher war der Krieg gegen die Aufständischen zwingend und eine unverrückbare Vorgabe, die auch Poroschenko umsetzte, gestützt vom

Westen und nicht zuletzt dessen Medien, die den bewaffneten Kampf gegen Städte wie Donezk und Slawjansk eher unter ferner liefen behandelten oder eben als notwendige »Antiterroroperation« einordneten.

Rasch sammelten sich zur gleichen Zeit diverse Berater rund um den neuen Präsidenten, um die ökonomischen Weichen zu stellen. Mitte Juni empfing Poroschenko den Milliardär und selbsternannten Demokratiestifter George Soros in seinen neubezogenen Amtsräumen. Soros betreibt seit 1990 die sogenannte »Renaissance-Stiftung« in der Ukraine, die dort laut eigenem Jahresbericht 2013 mehr als 5 Millionen Dollar für etwa 500 demokratiefördernde Projekte überall im Land verteilte.[6] Nun eröffnete er dem Präsidenten persönlich sein Vorhaben, »strategische Beratergruppen« zu gründen, die Poroschenko und seiner Regierung in allen wichtigen Fragen direkt zur Seite stehen sollen.[7] Der Präsident bedankte sich erfreut für diese Umarmung durch den superreichen Spekulanten, dessen Vermögen auf 20 Milliarden Dollar geschätzt wird.

Die Abteilung »Wirtschaft« der neuen strategischen Soros-Poroschenko-Beratergruppe wurde dabei von Igor Burakowski geleitet, der zugleich der ukrainischen Denkfabrik Institute for Economic Research and Policy Consulting (IER) vorstand, die ihrerseits von der deutschen Beratungsfirma Berlin Economics gegründet wurde. Berlin Economics betrieb auch die sogenannte »Deutsche Beratergruppe bei der ukrainischen Regierung«, deren Ziel laut eigener Aussage »die kontinuierliche Unterstützung und Begleitung von wirtschaftlichen Reformprozessen in der Ukraine« ist. Diese vom deutschen Bundeswirtschaftsministerium finanzierte Gruppe steht dazu auch »im Dialog mit anderen internationalen Organisationen wie etwa dem Internationalen Währungsfonds oder der Weltbank« – womit sich der Kreis von Christine Lagarde über Petro Poroschenko zu George Soros schließt.

Die neue Regierung des Oligarchenpräsidenten Poroschenko und seines von Victoria Nuland gekürten Ministerpräsidenten

Arsenij Jazenjuk vertrat somit sehr spezifische Geschäftsinteressen, die kaum im Sinne der gesamten ukrainischen Bevölkerung waren. Was diese auch bald bemerkte, denn Poroschenkos Umfragewerte befinden sich seit Jahren im Keller. Bei einer Befragung im Vorfeld der Präsidentschaftswahlen von 2019 gaben lediglich 10 Prozent der Ukrainer an, für ihn stimmen zu wollen.[8]

Fünf Jahre zuvor, kaum einen Monat im Amt, unterzeichnete er am 27. Juni 2014 zunächst das Assoziierungsabkommen mit der EU, das sein Vorgänger Janukowitsch nach langen Verhandlungen auf Eis gelegt hatte. Damit hatte der Westen sein Hauptziel erreicht: Das 45 Millionen Einwohner zählende Land wurde nun ökonomisch vollständig geöffnet – auch als zollfreier Absatzmarkt.

Bei der Unterzeichnung des Vertrages benutzte der Oligarch symbolträchtig den gleichen Stift, der schon im November 2013 zur Unterschrift bereitgelegen hatte, und kommentierte das mit den Worten, gewisse historische Schritte seien eben »unabwendbar«.

Dass er mit dieser Behauptung die tiefe Spaltung seines Landes in eben jener Frage vollkommen negierte, war ein schlechtes Omen für die Zukunft. Auch fragte sich mancher der Demonstranten auf dem Maidan nun, was aus den ursprünglichen Forderungen eines großen Teils der Demokratiebewegung wurde, die viel weiter gefasst waren, als nur eine Öffnung zum Westen zu fordern. Dass ein Milliardär an der Staatsspitze die Mauscheleien und Korruptionsnetzwerke seiner superreichen Kollegen, die das Land längst unter sich aufgeteilt hatten, ernsthaft und erfolgreich bekämpft, war nicht zu erwarten – und wurde auch nicht realisiert. In diesem Sinne bemerkte der 2014 verstorbene Peter Scholl-Latour schon 2006, nach dem vorangegangenen »Orangenen« prowestlichen Machtwechsel in der Ukraine:

»Nichts ist wohl trauriger als das Sterben einer großen politischen Hoffnung. Nichts ist ernüchternder als die Feststellung, dass ein freiheitlicher Aufbruch der Massen sich nachträglich als das Produkt ferngesteuerter, betrügerischer Einmischung erweist.«[9]

Der weitgereiste Journalist ergänzte diese Beobachtung schon damals ausdrücklich mit einer Kritik an der »Zaghaftigkeit« und »Political Correctness« der deutschen Medien, die diesen Betrug weitgehend deckten. Prophetisch schloss Scholl-Latour sein 2006 erschienenes Buch *Russland im Zangengriff* mit der Aussage eines Ukrainers, der ihn seinerzeit nahe der russischen Grenze chauffierte:

»Wie weit wollen die Amerikaner denn noch mit ihrem Nato-Bündnis nach Osten vordringen, und welche Feindschaft gegen Russland tragen sie hier aus? Ihr Deutschen habt in diesem Raum doch ausreichend bittere Erfahrungen gesammelt. Warum macht Berlin diese unsinnige Politik mit? Die Deutschen sollten es doch besser wissen. Habt ihr denn ganz vergessen, dass 300 Kilometer von dem Punkt entfernt, an dem wir jetzt stehen, eine Stadt an der Wolga liegt, die einst den Namen Stalingrad trug?«

Doch solche Sorgen blieben – und bleiben – vielen deutschen Kommentatoren weiterhin unverständlich. Ihnen gilt die Ausweitung der westlichen Einflusszone in der Regel als pure Vernunft – und letztlich als zivilisatorischer Fortschritt. Wie sehr solche scheinbar individuellen und »vernünftigen« Ansichten vieler Journalisten dabei mit der Meinung der Elite konform gehen, lohnt einen genaueren Blick.

11 Im Gleichklang: Leitmedien und Lobbynetzwerke

Die Rolle der Medien in diesem Konflikt ist seit Jahren Gegenstand heftiger Debatten. Viele Zeitungsleser und Fernsehzuschauer sind mehr als irritiert über eine Berichterstattung, die seltsam gleichförmig erscheint, egal ob nun auf dem Fernsehbildschirm bei ARD und ZDF oder in den Print- und Online-Ausgaben von *Spiegel* oder *Süddeutscher Zeitung*. Dass Putin die Eskalation begonnen habe und ganz allgemein der Schurke im Spiel sei, scheint allgemein qua Definition festzustehen. So wenig dabei die Rollenverteilung selbst überrascht – die Bewertung der Sowjetunion durch US-Präsident Ronald Reagan als »Reich des Bösen« liegt ja nur wenige Jahrzehnte zurück –, so verwundert manchen doch der Gleichklang, die Uniformität der Analysen und Berichte quer durch den Mainstream. Dissens und abweichende Meinungen sind nahezu verschwunden. Dies beklagte im November 2014 in einer Rede sogar der damalige Außenminister Frank-Walter Steinmeiner:

> »Der Meinungskorridor war schon mal breiter. Es gibt eine erstaunliche Homogenität in deutschen Redaktionen, wenn sie Informationen gewichten und einordnen. Der Konformitätsdruck in den Köpfen der Journalisten scheint mir ziemlich hoch.«[1]

Viele frühere DDR-Bürger fühlen sich wie in einem Déjà-vu medial in die achtziger Jahre zurückversetzt. Damals gab es ergänzend noch das Westfernsehen, das einen anderen Blickwinkel bot. Zum Empfang brauchte man in den grenzferneren Regionen hohe Antennen, die den »Westseher« kenntlich machten, sofern man nicht, geografisch bedingt, im sogenannten »Tal der Ahnungslosen« rund um Dresden gänzlich vom alternativen Westprogramm abgekoppelt war und somit nur der offiziellen Propaganda des DDR-Fernsehens und seiner Nachrichtensendung Aktuelle Kamera folgen konnte. Dort aber wurden bis zum Mauerfall 1989 unvermindert Siegesmeldungen des vermeintlich überlegenen Systems ausgestrahlt.

Soll die Rolle als medialer Gegenpart heute nun, seltsam spiegelverkehrt, ein internetbasiertes »Ostfernsehen« übernehmen? Fakt ist jedenfalls, dass der englischsprachige Moskauer Nachrichtensender Russia Today mit seiner Onlinepräsenz bei Youtube international längst die populärste Newsquelle geworden ist – mit weitem Abstand vor CNN. Ein wachsender Teil der Bevölkerung, in Deutschland und anderswo, begibt sich aktiv auf die Suche nach alternativen Nachrichtenquellen. Die Struktur des Internets mit seinen diversen Feedback-Funktionen erleichtert dabei den Widerspruch auch innerhalb des Mainstreams. Ironischerweise waren es die großen Medien selbst, die vor Jahren damit begannen, ihre Leser zum Kommentieren der Artikel zu ermuntern und somit auch eine Diskussion der Leser untereinander zu ermöglichen. Motiv war dabei weniger die Förderung demokratischer Willensbildung als schlichte Ökonomie: Ein diskutierendes Publikum galt den Redaktionen als wünschenswert, da es zu einer engeren »Leserbindung« führte – also mehr Klicks und damit mehr Anzeigenumsatz für die Verleger.

Im Verlauf der Ukraine-Krise zeigte sich nun jedoch, erstmals in diesem Ausmaß, die mögliche Eigendynamik der Funktion »Leserkommentar«: Über Wochen hinweg äußerten im Frühjahr 2014 Tausende Leser ihren Unmut über die von ihnen empfundene Einseitigkeit der Berichte zu Russland und der Ukraine – und zwar auf allen großen Medienseiten, von *Spiegel online*, *Süddeutscher Zeitung*, *Frankfurter Allgemeiner*, *Zeit Online* bis hin zu *Bild.de* – so lange und ausdauernd, bis der Massenprotest nicht mehr länger ignoriert werden konnte und schließlich selbst zum Medienthema wurde.[2]

Zunächst reagierten die Redaktionen mit Verwunderung. Das Phänomen eines derart flächendeckenden Widerstands in den Leserkommentarspalten war neu. In vielen Fällen lag der Anteil der kritischen bis ablehnenden Stimmen bei über 90 Prozent der Kommentare zum jeweiligen Artikel. Während anfangs noch manche Journalisten über eine verdeckte Steuerung Moskaus spekulierten, ließ sich dieser Vorwurf angesichts der Fülle und Vielstimmigkeit der Kritik kaum lange aufrechterhalten. Da die gescholtenen Leitartikler und Redakteure sich allerdings weiterhin als objektiv und unvoreingenommen begriffen, die Leserkritik ihnen also als unberechtigt erschien, stellte sich ein schwieriges Problem: Wie konnte man den massiven Ärger der Leser verstehen, ohne sein eigenes journalistisches Selbstbild in Frage zu stellen?

Die Lösung der Wahl lag im Psychologisieren. Den kritischen Lesern wurden einfach verschiedene geistige Defizite unterstellt. Wahlweise handelte es sich um »Russlandromantiker«, die in falsch verstandener Verbrüderung mit dem vormaligen Kriegsgegner ihre Augen vor der heutigen gefährlichen Moskauer Autokratie verschlössen, »Putinversteher«, die in ihrer Autoritätshörigkeit vom souveränen und machtbewussten Auftreten des Kreml-Herrschers geblendet seien, »Sowjetnostalgiker«, die nie in der Gegenwart angekommen wären und sich den Kommunismus russischer Prägung zurückwünschten, oder schlicht um »bequeme Pazifisten«, die eine notwendige scharfe Auseinandersetzung mit den »Feinden der Freiheit« scheuten.

Roter Faden all dieser Bewertungen war und ist dabei die Unterstellung, die Kritiker der westlichen Politik und ihrer medialen Rechtfertigungen wären allesamt Träumer, die die Realität nicht ausreichend zur Kenntnis nähmen. Störend (und daher ausgeblendet) blieb bei dieser Analyse nur, dass selbst hartnäckige »Antiträumer« wie Realpolitik-Papst Henry Kissinger oder Altkanzler Helmut Schmidt (»Wer Visionen hat, soll zum Arzt gehen«) dem allgemeinen Trend zur Dämonisierung Russlands nicht so einfach folgen wollten. Während Kissinger auf dem Höhepunkt der Krise in einem Gastbeitrag für die *New York Times* darauf hinwies, dass die ständigen Sanktionsforderungen des Westens keine Strategie, sondern vielmehr die Abwesenheit einer solchen seien und man auch Russlands legitime Interessen in Betracht ziehen müsse, monierte Schmidt via *Bild*-Zeitung, die EU handle »größenwahnsinnig«. Als auch noch der neunzigjährige Welterklärer Peter Scholl-Latour zu mehr Differenzierung mahnte, galt das vielen Leitartiklern schon als eine Art Opa-Syndrom – die sonst so weisen Alten hätten eben den Kontakt zur Gegenwart verloren.

War das so? Oder hatte die Kritikresistenz manches renommierten Journalisten 2014 einfach nur ein Maß erreicht, das ohne Beispiel in der jüngeren Geschichte ist? Manche Kollegen erweckten jedenfalls schon fast den Eindruck, als schrieben sie für ein Nachfolgeorgan der legendären sowjetischen Tageszeitung *Prawda* (»Wahrheit«), abonniert auf ewigen Durchblick, kaum von Zweifeln behelligt, und in der Analyse stets allen anderen voraus. Die Öffentlichkeit ringsum erschien aus dieser Perspektive bedauernswert ungebildet, unaufgeklärt und rückständig, dazu wahlweise wohlstandstrunken, zivilisations- oder gar demokratiemüde – kriegsmüde in jedem Fall. Das jedoch stellte ein besonderes Problem dar, wenn man in jeder zweiten Überschrift nahelegte, dass bald »der Russe kommt« – oder doch zumindest aus der Taiga mit seiner Bärenpranke droht.

Verlässt man die Perspektive der Leitmedien, erscheint deren Position als befremdlich abgekoppelt, nicht nur von der Mehrheitsmeinung, was ja im Zweifel angeraten sein könnte. Tatsächlich erkennbar ist seit einigen Jahren aber eben nicht eine kritische Distanz von klugen Leitartiklern zu einer tumben Volksmeinung, sondern eher eine irritierende Loslösung von der

Realität: Russland will Krieg? Wir brauchen mehr Rüstung, um uns gegen den östlichen Nachbarn verteidigen zu können? Der Putsch in der Ukraine war demokratisch? Und ein verbündeter Oligarch hat das Land nun in Wohlstand und Freiheit geführt?

Was haben die Kollegen nur geraucht, die solches nahelegen, so mag man fragen – und entdeckt bei der Suche nach einer Antwort schnell das allgegenwärtige Kraut der transatlantischen Netzwerke, die auch rings um die Leitmedien und ihre Stars sprießen.

Der Medienwissenschaftler Uwe Krüger hat vor wenigen Jahren eine Dissertation zu genau dieser Verbindung von deutschen Leitartiklern und Elitennetzwerken vorgelegt, die präzise und ohne Polemik darlegt, wer da tatsächlich alles wo und mit wem verflochten ist.[3] Krüger war in seiner medienanalytischen Arbeit zunächst aufgefallen, dass die Chefs der außenpolitischen Ressorts der einflussreichsten deutschen Zeitungen in ihren Kommentaren allesamt mehr oder minder uniform die gleiche Politikrichtung lobten: Pro Auslandsinterventionen, pro Rüstung, pro USA. Der Wissenschaftler machte sich dann daran, in seiner Doktorarbeit zu überprüfen, ob dieser erste Eindruck tatsächlich sachlich zutreffend ist – und in welchem Zusammenhang das Wirken von Denkfabriken und Stiftungen steht, mit denen diese Journalisten verbunden sind. Sein ernüchterndes Ergebnis wurde dann allerdings – wenig überraschend – von den großen Medien weitgehend ignoriert.

Erst als im April 2014 die ZDF-Satiresendung Die Anstalt in einer ihrer ersten Ausgaben unter der neuen Leitung der Kabarettisten Max Uthoff und Claus von Wagner die Studie von Uwe Krüger vor einem Millionenpublikum zum Aufhänger für ein satirisches Erklärstück über den Filz von Politiklobbys und Alpha-Journalisten machte,[4] kam zögerlich eine öffentliche Debatte ins Rollen. Nun meldeten sich auch einige der verstrickten Edelfedern persönlich zu Wort: Stefan Kornelius, Außenpolitikchef der *Süddeutschen Zeitung* etwa, verwahrte sich im Interview mit dem NDR-Medienmagazin Zapp gegen den Vorwurf der Einflussnahme von außen, und *Zeit*-Herausgeber Josef Joffe spottete mit einem, wie er es nannte, »Eitelkeitsverweis«: »Ich glaube für alle ›Ko-Konspiratoren‹ zu sprechen, wenn ich mit dem gebotenen Hohn zurückweise, wir dächten und schrieben alle irgendwie gleich.«

Doch mit einem kleinen Scherz lassen sich die dubiosen Verbindungen vieler Leitartikler kaum beiseiteschieben. Das spürte wohl auch Joffe, denn parallel schrieb er dem Chefredakteur des ZDF nicht nur einen Beschwerdebrief, sondern ließ dem Sender auch gleich noch per Anwalt ein Unterlassungsbegehren zukommen. Den juristischen Weg gegen das TV-Kabarettprogramm beschritt ebenso Joffes *Zeit*-Kollege Jochen Bittner, Nachwuchsstar der Zeitung mit transatlantischer Prägung.[5] Wirklich witzig fanden die Betroffenen die Bloßstellung ihrer Verbindungen also nicht – und die Kontakte haben es in der Tat in sich.

Journalist Bittner etwa war nicht nur teilnehmender Beobachter, sondern gleich Mitautor einer gemeinsamen Studie des »German Marshall Fund of the United States« (GMF) und der »Stiftung Wissenschaft und Politik« (SWP), in der die Leitlinien für eine neue und aktivere deutsche Außenpolitik formuliert wurden. Der GMF (Motto: »Die transatlantische Zusammenarbeit stärken«) hatte dazu gemeinsam mit der SWP, einer Denkfabrik, die der Bundesregierung nahesteht, Ende 2012 eine Arbeitsgruppe lanciert, die nach eigener Aussage »Elemente einer außenpolitischen Strategie für Deutschland« entwickeln sollte. Entsandt wurden die etwa 50 Teilnehmer der transatlantischen Studiengruppe unter anderem vom Bundeskanzleramt, dem Auswärtigen Amt, dem Verteidigungsministerium, dem Wirtschaftsministerium, der Daimler AG, der Bertelsmann Stiftung, der CDU-nahen Konrad-Adenauer-Stiftung, der SPD-nahen Friedrich-Ebert-Stiftung, sowie dem Bundesverband der Deutschen Industrie. Auch Politiker des als links geltenden Parteienspektrums, wie Niels Annen (SPD), Omid Nouripour (Grüne) und Stefan Liebich (Linke) waren beteiligt. Zwei ausgewählte Pressevertreter rundeten das Teilnehmerfeld ab: Nikolas Busse von der *FAZ*, sowie der erwähnte Jochen Bittner von der *Zeit*. Ein gutes Jahr lang wurde die Zukunft der deutschen Außenpolitik von diesen Herrschaften hinter verschlossenen Türen beraten, bevor man im Oktober 2013, pünktlich zu den Koalitionsverhandlungen nach der Bundestagswahl, eine fertige Studie als Ergebnis vorlegte. Deren Titel *Neue Macht. Neue Verantwortung* war Programm. Einige Auszüge machen deutlich, worum es ging:

»Deutschland profitiert wie kaum ein anderes Land von der Globalisierung und der friedlichen, offenen und freien Weltordnung, die sie möglich macht. Gleichzeitig ist Deutschland aber auch besonders abhängig vom Funktionieren dieser Ordnung. Es ist damit auf besondere Weise verwundbar und anfällig für die Folgen von Störungen im System. Das überragende strategische Ziel Deutschlands ist der Erhalt und die Fortentwicklung dieser freien, friedlichen und offenen Ordnung. [...] Gefragt sind mehr Gestaltungswillen, Ideen und Initiativen. Deutschland wird künftig öfter und entschiedener führen müssen. [...] Dem Westen und seiner auf Menschenrechten, Rechtsstaatlichkeit, Gewaltenteilung und Demokratie beruhenden Legitimität ist kein Gegenpol mit ähnlich universaler Strahlkraft erwachsen. Und der jahrzehntelange Garant dieser Ordnung, die Vereinigten Staaten, bleibt zumindest auf absehbare Zeit die einzige Supermacht mit globalem Ordnungswillen und Reichweite. Doch die USA signalisieren – im Bewusstsein geschrumpfter materieller Ressourcen – deutlich, dass Amerikas Engagement in der Welt künftig selektiver und sein Anspruch an Partner entsprechend höher sein wird. Vor allem für Europa und Deutschland bedeutet dies einen großen Zuwachs an Aufgaben und Verantwortung. [...] Deutschland braucht also die Nachfrage aus anderen Märkten sowie den Zugang zu internationalen Handelswegen und Rohstoffen. [...] Da aber, wo Störer die internationale Ordnung in Frage stellen; wo sie internationale Grundnormen (etwa das Völkermordverbot oder das Verbot der Anwendung von Massenvernichtungswaffen) verletzen; wo sie Herrschaftsansprüche über Gemeinschaftsräume oder die kritische Infrastruktur der Globalisierung geltend machen oder gar diese angreifen; wo mit anderen Worten Kompromissangebote oder Streitschlichtung vergeblich sind: Da muss Deutschland bereit und imstande sein, zum Schutz dieser Güter, Normen und Gemeinschaftsinteressen im Rahmen völkerrechtsgemäßer kollektiver Maßnahmen auch militärische Gewalt anzuwenden oder zumindest glaubwürdig damit drohen zu können.«[6]

Soweit die Studie der unter dem Dach der beiden Denkfabriken GMF und SWP versammelten Autoren aus Politik, Wirtschaft und Medien. Die in der Studie präsentierten Thesen und politischen Forderungen machten sich in der Folge unter anderem drei führende deutsche Politiker zu eigen: Bundespräsident Joachim Gauck, Außenminister Frank-Walter Steinmeier und Verteidigungsministerin Ursula von der Leyen. Anlässlich der 50. Münchner Sicherheitskonferenz im Januar 2014 traten sie koordiniert an die Öffentlichkeit – freilich, ohne dass einer von ihnen die Studie auch nur mit einem Wort erwähnte.[7]

Den Anfang machte dabei Gauck, der in seiner Eröffnungsrede zur Sicherheitskonferenz den Ton vorgab: Deutschland müsse sich in der Zukunft außenpolitisch »entschiedener und substanzieller einbringen«, denn: »Dies ist ein gutes Deutschland, das beste, das wir kennen. […] Im außenpolitischen Vokabular der Republik reimt sich Freihandel auf Frieden und Warenaustausch auf Wohlstand.« Steinmeier sekundierte, es sei nicht genug, »Weltpolitik nur zu kommentieren«, denn es werde »zu Recht von uns erwartet, dass wir uns einmischen«. Von der Leyen schließlich ermahnte, man dürfe die Menschen in Krisenregionen nicht »im Stich lassen«.

Doch die deutsche Öffentlichkeit blieb trotz all der hochmoralischen Worte mehrheitlich skeptisch. Laut einer parallel durchgeführten Umfrage von ARD Deutschlandtrend lehnten 61 Prozent der Befragten weitere militärische Auslandseinsätze ab, nur

30 Prozent waren dafür. Nun schlug die Stunde der Medien – und *Zeit*-Autor Jochen Bittner kam zum Zug: In einem Artikel mit dem flotten Titel »Kurs auf die Welt«[8] und bebildert mit dem Foto einer lächelnden Kanzlerin neben lächelnden Soldaten in Afghanistan schrieb er im Februar in der *Zeit* im Ton der Überraschung von der »Sensation« die sich da als »außenpolitischer Kurswechsel« auf der Münchner Sicherheitskonferenz ereignet habe. Gauck, Steinmeier und von der Leyen hätten nun »keine Furcht mehr, wenn von Deutschland Führung verlangt wird«. Die Studie von GMF und SWP wird zwar im Text erwähnt, auch der Fakt, dass einer der Initiatoren der Studie ein früherer *Zeit*-Redakteur war: Thomas Kleine-Brockhoff, Direktor des GMF und seit 2013 Chef des Planungsstabs von Bundespräsident Gauck. Unerwähnt hingegen bleibt Bittners eigene Rolle als Mitautor der Studie, deren Einfluss auf die deutsche Politik doch Thema seines Artikels ist.

Als das ZDF-Kabarett Die Anstalt diesen Zusammenhang ein paar Wochen später einem Millionenpublikum bekannt machte, war die Irritation groß. Dabei ist das Beispiel Bittner nur die Spitze des Eisberges, denn der Filz hat Struktur, wie Uwe Krügers Dissertation eindrücklich zeigt. Darin wird eine Art Meinungskartell identifiziert, aus dem Krüger beispielhaft vier Protagonisten herausstellt: Josef Joffe, Herausgeber der *Zeit*, Klaus-Dieter Frankenberger, Außenpolitikchef der *FAZ*, Stefan Kornelius, Außenpolitikchef der *Süddeutschen Zeitung*, und Michael Stürmer, Chefkorrespondent der *Welt*.

Dieses medial sehr einflussreiche Quartett ist in außenpolitischen Fragen im Wesentlichen einer Meinung. Krüger identifiziert verschiedene Deutungsmuster oder »Frames«, die in den Berichten und Kommentaren der Vier immer wieder auftauchen. So lebe man heutzutage in einer »neuen Zeit« und »gefährlichen Welt« voller neuartiger Bedrohungen, gegen die man sich somit auch weltweit verteidigen müsse und dazu zwingend das Bündnis mit den USA zu pflegen habe. Diesem Bündnis aber fehle die militärische Kraft, weshalb es einer stärkeren Rüstung bedürfe.

Die Politik aber habe Furcht vor dem eigenen skeptischen Volk, das daher von all dem noch überzeugt werden müsse.

Dieser Tenor ist flächendeckend sowie medien- und personenübergreifend. Joffes bereits erwähnter »Eitelkeitsverweis«, wonach die Kollegen selbstverständlich alle ihre eigenen jeweils unterschiedlichen Ansichten hätten, kontert Krüger so:

> »Man kann ja hitzig über Details diskutieren, während man sich in den großen Fragen einig ist. Meine Inhaltsanalyse ergab ein konsonantes Meinungsbild verschiedener Zeitungen in solchen ›großen Fragen‹: dass Sicherheit breit zu definieren ist, deutsche Interessen weltweit zu verteidigen sind, Deutschland sich stärker militärisch engagieren sollte und die Partnerschaft mit den USA pflegen sollte und dass die Bundesregierung die deutsche Bevölkerung von alledem stärker überzeugen sollte.«[9]

Die Schlussfolgerung, dass dieses gleichförmige Meinungsbild etwas mit bestimmten im Hintergrund tätigen Lobbynetzwerken zu tun habe, wird zwar von Josef Joffe, selbst Mitglied des untersuchten Quartetts, als »Verschwörungstheorie« abgetan, die Fakten selbst sprechen allerdings eine andere Sprache. So erwähnt die Studie für den Untersuchungszeitraum von 2002 bis 2009 unter anderem folgende Verbindungen:

- Klaus-Dieter Frankenberger (*FAZ*): Beiratsmitglied der Atlantischen Initiative, Beiratsmitglied der Bundesakademie für Sicherheitspolitik (welche die Bundesregierung berät), Mitglied der Trilateralen Kommission (einer Erweiterung der Bilderberg-Gruppe, die eine Elitenkooperation zwischen den USA, Europa und Japan anstrebt), Referent beim American Council on Germany.
- Josef Joffe (*Zeit*): im Kuratorium der American Academy in Berlin, Mitglied im American Council on Germany, im Kuratorium von Aspen Institute und Atlantik-Brücke, Teilnehmer der Bilderberg-Konferenz, Mitglied im Kuratorium der Goldman Sachs Foundation.

- Stefan Kornelius (*Süddeutsche Zeitung*): Im Präsidium der Deutschen Atlantischen Gesellschaft (Mission: »Das Verständnis für die Ziele des Atlantischen Bündnisses zu vertiefen und über die Politik der Nato zu informieren«), Referent und Moderator beim American Council on Germany, regelmäßiger Teilnehmer bei Programmen des American Institute for Contemporary German Studies (das sich ein für eine Stärkung der deutsch-amerikanischen Beziehungen einsetzt).
- Michael Stürmer (*Welt*): Mitglied im European Council on Foreign Relations (Hauptsponsor ist der Milliardär George Soros), in den neunziger Jahren Direktor der Stiftung Wissenschaft und Politik (wesentlich finanziert vom Bundeskanzleramt), dort in engem Kontakt zur Chefetage des BND sowie zum ehemaligen US-Botschafter John Kornblum.

Joffe und Kornelius, die sich – ausgelöst durch die ZDF-Kabarettsendung – im Frühjahr 2014 öffentlich zu ihren Verbindungen äußerten, halten dagegen, sie ließen sich durch all diese Organisationen nicht in ihrer Arbeit und ihren politischen Einschätzungen beeinflussen oder gar lenken. Doch selbst wenn dem so wäre, was man zumindest anzweifeln darf: Wer sagt eigentlich, dass es zwingend eine Art Gehirnwäsche von Journalisten geben muss? Ist es nicht viel wahrscheinlicher, dass überhaupt nur jene Kollegen den Zugang zu Spitzenposten erhalten, die schon vorher grundsätzlich mit dem beschriebenen Elitenkonsens übereinstimmen? Wer die gewünschten Grenzen der Debatte bereits von sich aus respektiert, bedarf schließlich keiner Überredung mehr. Die von Joffe, Kornelius und anderen wahrgenommene eigene Unabhängigkeit kann auch als freiwilliger, vielleicht sogar unbewusster Verzicht auf kritischen Widerspruch betrachtet werden. Oder, um den berühmten Reporter Egon Erwin Kisch zu zitieren:

»Wenn Kollegen sich brüsten, sie seien nie in ihrem Schreiben beschränkt worden, nie würde ihnen ein Gedanke gestrichen, so ist das nur ein Beweis dafür, dass sie sich von selbst innerhalb der Zensurgrenzen bewegen, ihre Denkweise nirgends über die Hürden der vorgeschriebenen Ideologie hinausstrebt.«

Uwe Krüger weist auf einen weiteren wesentlichen Faktor der Konformität hin: »Durch ihre Netzwerke haben die Journalisten erhebliches Sozialkapital im US- und Nato-nahen Milieu, und dieses Sozialkapital ist nicht allein im Besitz der Journalisten, sondern auch des Milieus.«[10] Mit anderen Worten: Wer den gewünschten Konsens gegebenenfalls verlässt, verliert damit unvermeidlich einen wichtigen Teil der ihm gewährten Kontakte sowie auch des eigenen sozialen Prestiges. Denn dieses ist im Falle vieler Leitartikler nicht vollständig individuell erarbeitet, sondern zum großen Teil »von oben« verliehen – und kann somit auch wieder entzogen werden. Egal ob dies den Medienschaffenden selbst klar bewusst ist oder ob es für sie lediglich ein unartikuliertes Bauchgefühl bleibt: Im Ergebnis wird so jedenfalls Konformität gesichert.

Der Ukraine-Konflikt allerdings stellte diese etablierten Strukturen nun in einem größeren Maßstab auf die Probe. Das beispiellose Putin-Bashing sowie die weitgehende Verleugnung einer aggressiven westlichen Geopolitik gegenüber Russland führten, wie beschrieben, erstmals zu einer deutlich sichtbaren Spaltung zwischen Medien und großen Teilen des Publikums. Im (Eliten-)Mainstream zu bleiben, verlangt von Journalisten seither ein extremes, vorher kaum gekanntes Maß an Einseitigkeit, das letztlich unvermeidlich an Realitätsverlust grenzt. Wer einen wachsenden Teil der Wirklichkeit mehr oder weniger ausblenden muss, um die gewünschte Interpretation der Welt aufrechtzuerhalten, dessen Analysefähigkeit nimmt Schaden – und dieser Schaden kann ab einem gewissen Punkt kaum mehr verborgen werden.

Dies wird deutlich bei der Analyse der Kommentare von Joffe, Kornelius, Frankenberger und Stürmer zum Ukraine-Konflikt im Frühjahr 2014. Das Quartett zeigte zwar vereinzelte Unterschiede in der Bewertung, ging aber im Grundsatz konform mit der Sichtweise der transatlantischen Lobbynetzwerke, denen man auch sonst engstens verbunden ist.

So mahnte Josef Joffe beispielsweise in der *Zeit* Europa zur militärischen Aufrüstung und schrieb bedauernd: »Krieg kann sich die Gemeinschaft derzeit nicht leisten«.[11] Die EU-Länder hätten ihre »Hard Power« seit dem Mauerfall leider »Schritt um Schritt aus der Hand gegeben« und könnten nun wenig entgegensetzen, wo doch »Putin seine Schocktruppen an der ostukrainischen Grenze massiert«.[12]

Stefan Kornelius fragte in der *Süddeutschen Zeitung* schon vor dem Anschluss der Krim an Russland warnend, wer sich »als nächstes vor Putins Landnahme fürchten« müsse: »Die Ostukraine? Das Baltikum? Die Grenzregionen der Kasachen?« Der Leitartikler begnügte sich dabei nicht mit Fragen, sondern stellte konkrete Forderungen: »Falls Russland nach dem illegitimen Referendum die Krim annektiert, muss das eine Sequenz unangenehmer Botschaften des Westens zur Folge haben. Putin, dem Mann des 19. und 20. Jahrhunderts, muss mit den Mitteln des 21. Jahrhunderts begegnet werden. [...] Das Land hat seinen Platz in der G 8 verwirkt.«[13]

Klaus-Dieter Frankenberger von der *FAZ* argumentierte gleichen Sinnes, wenn auch etwas zurückhaltender. Während er zunächst bedauernd konstatierte, dass die USA »heute nicht mehr die unangefochtene Supermacht sind, die hier ein Feuer austritt und dort einen Brand löscht« – und damit zugleich wie nebenbei ein Bild der Vereinigten Staaten als Friedensmacht projizierte –, begrüßte er im Weiteren die enge Abstimmung zwischen Washington und Berlin in Sachen Ukraine: »Das ist gut so.« Die Partnerschaft mit den USA sei »unentbehrlich«, schließlich sehe sich der Westen »einem Russland gegenüber, das den Fehdehandschuh hingeworfen hat«.[14]

Michael Stürmer schließlich, Chefkorrespondent der *Welt* und zuvor 30 Jahre lang als Geschichtsprofessor lehrend, neigte zu größerem Differenzieren. Auch er beschwor zwar emotionalisierend »Putins kalte Macht« und dessen Bedrohung der Ukraine, wo von jeher »der Schlüssel zum Imperium« liege. Der ehemalige Berater von Kanzler Kohl gab aber auch zu bedenken:

»Das Konflikt- und Krisenmanagement lässt zu wünschen übrig, nicht nur auf russischer Seite. Manche Politiker ahnen nicht, wovon sie sprechen, wenn sie Härte und Unnachgiebigkeit fordern, statt mit Sorgfalt und Imagination auszuloten, wo Kompromiss und Kompensation möglich erscheinen. Vielleicht sind manche auch nur unerfahren in Sachen Krieg und Frieden. Russland ein Denken des 19. Jahrhunderts vorzuwerfen, wie es das Weiße Haus tut, ist der Erkenntnis der Lage und der Verhandlung eines Auswegs so wenig förderlich wie die Abqualifizierung als lediglich regionale Macht. Man kann nur hoffen, dass hinter allen Slogans und Rechtspositionen Diplomatie und Pragmatismus ihre Chance haben.«[15]

Doch eben diese Chance wurde mit jedem Kommentar der transatlantischen Journalistenclique kleiner geschrieben. Die Leitmedien sind in der Ukraine-Krise unverkennbar vom Beobachter zum aktiven Eskalateur geworden. Emotionalisierende und bewusst ängstigende Beschreibungen von »Putins Schocktruppen«, seiner »kalten Macht«, dem von ihm hingeworfenen »Fehdehandschuh« und so weiter, formen sich im Gesamtbild zu einer Propaganda, die mit Frieden wenig im Sinn hat.

Lauter Widerspruch der Leser wird dabei zunehmend weggebügelt: Große Medien wie die *Süddeutsche Zeitung*, der *Spiegel* oder die *Neue Zürcher Zeitung* reduzierten die Möglichkeit zu Leserkommentaren seit 2014 erheblich,[16] die öffentlich-rechtliche Deutsche Welle schloss die Kommentarfunktion 2018 sogar ganz.[17]

Zugleich läuft in den Medien schon seit einiger Zeit eine Debatte zu journalistischen Standards. Seit den Snowden-Enthüllungen zur globalen Überwachung durch die NSA und ihre

Partnergeheimdienste wird in einigen Leitmedien der Vorwurf laut, Journalisten wie der Snowden-Vertraute Glenn Greenwald hätten die Grenze zum »Aktivismus« überschritten und seien daher als Reporter nicht mehr glaubwürdig. Dahinter steht die populäre Idee, ein Journalist dürfe sich mit einer Sache nicht gemein machen, »auch nicht mit einer guten«, wie es seinerzeit der beliebte ARD-Tagesthemen-Moderator Hanns Joachim Friedrichs betont hatte. Dieses Zitat gehört längst zum Standardrepertoire jeder Abhandlung über journalistische Ethik und wird an Journalistenschulen gelehrt. Friedrichs selbst schilderte in seiner Biografie, wie er als junger Mann 1950 als Volontär nach London zur britischen BBC kam, wo ihn Charles Wheeler, nach dem Krieg britischer Presseoffizier in Hamburg und Sohn einer Schiffsmaklerfamilie, als »väterlicher Freund« mit diesem Grundsatz vertraut gemacht hatte.

Das Prinzip leuchtet ein: Selbstverständlich ist vernünftiger Journalismus ohne ein Bemühen um Objektivität kaum denkbar. Doch wie die bisherige Schilderung gezeigt hat, geben selbst bei vermeintlich seriösen Leitmedien die »Aktivisten« den Ton an. Nur streiten sie dort weniger für Bürgerrechte, Frieden und Aufklärung als für die mal mehr, mal weniger verdeckten Interessen einer transatlantischen Machtelite. Greenwald selbst wies im Interview mit dem NDR im Mai 2014 darauf hin, dass die Mainstream-Medien durch eine »falsche Behauptung von Objektivität« einen großen Teil ihrer Glaubwürdigkeit verloren hätten. Greenwald zufolge geht es im Mediengeschäft weniger um den Gegensatz von Objektivität und Subjektivität, als vielmehr um eine Entscheidung zwischen Ehrlichkeit und Unehrlichkeit.[18] Mit anderen Worten: Steht ein Journalist offen zu seinem Aktivismus, oder verschleiert er ihn?

Dass ein Journalist, der behauptet, kein Aktivist zu sein oder keine Agenda zu verfolgen, fast immer einem Selbstbetrug aufsitzt, ist jedoch weiterhin ein Gedanke, der vielen Kollegen fremd bleibt. Zwar gibt es natürlich auch diejenigen, die nicht aktiv Themen und Ansichten forcieren, die passiv beobachten und in Kommentaren grundsätzlich Pro und Contra als stets gleichwertige und auch in gleichem Maße unterstützenswerte Positionen referieren. Doch führt solche Meinungslosigkeit auf Dauer zu einer Verleugnung der ureigenen Rolle des Journalisten als Deuter und Bewerter von Politik – und damit auch zur Aufgabe eines wesentlichen Teils dieses Berufes: der Fähigkeit zur Kritik, insbesondere an den Mächtigen. Eine solche freiwillige Unterordnung wird in der Regel als Wohlverhalten belohnt. Dies aber zum Leitbild zu erheben, kann kaum anders, denn als eine Pervertierung des Journalistenberufes bezeichnet werden. In der Ukraine-Krise wurden auch in dieser Hinsicht die Karten neu gemischt. Die Debatte dazu aber hat gerade erst begonnen.

12 Von Prorussen und Propaganda: Medien im Kriegsmodus

Wenn Manipulationen der Öffentlichkeit auffliegen, ist der Aufschrei der Öffentlichkeit oft groß. Als Anfang 2014 bekannt wurde, dass der ADAC das Ranking der von Mitgliedern gewählten beliebtesten Autos manipuliert hatte, war der Imageschaden für die »Gelben Engel« gewaltig. Und als im Sommer des Jahres das ZDF zugeben musste, die von Zuschauern gewählte obskure Rangliste von *Deutschlands Besten* ebenfalls gefälscht zu haben, meldete sich sogar ZDF-Oberindianer Claus Kleber empört zu Wort. Immerhin hatte sein Arbeitgeber ihn auf Kosten des RTL-Konkurrenten Peter Kloeppel künstlich im Ranking der vermeintlich wichtigsten und beliebtesten Deutschen hochgehievt – ebenso peinlich wie absurd.

Weniger Aufsehen erregen die Manipulationen allerdings offenbar immer dann, wenn die große Politik ins Spiel kommt. Hier beginnen die Verzerrungen der Realität vergleichsweise subtil mit der Wortwahl – in der PR-Sprache »Wording« genannt. So setzte es sich im Frühjahr 2014 in den Medien durch, die kiewkritischen Demonstranten und Kämpfer im Osten der Ukraine als »prorussische Separatisten« zu bezeichnen. Dabei waren diejenigen unter den Kritikern der neuen Regierung in Kiew, die eine Abspaltung befürworteten, und insbesondere die, die einen Anschluss an Russland forderten, zu dieser Zeit klar in der Minderheit.

Der Terminus diente so von Anfang an weniger einer korrekten Beschreibung der Realität als einer Art grober »Feindbildkennung«: Putin war als Gegner bereits markiert, die Bezeichnung »prorussisch« oder »moskautreu« erweiterte dieses Feindbild nun mühelos auf weitere »Störer« westlicher Pläne.

Der Begriff wird seither mit der Selbstverständlichkeit einer ewigen Wahrheit wiederholt: »Prorussische Separatisten griffen erneut Regierungstruppen an«, »prorussische Separatisten verschanzten sich in der Stadt« et cetera. Immer wird dabei suggeriert, dass diejenigen eigentlich keine legitimen ukrainischen Interessen vertreten würden, sondern quasi außerhalb stünden. Man kennt ein solches Wording in Zusammenhang mit missliebigen Bevölkerungsgruppen auch aus anderen Konfliktregionen, wie etwa bei der »radikalislamischen Hamas« im Gazastreifen, oder den »radikalislamischen Taliban« in Afghanistan. Es sind Begriffe, die zu stehenden Wendungen geworden sind und deren einzelne Teile im Kopf des Journalisten – und irgendwann auch dem des Lesers und Zuschauers – automatisch vervollständigt werden: Hamas = radikalislamisch; Slawjansk = prorussisch. 2017 wurde bekannt, dass es bei der ARD tatsächlich feste Richtlinien für solche Sprachregelungen gibt. Auf Nachfrage weigerte sich die Chefredaktion allerdings, diese öffentlich zu machen.[1]

Als die Kiewer Übergangsregierung im Frühjahr 2014 damit begann, militärisch gegen die eigene Bevölkerung im Osten des Landes vorzugehen, und als auf Fernsehbildern zu sehen war, wie Zivilisten mit bloßen Händen beim Bau von Barrikaden halfen, zitierte die *Tagesschau* nüchtern den ukrainischen Übergangspräsidenten mit den Worten: »Die Terroristen verschanzen sich in bewohnten Gebieten.« Und als am 9. Mai, dem historischen Tag der Befreiung vom Faschismus, Panzer in die ostukrainische Stadt Mariupol vordrangen und sich normale Bürger ohne Waffen in ihrer Alltagskleidung den anrollenden Truppen entgegenstellten und hilflos versuchten, mit reiner Muskelkraft die von Kiew entsandten Panzer aufzuhalten, kommentierte die ZDF-Reporterin Anne Gellinek kühl: »Offenbar versucht die Nationalgarde, die Situation in der Stadt unter ihre Kontrolle zu bringen.« Die 20 getöteten Demonstranten dort waren für die Journalistin, natürlich, »prorussisch«.

ARD-Korrespondentin Golineh Atai, die täglich in der Tagesschau aus der Ukraine berichtete, übernahm sogar die Sprachregelung Kiews von der »Antiterroroperation«, ohne diesen euphemistischen Begriff irgendwie durch ein vorangestelltes »sogenannte« oder »vermeintliche« einzuschränken. Atai bezog indirekt Stellung für die im Februar unter dubiosen Umständen an die Macht gekommene Kiewer Regierung und kommentierte vor laufender Kamera, deren Offensive im Osten komme »leider viel zu spät«.[2] Für sie waren diejenigen Ukrainer, die das Vorgehen Kiews missbilligten, schlicht »die, die vor allen Dingen unter dem Einfluss der russischen Medien stehen«.[3] Doch die Substanz dieses Einwands blieb nebulös – sofern man nicht unterstellte, dass russische Medien die Fernsehbilder bloß inszeniert hatten. Denn was sonst sollte ein solcher Hinweis vermitteln? Ein Fernsehteam filmt die bestürzenden Ereignisse, die Zuschauer sind empört, aber die berichteten Fakten spielen letztlich keine Rolle – einfach deshalb, weil es ein russischer Sender ist, der die Bilder ausstrahlt?

Ob sie es selbst nun merkten oder nicht, viele Journalisten hatten im Frühjahr 2014 bereits in den Kriegsmodus geschaltet, dessen Logik vor allem besagte: Traue niemals dem Feind. Seither wird Kritik an der Politik des Westens regelmäßig mit dem Vorwurf gekontert, man sei einer ebenso gut gemachten wie perfiden russischen Propaganda auf den Leim gegangen. Den Abweichlern wird damit wie nebenbei unterstellt, sie seien im Grunde nicht ganz bei Verstand. Als im Sommer 2014 eine Leserin ihr Abonnement beim Berliner *Tagesspiegel* kündigte und dies mit einseitiger Berichterstattung in Sachen Ukraine begründete, antwortete ihr ein Vertreter der Chefredaktion persönlich und konterte dabei mit einer bemerkenswert eigenwilligen Wahrnehmung der Realität:

»Die Chefredaktion des *Tagesspiegel* bedauert sehr, dass Sie unsere Zeitung nicht mehr lesen wollen. Ich habe Ihren Brief sorgfältig gelesen und muss Ihnen leider mitteilen, dass Sie ein bedauernswertes Opfer der russischen Propaganda sind. Die angeblich massenhaft vorhandenen Faschisten, die sich auf dem Maidan und auf der Krim zusammengerottet haben sollen – die gibt es nicht. [...] Bleiben Sie Ihrer Auffassung treu, aber Sie haben richtig erkannt: Das passt nicht mit dem *Tagesspiegel* zusammen.«[4]

Mit anderen Worten: »Adieu lieber Leser, schlecht informierte Russenfreunde wie Sie brauchen wir hier nicht.« Hat die Chefredaktion das Logo der eigenen Zeitung vergessen, bekanntlich eine Weltkugel mit dem lateinischen Spruchband »rerum cognoscere causas« (»die Ursachen der Dinge erkennen«)? Solch selbstgewisse Abkapselung von Kritik mutet jedenfalls seltsam an, insbesondere, wenn sie in Begleitung leicht zu widerlegender Aussagen daherkommt, wie der steilen These, dass es auf dem Maidan – wo der gewalttätige »Rechte Sektor« zweifellos eine entscheidende Rolle beim Umsturz gespielt hatte – gar keine militanten Rechtsextremisten gegeben habe.

Im Ergebnis dient das Vehikel der »russischen Propaganda«, ebenso wie der in anderen Zusammenhängen häufig verwendete Begriff »Verschwörungstheorie«, einer pauschalen Abwertung und Ausgrenzung jeglicher missliebigen Information. Da die vorgeblichen Fakten ja vom Feind stammen und der Feind bekanntlich gerne lügt, ist eine weitere Diskussion von Einzelheiten überflüssig. Ende der Debatte also. Wir sind doch nicht blöd und glauben am Ende noch den Russen – so der mehr oder weniger unterschwellige Tenor.

Zu dieser verbreiteten Stimmung trägt auch bei, dass maidankritische Stimmen von Beginn der Krise an kaum in den Medien auftauchten. Das NDR-Medienmagazin Zapp wertete einmal aus, welche Interviewpartner bei Tagesschau und Tagesthemen tatsächlich zu Wort kamen. Die Journalisten analysierten dazu alle

Ukraine-Berichte der ARD-Nachrichten, je aus einer Woche im November 2013, im Januar und im Februar 2014 – also während der ersten Monate der Maidan-Proteste. Ergebnis: Fast 80 Prozent der ARD-Interviewpartner waren Janukowitsch-Gegner.[5]

Tagesschau-Chefredakteur Kai Gniffke versuchte im Interview mit Zapp zu beschwichtigen. Man würde »keine Politikberichterstattung mit dem Rechenschieber« betreiben, erklärte er selbstbewusst, und insinuierte damit zugleich, das ermittelte Ungleichgewicht sei quasi ein Zufall oder zumindest ohne weiteren Belang. Dabei hatte bereits zuvor im Februar der medienkritische Blog *Propagandaschau* mit einer ähnlichen Analyse zur Auswahl der Ukraine-Interviewpartner bei ARD und ZDF deutlich gemacht, dass die Parteilichkeit durchaus System hat. Für den Untersuchungszeitraum vom 17. bis 22. Februar, also die Woche des Machtwechsels in Kiew, waren die Ergebnisse demnach wie folgt:

»Die ARD (tagesschau, tagesthemen, brennpunkt) sendete 49 Interviews oder Statements der Opposition und ihrer Anhänger. Von diesen 49 entfielen allein 5 auf Klitschko, 5 auf Timoschenko und 1 auf Jazenjuk. Die ARD sendete 7 Interviews oder Statements der (Janukowitsch-)Regierung und ihrer Anhänger. Von diesen 7 entfielen 3 auf Janukowitsch, 1 Interview mit einem nach der Revolte übergelaufenen Abgeordneter, 1 einzige Anhängerin der Regierung und 2 Mitglieder der Regierungspartei. Das ZDF (heute, heute-journal, zdf spezial) sendete 45 Interviews oder Statements der Opposition und ihrer Anhänger. Davon entfielen allein 7 auf Vitali Klitschko. Das ZDF sendete nur 4 Interviews oder Statements der Regierung und ihrer Anhänger. Alle 4 sind kurze Statements von Janukowitsch. Das ZDF interviewte also nicht einen einzigen Anhänger der Regierung.«[6]

Angesichts dieses Verhältnisses von insgesamt 94 zu 11 erübrigt sich jeder Kommentar. Klar scheint nur, dass das Problem der Chefredakteure bei ARD und ZDF wohl nicht der fehlende

Rechenschieber ist. Ihre felsenfeste Behauptung, eine ausgewogene Berichterstattung zu betreiben, lässt sich vor diesem Hintergrund nur mit einem weitgehenden Verlust der professionellen Urteilsfähigkeit erklären.

Im Sommer 2014 war die gewünschte Sprachregelung zum Krieg in der Ostukraine dann fest etabliert. Die heftigen Luftangriffe und den anhaltenden Artilleriebeschuss auf die Stadt Slawjansk, aus der Tausende Menschen flüchteten, bezeichnete die ARD im Juli nüchtern als »Vertreibung prorussischer Separatisten«.[7] Was bei Syriens Assad ein Kriegsverbrechen wäre, gilt bei Poroschenko als neutrales Ereignis, wenn nicht als Erfolg. Eben diese Art von offensichtlichem doppeltem Standard ist es, der für viele Zuschauer die letzten Reste medialer Glaubwürdigkeit auflöst.

Ein weiteres Beispiel für eine (nur teilweise aufgedeckte) Manipulation durch Wording war die Affäre um die sogenannten OSZE-Beobachter, deren Entführung im April 2014 tagelang für Schlagzeilen sorgte. Wiederum in Slawjansk hatten die berüchtigten »prorussischen Separatisten« ein Team westlicher »Beobachter« festgesetzt – unter ihnen auch Offiziere der Bundeswehr, offenbar in zivil.

Während in den Medien zunächst der Eindruck erweckt wurde, die Gefangenen seien offizielle Inspektoren der OSZE – was zu heller Aufregung im Westen über diese neuerliche »prorussische Provokation« führte –, sprach eine ZDF-Korrespondentin schon in einem ersten Bericht kryptisch von einer »Gruppe von Militärbeobachtern, die im weitesten Sinne der OSZE untersteht«. Dieses »im weitesten Sinne« präzisierte dann der Vizechef des OSZE-Krisenpräventions-Zentrums, Claus Neukirch, im Interview gegenüber dem ORF:

»Ich muss aber auch sagen, dass es sich genau genommen nicht um Mitarbeiter der OSZE handelt, sondern es sind Militärbeobachter, die bilateral dort unter einem OSZE-Dokument tätig sind. Wir haben parallel in der Ukraine auch eine OSZE-Mission, die schon über 125 zivile Beobachter im Land hat, auch in dieser Region, und diese Leute sind glücklicherweise nicht betroffen.«[8]

Bei den Gefangenen handle es sich um eine »bilaterale Mission unter Führung des Zentrums für Verifikationsaufgaben der deutschen Bundeswehr«. Offiziell stellt dieses bis dahin in der Öffentlichkeit wenig bekannte Zentrum »nach den Vorgaben des Auswärtigen Amtes und unter Führung des Bundesministeriums der Verteidigung die Umsetzung der Rüstungskontrollverträge sicher, die die Bundesrepublik Deutschland mit anderen Staaten abgeschlossen hat«, so die Bundeswehr. Rund 200 Soldaten inspizieren dazu Militäranlagen der Vertragspartner und begleiten ausländische Delegationen, wenn diese zu einer Inspektion nach Deutschland kommen. Im Klartext: Es handelt sich um Rüstungskontrolleure, die sich im Rahmen eines OSZE-Vertrages, des sogenannten »Wiener Dokuments«, Zugang zu militärischen Anlagen der Unterzeichnerstaaten verschaffen können – quasi als vertrauensbildende Maßnahme.

Doch was hatte das mit der Situation in der Ostukraine zu tun? Hier lag der Fall offenkundig vollkommen anders. Denn es war nicht Deutschland gewesen, das darum gebeten hatte, militärische Anlagen in der Ukraine zu überprüfen. Stattdessen hatte die schwach legitimierte Übergangsregierung in Kiew Berlin gebeten, die umkämpfte Ostukraine, also ein für Kiew feindliches Territorium, professionell zu erkunden. Damit leistete das Team im Grunde Militärberatung für eine Kriegspartei – oder schlicht Spionage. Doch Außenminister Steinmeier wollte davon nichts wissen. Er pochte auf die vermeintliche Legitimation durch das ominöse »Wiener Dokument« und blieb standhaft bei der Sprachregelung von den »OSZE-Beobachtern«, deren Gefangennahme und öffentliche Präsentation bei einer internationalen Pressekonferenz der Aufständischen in Slawjansk »ein Verstoß gegen alle Standards« sei.

Die Medien machten den Schwindel weitgehend mit. Als der ehemalige Tagesschau-Redakteur Volker Bräutigam in dieser Sache eine offizielle Beschwerde beim Rundfunkrat einreichte, erhielt er folgende vielsagende Stellungnahme von Chefredakteur Kai Gniffke: »Wir haben den Begriff ›OSZE-Militärbeobachter‹ richtig verwendet. […] Die Bezeichnung […] steht im Einklang mit dem Wording von Nachrichtenagenturen und Qualitätszeitungen […].«[9] Oder mit anderen Worten: Wenn alle schummeln, dann schummeln wir mit.

13 Instrumentalisierung statt Aufklärung: Der MH17-Absturz

Im Juli 2014 hatte sich der Konflikt in der Ostukraine festgefahren. Präsident Poroschenko geriet von Seiten der radikalen Nationalisten immer mehr unter Druck, noch stärker und rücksichtsloser gegen die Aufständischen vorzugehen. Doch kleinere Gefechte und Scharmützel waren das eine – der massive Beschuss einer Millionenstadt wie Donezk hingegen, wie er für einen »Sieg« in der Ostukraine unabdingbar schien, würde einen weiteren Tabubruch bedeuten, der auch aus öffentlichkeitswirksamer Sicht ein großes Risiko für die Regierung in Kiew barg – abgesehen von den übrigen unabsehbaren politischen und militärischen Folgen einer solchen Eskalation. Poroschenko steckte in einer Zwickmühle.

Auf der internationalen Ebene des Konflikts blieb Europa zugleich weiter zögerlich, was härtere Sanktionen gegen Russland anging, wie die USA sie forderten. Russland hingegen etablierte seinerseits selbstbewusst neue Bündnisse innerhalb der Gruppe der BRICS-Staaten, zu denen Brasilien, Russland, Indien, China und Südafrika gehörten. Putin verkündete dazu im Juli die Gründung einer gemeinsamen Alternative zu Internationalem Währungsfonds und Weltbank – ein direkter Affront gegen die amerikanische Hegemonie.

In dieser Situation wurde am 17. Juli 2014 die Passagiermaschine mit der Flugnummer MH 17 und 298 Menschen an Bord über der Ostukraine zum Absturz gebracht. Poroschenko bezeichnete das Ereignis noch am gleichen Tag als »terroristischen

Akt« und unterstellte eine Verantwortung der Aufständischen. Sein Außenminister ging noch weiter und erklärte, man werde beweisen, »dass das russische Militär hier involviert war«. Bereits direkt nach den ersten Meldungen vom Absturz hatte ein Berater von Kiews Innenminister Arsen Awakow behauptet, die Maschine sei von Aufständischen mit einer Boden-Luft-Rakete vom russischen Typ BUK abgeschossen worden. Stichhaltige Beweise wie Radaraufnahmen oder andere Messdaten legte die ukrainische Regierung dafür allerdings zunächst nicht vor.

Für große Teile der Presse schien die Lage dennoch schnell klar. So titelte das britische Boulevardblatt *Sun* schon am Folgetag in Großbuchstaben: »Putins Rakete.« Die deutsche *Bild*-Zeitung schloss sich wenig später an und schrieb: »Separatisten hatten die Rakete für den Anschlag aus Russland: So steuert Putin die Rebellen in der Ukraine.« Die offizielle Lesart fasste die ZDF-Moderatorin Marietta Slomka im heute-journal am Tag nach dem Absturz gleichen Sinnes so zusammen: »Vieles spricht also dafür, dass separatistische Gruppen am Werk waren, irreguläre Kräfte, wie es in der Militärsprache heißt, bei denen durchaus vermutet werden kann, dass sie mit Waffensystemen hantieren, die sie technisch nicht wirklich beherrschen.«

Ein Abschuss aus Versehen also? Hatte Russland den Aufständischen ein Flugabwehrsystem geliefert, das diese nicht richtig bedienen konnten? Die Medien legten eine solche Interpretation nahe und beriefen sich dabei auf Youtube-Videos, die der ukrainische Geheimdienst veröffentlicht hatte, sowie auf angebliche Einträge von Aufständischen in sozialen Netzwerken. Dieses »Beweismaterial« wurde sodann weitgehend ungefiltert verbreitet, ein eigenständiges und hartnäckiges Bemühen der Presse um eine Aufklärung der Schuldfrage war kaum erkennbar. Stattdessen vermeldete man in den ersten Tagen nebulös, der Verdacht gegen die sogenannten Prorussen »verdichte sich«.

Dass der ukrainische Geheimdienst SBU seinen schon am Tag nach dem Absturz veröffentlichten Mitschnitt von angeblich belastenden Funksprüchen gleich perfekt präpariert in sieben Sprachen veröffentlicht hatte (Englisch, Deutsch, Französisch, Polnisch, Spanisch, Japanisch und Türkisch), ließ manchen Reporter zwar zumindest skeptisch die Augenbraue heben, hielt aber kaum einen davon ab, dem obskuren Material breiten Raum in der Berichterstattung zu geben. Dem ukrainischen Geheimdienst zufolge waren bei dem Mitschnitt Aufständische zu hören, die unter anderem sagten: »Die Kosaken von Tschernuchino haben ein Flugzeug abgeschossen. Vom Checkpoint in Tschernuchino. Die Kosaken, die bei Tschernuchino stehen.«[1] Ein Vertreter der Nato griff die Steilvorlage auf und ließ sich, anonym, am gleichen Tag in der Presse zitieren:

> »Ein hochrangiger Nato-Offizier sagte *Spiegel online* am Freitag, es gebe mittlerweile Geheimdiensterkenntnisse, dass das Flugzeug mit einer Rakete aus dem Bestand der russischen Armee abgeschossen wurde. Solche Systeme wurden laut dem Nato-Mann in den vergangenen Wochen vermutlich von russischer Seite an die Separatisten geliefert. Trotz der Erkenntnis aber, so der Nato-Offizier, gebe es bis heute kein schlüssiges Motiv für die prorussischen Kräfte, ein ziviles Flugzeug anzugreifen. Deswegen müsse man von einem ›tragischen Versehen‹ der Separatisten ausgehen.«[2]

Nicht ins Bild der wild am Checkpoint ballernden »Kosaken« passte allerdings die Einschätzung des von CNN noch am Tag der Tat interviewten pensionierten US-Generals Kevin Ryan, einem Direktor eines militärischen Forschungsprojekts an der Harvard-Universität. Dieser wies zunächst einmal darauf hin, dass sowohl Russen als auch Ukrainer das BUK-Raketensystem verwendeten. Ryan betonte dann, es sei unwahrscheinlich, dass die Anti-Kiew-Kämpfer diese hochkomplexe Waffe zum Einsatz gebracht hätten, denn: »Es braucht viel Training und eine Menge Koordination, eine dieser Raketen abzuschießen und damit auch etwas zu treffen.« Anders als leicht auf der Schulter zu tragende sogenannte »Fire-and-Forget«-Raketen, die Ziele in niedriger Höhe erreichen und die quasi von jedermann ohne Mühe abgefeuert werden können, handelte es sich beim BUK-System mit seinen 700 Kilogramm schweren Raketen um einen nur von Fachleuten zu bedienenden vernetzten Technikkomplex, dessen Einsatz die Koordination eines Leitstands, eines Radarfahrzeuges und gegebenenfalls mehrerer Abschussfahrzeuge erforderte. Ryan erklärte, dass, falls das Flugzeug tatsächlich abgeschossen worden wäre, professionelle Streitkräfte dafür verantwortlich sein müssten. »Das ist nicht die Art von Waffe, die ein paar Typen aus einer Garage holen und einfach abfeuern«, so der General.[3]

Von den technischen Schwierigkeiten abgesehen, stellte sich darüber hinaus auch eine Logikfrage: Wie genau sollte es geschehen sein, dass jemand ein Flugzeug auf zehn Kilometer Höhe »aus Versehen« abschoss? Sinn ergäbe dieses »Versehen« wohl nur, falls geplant war, eigentlich eine andere auf gleicher Route fliegende Maschine abzuschießen, jemand den Kämpfern dazu aber falsche Informationen geliefert hatte. Dies würde auch die Möglichkeit eines »Framings« der Täter eröffnen, also ihrer Manipulation durch andere, die absichtlich einen Vorfall provozieren wollten. Solche weitergehenden, komplexeren Überlegungen kamen in der Presse jedoch kaum vor. Dabei konnte man sie auf beide Konfliktparteien gleichermaßen beziehen: Denn nicht nur die »Prorussen«, auch die Kiew-Truppen, die ja mehrere BUK-Systeme in der Region im Einsatz hatten, hätten auf diese Art manipuliert werden können.

Die Logik vieler Journalisten aber war simpler, wie beispielhaft die Aussage eines Reporters von *Zeit Online* zeigte:

> »Wieso sollten die Ukrainer Flugzeuge abschießen? Die Separatisten, gegen die sie kämpfen, haben doch gar keine Flugzeuge. Das können nur die Separatisten gewesen sein, die haben schon zuvor Militärflugzeuge der ukrainischen Armee abgeschossen. Jetzt haben sie eine falsche Maschine erwischt, bestimmt ohne Absicht. Schrecklich!«[4]

Dass Anschläge gelegentlich auch unter falscher Flagge durchgeführt werden, um anderen eine Tat unterzuschieben und dies anschließend politisch auszunutzen, schien dem genannten Kollegen als Kriegsprinzip unbekannt. Dabei wäre gerade im Fall MH 17 die Annahme eines solchen »False-Flag-Angriffs« durchaus plausibel – schuf die Katastrophe doch letztlich Rückenwind für eine Konfliktpartei und große Probleme für eine andere. Doch wer solche Gedanken äußerte, betrat bereits vermintes Gelände. *Spiegel online* stellte schon am Tag nach dem Absturz klar, wo die akzeptierten Grenzen der Debatte zu setzen waren und wo die vermeintlichen »Verschwörungstheorien« begannen – wieder einmal:

»Wem nutzt das? Diese floskelhafte Frage ist – seit Jahren schon – in Russland das schlagkräftigste Argument, um eine Debatte in eine Richtung zu lenken, sei es in politischen Talkshows im Staatsfernsehen oder im privaten Streit mit russischen Bekannten. Die Frage ist perfide. Sie beendet jede sachliche Diskussion, weil die Antwort darauf nicht von Fakten abhängt, sondern nur vom Standpunkt des Betrachters.« [5]

Was jedoch an der Frage, wem ein Ereignis nutze, besonders »perfide« sei und warum die Antwort auf eine solche Frage nur rein subjektiv beantwortet werden könne, blieb das Geheimnis des Autors. Denn natürlich waren die Gewinner und Verlierer eines solchen Anschlags durchaus objektiv ermittelbar.

Außer Acht blieben in der öffentlichen Debatte auch weitere mögliche Absturzursachen, etwa eine Bombe an Bord des Flugzeugs. Die Anti-Kiew-Kämpfer hatten ihrerseits schon am Tag der Tat eine dritte Möglichkeit verlautbaren lassen: Sie hätten die Attacke eines ukrainischen Kampflugzeugs auf die Passagiermaschine beobachtet. Dass MH 17 nicht nur von einer Boden-Luft-Rakete, sondern natürlich auch von einer aus der Luft abgefeuerten Rakete hätte abgeschossen werden können, war immerhin denkbar.

Diese dritte Version erhielt neue Nahrung durch die Veröffentlichung von Radardaten des russischen Verteidigungsministeriums vier Tage nach dem Absturz. General Andrej Kartapolow, Mitglied des russischen Generalstabs, erläuterte am 21. Juli die Erkenntnisse seines Militärs dazu. Demnach hatte man tatsächlich zum Unglückszeitpunkt ein ukrainisches Kampfflugzeug in unmittelbarer Nähe von Flug MH 17 geortet. Der Kampfjet, vermutlich eine Su-25, so der General, habe sich dem Passagierflugzeug direkt vor dem Absturz auf eine Entfernung von 3 bis 5 Kilometer angenähert. Kartapolow betonte: »Wir hätten gern eine Erklärung, aus welchem Grund dieses Militärflugzeug im Korridor ziviler Maschinen flog, annähernd zur gleichen Zeit und Höhe wie ein Passagierflugzeug.«[6] Die Radardaten zeigten auch, so Kartapolow, dass MH 17 bis Donezk im vorgegebenen Korridor geflogen sei, dann immer mehr nach links abwich, bis die Maschine sich schließlich 14 Kilometer nördlich der geplanten Route befunden habe. Das Flugzeug habe daraufhin versucht, wieder zum Korridor zurückzukehren, dies aber nicht mehr geschafft. Ab 17.20 Uhr Moskauer Zeit habe MH 17 an Geschwindigkeit verloren, und um 17.23 Uhr sei die Maschine vollständig von den Radarschirmen verschwunden. »Wie kam es zu dieser Kursabweichung?«, fragte der General. »War es ein Fehler der Crew? Gab es entsprechende Anweisungen der Fluglotsen in Dnipropetrowsk?« Diese Fragen richteten sich an die ukrainische Regierung, die direkt nach dem Absturz die Protokolle des Funkverkehrs mit den Lotsen beschlagnahmt hatte. Der General erläuterte: »Als die Geschwindigkeit auf 200 km/h gefallen war, tauchte um 17.21 Uhr über dem Absturzort ein neues Flugobjekt auf. Dieses Objekt blieb vier Minuten lang auf den Radaren.«[7]

Weiterhin präsentierte der General Satellitenbilder, die zeigen sollten, dass die ukrainische Armee in den Tagen vor dem Absturz mindestens drei BUK-Raketeneinheiten im Raum Donezk stationiert hatte. Wozu sei das eigentlich geschehen, wenn die Aufständischen doch gar keine Flugzeuge besäßen? Schließlich wies General Kartapolow, auch an die Adresse der USA gerichtet, darauf hin, dass sich seinen Erkenntnissen zufolge ein amerikanischer Aufklärungssatellit genau zum Zeitpunkt des Absturzes über der Ostukraine befunden habe. Doch wo seien die Bilder?

Die deutschen Medien ignorierten diese brisanten Informationen des russischen Militärs weitgehend. Die *FAZ* versteckte sie gegen Ende eines Artikels mit anderem Inhalt und unter der irreführenden Überschrift: »Bericht: Wrackteil weist auf Raketentreffer hin«. In den ARD-Tagesthemen bezeichnete Reporterin Golineh Atai die russischen Erkenntnisse in einem Nebensatz als »produzierte Beweise« – ohne sich näher damit zu befassen. Peinlicherweise behauptete ein Ex-Chefredakteur der *Zeit* in eben jenem Blatt genau am Tag der russischen Veröffentlichungen sogar, niemand habe »ja auch nur ein Indiz dafür genannt, dass der Abschuss von der ukrainischen Armee ausging«. Daher müsse man »schon sehr viel Mühe aufwenden, den gesunden Menschenverstand einzuschläfern, damit diese Rebellen aus der Verantwortung entlassen werden könnten«.[8] Folgerichtig setzte dann auch die *Bild*-Zeitung am gleichen Tag nach:

> »Wehrt Euch endlich gegen Putin! [...] Wenn der Westen jetzt lautstark mit Sanktionen droht, statt sie sofort in Kraft zu setzen, ist er in Putins Augen nur ein Schwächling. So bricht man seinen Starrsinn nicht. Nur Zwangsmaßnahmen, die unerbittlich die Lebensstränge von Russlands Wirtschaft mit dem Westen kappen, werden wirken. Das macht ihm Angst. Die Wahrheit muss erzwungen werden! Das sind wir den Toten schuldig!«[9]

Autor der Zeilen, die schon fast an die Rhetorik der vierziger Jahre erinnerte, war Ernst Elitz, langjähriger Intendant des Deutschlandradios, und bei der *Bild*-Zeitung zuständig für die Rolle des seriösen Kommentators mit den klaren Worten.

Am gleichen Tag schlugen in Donezk Granaten ein. Wohnhäuser wurden getroffen. Unter den Augen der Weltöffentlichkeit ließ Präsident Poroschenko eine europäische Millionenstadt mit Artillerie beschießen.[10] Während manche Ältere sich vielleicht noch daran erinnerten, dass deutsche Truppen dort auch schon geschossen hatten – Donezk war von 1941 bis 1943 von der Wehrmacht besetzt –, wurde den heutigen Mediennutzern diese ferne Erinnerung nicht zugemutet. Es hätte vielleicht auch zu sehr irritiert, wo doch erste Politiker von CDU bis SPD schon damit begannen, über deutsche »Friedenstruppen« in der Ostukraine nachzudenken …

Dass die mediale Lautstärke des Putin-Bashings merklich zunahm, nachdem das russische Verteidigungsministerium mit der Veröffentlichung seiner Radar- und Satellitenbilder die ersten überprüfbaren Fakten zum Absturz der MH 17 geliefert hatte, musste bedenklich stimmen. Denn auch der ukrainischen Luftraumüberwachung, unter deren Kontrolle sich der Flug befand, sowie der amerikanischen Satellitenobservation, die jedes Nummernschild auf Erden lesen kann, lagen die entsprechenden Daten ja vor – einschließlich des Funkverkehrs mit den Piloten der Unglücksmaschine. Falsche Behauptungen oder Darstellungen der russischen Seite hätten damit umgehend aus der Welt geschafft werden können, doch veröffentlicht wurde von ukrainischer oder westlicher Seite in den ersten Wochen und Monaten … nichts. Außer fragwürdigen Youtube-Videos und nicht überprüfbaren Twitter- oder Facebook-Behauptungen angeblicher »Rebellen« legte die westliche Seite zunächst keinen einzigen forensisch brauchbaren Beweis zur Aufklärung vor. Und dass, wo es doch gerade im Fall eines Abschusses mit einer BUK-Rakete exaktes Datenmaterial geben *musste*. Das aktive Radar des Systems lässt sich im Einsatz schlicht nicht verbergen.[11] Die USA mussten also von Beginn an wissen, ob es einen Raketenabschuss gab, oder nicht – und sie mussten dies auch belegen können.

Diese Argumentationslücke fiel auch einem amerikanischen Reporter der Nachrichtenagentur AP auf. Matthew Lee, langjähriger Korrespondent in Washington und dort akkreditiert bei den täglichen Pressekonferenzen des US-Außenministeriums, wollte am 21. Juli, dem Tag der Veröffentlichung der russischen Radardaten wissen, was die Amerikaner den Russen an Argumenten und Beweisen nun entgegenzusetzen hätten. »Gibt es irgendetwas außer Social Media?«, fragte Lee bei der Pressekonferenz in Anspielung auf die bis dahin präsentierten Youtube- und Twitter-Beweise. Die Außenamtssprecherin Marie Harf, eine ausgebildete CIA-Analystin und vormalige Sprecherin des Geheimdiensts, wand sich und versuchte allerlei rhetorische Kniffe, musste aber letztlich öffentlich eingestehen, dass die Vorwürfe an Russland und die Rebellen lediglich eine »Einschätzung« der US-Regierung seien. Konkretere Belege könne man derzeit leider nicht veröffentlichen. Lee fasste pointiert zusammen: »Das heißt also, alle Darstellungen, die Ihrer Version der Ereignisse widersprechen, sind falsch, und alle, die sie unterstützen, stimmen? Ist es das, was Sie sagen wollen?«[12]

Statt selbstkritischer oder zumindest nachdenklicher Berichte gab es in den Medien aber vor allem laut bellende Empörung über Putin, über den angeblich schlechten Umgang der Rebellen mit den geborgenen Leichen – über den sich der Leiter des holländischen Forensikteams vor Ort dagegen positiv äußerte[13] – und groteske Artikel über die Frage, ob die für 2018 nach Russland vergebene Fußball-Weltmeisterschaft boykottiert werden müsse – sowie, natürlich, die Forderung, nach weiteren, schärferen Sanktionen und »Druck« auf Russland. Wäre den Medien und der Politik wirklich an einer Aufklärung der Katastrophe gelegen gewesen, hätte die Forderung an Kiew und Washington nach sofortiger Offenlegung der Funk-und Radardaten bis heute nicht verstummen dürfen – doch sie wurde nicht einmal laut. Ein dröhnendes Schweigen, das zeigte, dass es offenbar weniger um Fakten und die Suche nach Wahrheit ging als um eine Instrumentalisierung des Unglücks.

Die Aufklärung der Tat verlief auch in den folgenden Jahren schleppend und unbefriedigend. Ein im Oktober 2015 schließlich vorgelegter Bericht der internationalen Untersuchungskommission benannte keinen Schuldigen. Zwar schienen sich inzwischen alle Parteien, auch die Russen, einig darüber zu sein, dass eine BUK-Rakete das Passagierflugzeug zerfetzte, und sie stritten nun »bloß« noch darüber, von wo und wem (!) diese gestartet wurde. Doch selbst diese Minimalübereinkunft stand im Verdacht, Ergebnis eines politischen Deals hinter den Kulissen zu sein, also alles andere als die vollständige Wahrheit. So fiel auf, dass der nur wenige Tage nach der Tat von Russland präsentierte Einwand, man habe den Radarbeleg für ein Kampfflugzeug in unmittelbarer Nähe von MH17 kurz vor dessen Abschuss, seither mit keiner Silbe mehr erwähnt wurde, auch nicht von Moskau. Dabei wurde diese Information nicht nur, versehen mit präzisen Angaben zu Ort und Typ dieses Kampfjets, vom russischen Militär öffentlich präsentiert.[14] Auch eine Reihe von Augenzeugen hatten ein solches Jagdflugzeug in der Nähe von MH17 ausmachen können, selbst wenn ein Bericht der BBC, in dem einige dieser Zeugen zu Wort kamen,[15] umgehend durch die Chefredaktion wieder von der Webseite des Senders gelöscht wurde (angeblich hätte der Beitrag »den journalistischen Standards der BBC nicht vollständig genügt«, so ein leitender Redakteur dazu auf Anfrage).[16]

Die These, dass beim Abschuss ein anderes Flugzeug im Spiel gewesen sein könnte, wurde zwar auch im amtlichen holländischen Untersuchungsbericht von 2015 erwähnt, allerdings gleich wieder verworfen. Die sehr spezielle Begründung dafür: Keine der von einem Kampfjet abzufeuernden Raketen, welche »in der Region verwendet« werden, enthalte im Sprengkopf diejenigen schmetterlingsförmigen Geschossteile, welche man in den Trümmern von MH17 gefunden habe. Der Sprengkopf einer BUK-Rakete bestehe aber genau aus solchen Teilen. Nun wurden jedoch nach amtlichen Angaben nicht mehr als vier solcher ein bis zwei Zentimeter großen Teile gefunden, die dazu auch noch, den im Bericht abgedruckten Fotos zufolge, alles andere als eine einheitliche Form aufweisen.[17] Zudem blieb unklar, wieso bei einem Angriff aus der Luft nur eine üblicherweise »in der Region verwendete« Rakete zum Einsatz gekommen sein könnte. Der Bericht unterstellte dennoch eine absolute Gewissheit in dieser Frage und erinnerte daran, dass ja laut den Radarbildern auch überhaupt kein anderes Flugzeug in der Nähe gewesen sei. Wer also solle geschossen haben? Doch was war mit den von Russland ursprünglich im Juli 2014 präsentierten Radardaten? Und was war mit den Augenzeugen?

Dass bei den Ermittlungen womöglich nicht alles mit rechten Dingen zuging, würde schon deshalb nicht überraschen, weil es beim Fall MH17 weniger um ein Flugzeugunglück geht, als vielmehr um Weltpolitik zwischen zwei Großmächten. Die Hauptakteure sind und bleiben die USA und Russland mit ihren jeweiligen lokalen Schützlingen. Der im Herbst 2015 vorgestellte Untersuchungsbericht enthielt eine gesichtswahrende Lösung für beide Parteien. Amerika konnte sagen: »Seht her, eine BUK, wir haben's ja immer gewusst!« Russland hingegen darauf verweisen, dass die Schuldfrage weiter offen sei. Das war anscheinend eine akzeptable Lösung für beide Mächte, vor allem mit Blick auf die weiteren globalen Konfliktherde wie Iran oder Syrien, wo man zwar auch gegeneinander arbeitet, zugleich aber in Teilen aufeinander angewiesen ist.

Dass in der Frage des Abschusses insgesamt Entscheidendes vertuscht wurde – und wird –, ist unter anderem daran erkennbar, dass alle Seiten weiterhin den Zugang zu Originaldaten verweigern – insbesondere der Westen. Weder haben die USA der Untersuchungskommission ihre eigenen Satellitenbilder zur Verfügung gestellt, noch hat die Nato ihre Radardaten veröffentlicht. Denn was kaum bekannt ist: Am Tag des Abschusses hatten Awacs-Aufklärungsflugzeuge der Nato im Luftraum über Polen und Rumänien gekreist. Beide Länder grenzen bekanntlich an die Ukraine. Die Awacs-Maschinen – quasi fliegende Radarstationen – hätten Flug MH17 zwar zunächst registriert, so die

Nato, zum Zeitpunkt des Abschusses allerdings nicht mehr erfassen können. Daher seien die eigenen Radardaten auch »nicht relevant in Bezug auf den Abschuss«, weshalb man sie gar nicht erst übermittle, so die Mitteilung des Militärbündnisses.[18]

Was die Radardaten angeht, bleibt insgesamt vieles unter dem Teppich. Es gibt dabei zwei Arten der Datenerfassung: Zum einen das sogenannte Primärradar, welches vom Prinzip her alles erfasst, was sich in der Luft befindet, zum anderen das Sekundärradar, welches ein Flugzeug nur dann anzeigt, wenn dessen Transponder (ein bordeigenes Sendegerät) eingeschaltet ist und entsprechende Daten an die Bodenstation schickt. Ein Flugzeug kann sich also für Sekundärradar unsichtbar machen. Die Ukraine hat der Untersuchungskommission nun lediglich Sekundärradardaten geliefert. Primärradardaten – die das ganze Bild zeigen – habe man angeblich nicht. Die zivilen Stationen seien »zum Zeitpunkt des Abschusses wegen geplanter Wartungsarbeiten außer Betrieb« gewesen, die militärischen ausgeschaltet, »da keine ukrainischen Militärflugzeuge in der Region unterwegs waren«, so die Ukraine gegenüber den holländischen Ermittlern.[19]

Für die Leitmedien war nach Veröffentlichung des Untersuchungsberichtes im Oktober 2015 trotzdem wieder alles klar: »Die Spur führt zu Putins Schergen« (*Bild*), »So zweifelhaft sind die Argumente Russlands« (*Spiegel*), »Rakete mit russischer Spur« (*Neue Zürcher Zeitung*). Alles beim Alten also. Der schon gewohnte monotone Gleichklang ergoss sich auch diesmal auf allen Kanälen.

Im Mai 2018 legte das von der niederländischen Staatsanwaltschaft geleitete westliche Untersuchungsteam bei einer Pressekonferenz einen aktualisierten Ermittlungsstand vor, doch auch bei dieser Gelegenheit wurde – fast vier Jahre nach der Tat – wenig Substanzielles präsentiert. Die Ermittler erklärten dort lediglich, sie seien nach einigen Fotoanalysen »überzeugt« davon, dass das Fahrzeug von dem die BUK-Rakete abgeschossen worden sein soll, zu einer russischen Einheit gehörte.[20] Man

»vermute«, dass die Angehörigen dieser Einheit mehr darüber wüssten und rief diese russischen Soldaten daher dazu auf, sich doch bitte bei den Ermittlern zu melden. Dass die russische Einheit auch für den Abschuss selbst verantwortlich war, behaupteten die Ermittler allerdings nicht. Diese Frage »untersuche« man noch. Offenbar fehlten nach wie vor handfeste Belege.

Eine konkretere Beweisfindung überließ man dem Nato-nahen[21] und vom Milliardär George Soros mitfinanzierten[22] privaten Recherchedienst Bellingcat, der einen Tag nach der wenig ergiebigen Pressekonferenz der amtlichen Ermittler mit eigenen Erkenntnissen an die Öffentlichkeit ging. »Mit sehr hoher Sicherheit«, so Bellingcat, hätte man einen russischen Geheimagenten identifiziert, der beim MH17-Abschuss eine Rolle gespielt habe.[23]

Das enge Timing – erst der offizielle Bericht, unmittelbar darauf die inoffizielle Ergänzung – ermöglichte es Politikern und Medien die beiden Veröffentlichungen in ihren Kommentaren miteinander zu vermischen. So hieß es dann etwa bei der ARD: »Die niederländische Regierung macht Russland für den MH17-Abschuss in der Ostukraine verantwortlich. Ein Team von Investigativjournalisten nennt bereits Namen.«[24]

Aus PR-Sicht war es recht geschickt, die Veröffentlichung spekulativer und nicht gerichtsfester Behauptungen an Privatleute auszulagern. Sollte später eine Fälschung oder ein Irrtum bekannt werden, dann konnten sich Behörden und amtliche Stellen bequem davon distanzieren. Zugleich wirkte diese Art der Arbeitsteilung nicht besonders seriös. Überhaupt erschien die Annahme, dass private Hobby-Rechercheure eigenständig Fakten ermitteln konnten, die Geheimdiensten und Regierungen unerreichbar und verborgen blieben, eher fragwürdig. Näher lag die Vermutung, dass Bellingcat selbst von Geheimdiensten gefüttert wurde und diesen als glaubwürdigeres Verlautbarungsorgan diente.

Die Russen konterten im September 2018 mit einer eigenen umfassenden Präsentation, in der sie unter anderem nachzuweisen versuchten, dass die von den Ermittlern mit Herstellungsnummer präsentierten Raketenteile zu einer BUK-Rakete gehörten, die direkt nach ihrer Produktion in Russland 1986 in die Ukraine geliefert worden war und laut Protokollen und Logdaten das Land seither nie verlassen hätte. Weiterhin argumentierte das russische Verteidigungsministerium mit Hilfe einer aufwändigen Bildanalyse, dass die Youtube-Videos, mit denen Bellingcat und andere den Transport eines BUK-Abschussfahrzeuges von Russland in die Ukraine belegen wollten, manipuliert worden seien.[25]

Zum letzten Stand der Ermittlungen bei Drucklegung dieses Buches hieß es von Seiten der westlichen Untersuchungskommission im November 2018 vage:

> »Die strafrechtlichen Ermittlungen zu den Ereignissen vom 17. Juli 2014 dauern an. Die Staatsanwaltschaft hat noch nicht entschieden, ob, und wenn ja, wann sie die Anklage einer oder mehrerer Verdächtiger fortsetzt. Daher ist unklar, wann das mögliche Verfahren dem Gericht vorgelegt wird.«[26]

Offenbar ist man sich seiner Sache weiterhin so wenig sicher, dass man den Fall so lange wie möglich in der Schwebe halten möchte – wo er nun schon seit Jahren der großen Politik als »nützliches Spielmaterial« dient. Eine echte Aufklärung liegt in weiter Ferne, die Instrumentalisierung des Verbrechens auf dem Rücken der Opfer und ihrer Angehörigen geht weiter.

14 Instrumentalisierung statt Aufklärung II: »Nowitschok«

Ein Musterbeispiel, wie Produktionen aus der Fake-News-Gerüchteküche aufgetischt und politisch instrumentalisiert werden, lieferten im Frühjahr 2018 der angeblich mit dem russischen Kampfstoff »Nowitschok« vergiftete Doppelagent Sergei Skripal und seine Tochter Julia. Skripal hatte als Mitglied des russischen Militärgeheimdiensts GRU für den britischen MI6 spioniert, war enttarnt worden und im Rahmen eines Agentenaustauschs 2010 nach England übergesiedelt, wo ihn seine in Moskau lebende Tochter bisweilen besuchte. Am 4. März 2018 waren die beiden ohnmächtig auf einer Parkbank in Salisbury entdeckt und mit Vergiftungserscheinungen in ein Krankenhaus eingeliefert worden. Zwei Tage später rollte dann eine Propagandamaschine an, die Russland beschuldigte, mit einem tödlichen Nervengift einen Mordanschlag auf seinen einstigen Agenten verübt zu haben. In der folgenden Woche präsentierte das britische Außenministerium seinen europäischen Amtskollegen fünf PowerPoint-Folien, um sie zu überzeugen, sich an der Ausweisung russischer Diplomaten zu beteiligen.[1]

Für Lehrkräfte an politischen Bildungseinrichtungen eignen sich die mittlerweile bekannt gewordenen Dokumente ganz hervorragend für das Medienkompetenz-Training von Studierenden. Tatsächliche Beweise werden auf den fünf Seiten des Briefings nämlich keine genannt – außer, dass das Gift sehr wahrscheinlich von einem Typ sei, der in der Sowjetunion entwickelt wurde. In dem Papier heißt es allerdings, dass dieser

»Nowitschok« genannte Gifttyp »nur von Russland« entwickelt worden sei. Den Hinweis darauf, dass die Formeln seit Jahrzehnten allgemein bekannt sind und daher im Prinzip auch andere so ein Gift herstellen könnten, legten die Briten ihren EU-Kollegen nicht vor. Stattdessen aber eine beeindruckende Seite darüber, warum nur Russland als Täter in Frage komme und dies »eine neue Phase der russischen Aggression« bedeuten würde.[2] Zwölf Schwerverbrechen werden dem »Täter« hier zur Last gelegt: Von der Vergiftung Alexander Litwinenkos 2006 über die »Destabilisierung« der Ukraine 2014 und den Abschuss der MH17 bis zur »Einflussnahme auf die US-Wahlen« und den ominösen »Bundestagshack« im Jahr 2015.

Für keine dieser »Taten« liegen Beweise vor, die von einem Gericht oder einer internationalen Behörde geprüft und anerkannt sind. Das Vorstrafenregister ist somit komplett im Bereich der Verdächtigung, Vermutung sowie der üblen Nachrede anzusiedeln. Es handelt sich um nichts anderes als Verschwörungstheorien, also Annahmen, für die es Indizien und Spuren geben mag, aber eben keine Beweise. Doch eine solche Litanei von unbelegten Behauptungen reichte aus, um die »Solidarität« anderer EU-Staaten einzufordern und eine große internationale diplomatische Krise heraufzubeschwören.

Um zu zeigen, wie »Fake News« und »Verschwörungstheorien« funktionieren, wenn sie von höchster Stelle verlautbart und von den »McMedien«-Konzernen unhinterfragt verbreitet werden, bieten diese Power-Point-Folien samt ihrer politischen Folgen einen hervorragenden Anschauungsunterricht. Und wer nicht glauben will, dass mit derartigen Fake News Politik gemacht wird, der kann sich von der *Zeit* belehren lassen: »Es braucht keine eindeutigen Beweise!«[3]

Erstaunlich in einem einst für den liberalen Rechtsstaat stehenden Blatt, für Frontmagazine des Kalten Kriegs aber üblich. Wenn's gegen den Richtigen geht, sind Rechtsnormen und Prozessordnung zweitrangig.

Unterdessen wurde aus London dann pünktlich zu Ostern eine Wiederauferstehung der besonderen Art gemeldet: Die angeblich mit dem überaus tödlichen Kampfstoff »Nowitschok« vergiftete Julia Skripal war wieder munter. War der Stoff, mit dem angeblich 130 Personen in Kontakt gekommen sein sollen, die allesamt wohlauf sind, also doch nicht »7–8 mal giftiger als herkömmliches Nervengift«, wie es anfangs hieß? Oder wurde der mit seiner Tochter ohnmächtig auf einer Parkbank entdeckte Ex-Agent Skripal, der einige Zeit nach seiner Tochter auch wieder unter den Lebenden weilte, mit einem ganz anderen Stoff attackiert?

Falls es sich wirklich um »Nowitschok« gehandelt haben sollte, müssten jedenfalls neben Russland auch die USA auf der Anklagebank sitzen – denn sie waren es, die 1999 die Demontage der Chemiewaffenfabrik beaufsichtigten, in der das Nervengift im sowjetischen Usbekistan entwickelt wurde.[4] Und die dafür sorgten, dass dieser Stoff *nicht* in die Liste der verbotenen Chemiewaffen aufgenommen wurde. Auch dann nicht, als der in die USA gekommene sowjetische Chemiker Wil Mirsajanow 2008 die Formeln dafür in einem Buch veröffentlichte – und Wissenschaftler und Diplomaten auf diesen neuartigen Kampfstoff aufmerksam wurden. Von Hillary Clintons State Department erging dann aber – wie in einem von WikiLeaks veröffentlichten Kabel[5] nachzulesen ist – vor einem internationalen Treffen zur Chemiewaffenkontrolle 2009 die Anweisung an die amerikanischen Delegierten, diese Kampfstoffe und das Buch nicht zu erwähnen und jede Diskussion darüber zu vermeiden. Sollten sie darauf angesprochen werden, so wies Hillary ihre Diplomaten an, sollten sie sagen, sie wüssten davon nichts.[6]

Diese merkwürdigen Instruktionen deuten darauf hin, dass es sich bei »Nowitschok« keineswegs um Stoffe handelt, die – wie die Briten behauptet hatten – »nur in Russland« hergestellt werden konnten und dass die Amerikaner ebenso über das Knowhow dafür verfügten, und mit diesen Anweisungen dafür sorgten, dass »Nowitschok« erst Ende 2016 von der OPWC gelistet wurde, nachdem iranische Forscher die Stoffe hergestellt hatten, um Nachweismethoden dafür zu entwickeln, die sie dann der internationale Kontrollbehörde zur Verfügung stellten. Warum ausgerechnet iranische Forscher das machten? Weil sie einen Angriff mit diesen neuartigen Stoffen befürchten mussten und wohl wussten, dass weiter daran geforscht wird, von den Amerikanern und auch von den Briten. Nur wenige Kilometer vom Tatort des Skripal-Anschlags entfernt, in Porton Down, der größten Chemiewaffenforschungsfabrik Europas, läuft nämlich ein 70 Millionen Dollar schweres Gemeinschaftsprogramm für Bio- und Chemiewaffen mit dem Pentagon.[7]

Die Fake News über die »russische Herkunft« des Gifts setzte dann die Nachrichtagentur Agence France Press (AFP) in die Welt. Sie meldete am 12. April 2018: »Die Organisation für das Verbot chemischer Waffen (OPWC) hat die russische Herkunft des Gifts im Falle des früheren Doppelagenten Sergei Skripal bestätigt« – was von den »Leitmedien« dann dankbar und ohne weitere Recherche übernommen wurde. Tatsächlich hatte die OPWC in ihrem Bericht nur bestätigt, dass es sich bei der gefundenen Substanz um »Nowitschok« handelt, aber keinerlei Aussagen über die Herkunft des Stoffs gemacht. Das Wort »Russland« oder »russisch« kommt in ihrem Bericht gar nicht vor.

Der Fall Skripal erinnert an »Anthrax«, das Nervengift, das nach dem 11. September 2001 an führende US-Politiker verschickt wurde, die sich den Bürgerrechte beschränkenden »Antiterror«-Gesetzen der Bush-Regierung zunächst entgegenstellten. Die Attacke wurde damals ohne einen Beweis Saddam Hussein und dem Irak in die Schuhe geschoben, bis sich Jahre später herausstellte, dass das Gift einem US-Militärlabor entschlüpft war.

Wenn im Fall Skripal in ein paar Jahren Ähnliches herauskommt, sollte das niemanden überraschen, wobei durch die »Anthrax«-Briefe ja tatsächlich mehrere Menschen ums Leben kamen, während der vermeintlich »russische« Kampfstoff zwar einen weltweiten Medienwirbel und diplomatische Krisen heraufbeschwor, aber niemand dadurch starb – außer den zwei Meerschweinchen und dem Kater in Skripals wochenlang versiegeltem Haus, die aber nicht vergiftet wurden, sondern verhungerten, weil sie niemand gefüttert hatte.[8]

Sergei Skripal und seine in Russland lebende Tochter wurden nach ihrem Aufenthalt im Krankenhaus an einen unbekannten Ort verbracht und nach Zeitungsberichten »mit einer neuen Identität« versehen. Sie haben sich zu den Vorfällen und ihrer wundersamen Heilung seitdem nicht geäußert, Fragen des russischen Außenministeriums zum Verbleib der russischen Staatsbürgerin Julia Skripal werden von London bis heute nicht beantwortet.

Während die beiden gesundeten Opfer des Anschlags abgetaucht waren und sind, blieben auch die möglichen Täter sehr lange im Dunkeln. Nachdem mit gigantischem Medienhype 23 russische Diplomaten aus England ausgewiesen wurden und Deutschland wie andere EU-Staaten ebenfalls Botschaftsangehörige nach Hause geschickt hatte, kehrte eine merkwürdige Ruhe ein. An den bisherigen offiziellen Behauptungen wurden seltsame Korrekturen[9] vorgenommen, was Beobachter darauf zurückführten, dass in den Medienberichten der Name Pablo Miller aufgetaucht war, der einst den russischen Agenten Skripal für den MI6 angeworben hatte und der sich seit Skripals Übersiedlung nach Salisbury, wo er selbst auch lebte, regelmäßig mit ihm traf. Dass sich sein ehemaliger Agentenführer auch weiter um ihn kümmerte, ist nicht ungewöhnlich, auch dass man einem Ex-Agenten, der über kein Einkommen mehr verfügt, bisweilen Jobs zukommen lässt, ist im Rahmen des Üblichen. Sergei Skripal arbeitete denn auch außer für den MI6 noch für den tschechischen und den spanischen Geheimdienst.[10]

Merkwürdig wird die Sache aber, wenn wir uns anschauen, für wen Pablo Miller – nach seinem Ausscheiden aus dem Auslandsgeheimdienst 2015 von der Queen mit dem »Order of the British Empire« dekoriert – denn nunmehr arbeitete: die 2009 von seinem Ex-MI6-Kollegen gegründete Sicherheitsfirma »Orbis Business Intelligence Ltd«. Noch bis zum 9. März 2018 zierte seinen LinkedIn-Eintrag der Hinweis: »Pablo Miller (OBE) is a senior analyst at *Orbis Business Intelligence*.« Seitdem ist dieser Hinweis verschwunden, und weder Miller noch Orbis haben Anfragen dazu beantwortet – was wenig wundert, denn niemand anderes als der Orbis-Mitgründer Christopher Steele hatte das berüchtigte »Steele-Dossier« verfasst, mit dem Trump zu Fall gebracht werden sollte. Hatten die beiden (Ex-?)Agenten Steele und Miller, die mit ihrer gegen Russland gerichteten Mission nunmehr privat Geld verdienten, ihr altes Schlachtross Sergei Skripal bei der Erstellung dieses Dossiers eingespannt?

Sobald Fragen wie diese in der Presse aufgetaucht waren, wurde das Thema Skripal in den Großmedien heruntergefahren, insbesondere nachdem ihnen von der Regierung eine »Defence and Security Media Advisory Notice« zugegangen war,[11] ein in Großbritannien übliches und seit 1912 bestehendes Verfahren politischer Zensur, das darauf abzielt, dass Medien bestimmte Informationen oder Namen aus Gründen der nationalen Sicherheit nicht veröffentlichen sollen. Die britischen Medien befolgen diese »Empfehlungen« der Regierung in der Regel. So auch dieses Mal: Zu den abgetauchten Agenten Miller und Steele fanden in den Leitmedien keine weiteren Recherchen mehr statt. Da zudem auch die beiden wieder genesenen Opfer verschwunden waren, schien der Fall im Sommer 2018 niemanden mehr zu interessieren.

Bis dann Anfang September, ein halbes Jahr nach der Tat, die Namen und Fotos von zwei Russen – Ruslan Boschirow und Alexander Petrow – als angebliche Täter präsentiert wurden. Sie waren in einem Hotel in London abgestiegen, am 3. und 4. März mit dem Zug nach Salisbury gefahren und dann nach Moskau abgereist. In dem von ihnen bewohnten Hotelzimmer wurden acht Wochen später Spuren von »Nowitschok« gefunden, das sie nach Polizeiangaben an der Türklinke von Sergei Skripals Haus appliziert und so die Vergiftung herbeigeführt haben sollen. In einem Interview im russischen Fernsehen stritten sie ab, mit der Tat irgendetwas zu tun zu haben – sie wären als Touristen unterwegs gewesen und wegen der berühmten Kathedrale nach Salisbury gefahren, und dies zwei Mal, weil sie wegen des Schneetreibens am ersten Tag keinen Stadtspaziergang gemacht hätten. Die von der Polizei veröffentlichten Videobilder bestätigen diese Besuche, zeigen die beiden aber weder in der Nähe der Kathedrale noch bei Skripals Haus – noch gar in den Schutzanzügen, die beim Hantieren mit dem tödlichen Nervengas nötig wären. Außer einem kleinen Rucksack hatten sie kein Gepäck dabei.

Nach dem Interview mit den beiden Verdächtigen wurden sie in zahlreichen Veröffentlichungen als Mitarbeiter des russischen Militärgeheimdiensts bezeichnet, die unter falschen Namen eingereist seien. Recherchen ergaben, dass ihre Identitäten »Boschirow« und »Petrow« zahlreiche biografische Leerstellen aufwiesen. Der *Guardian* berichtete, dass ihre Passnummern auf eine Verbindung mit dem Verteidigungsministerium hindeuten würden[12], und der *Spiegel* erläuterte schließlich, »wie Russlands stümperhafte Agenten Wladimir Putin blamierten«.[13] Die Russen blieben unterdessen bei ihrer Version, dass es sich bei den beiden um Touristen gehandelt habe, und die britische Polizei sowie der Geheimdienst MI6 haben sich zu dem Streit um die Identitäten seitdem nicht mehr geäußert.

Doch auch wenn wir davon ausgehen, dass es sich bei den beiden Verdächtigen tatsächlich um Agenten handelte und der russische Geheimdienst zwei Trottel von der letzten Bank mit der heiklen Mission betraute, in feindlichem Land einen »Verräter« auszuschalten, und wenn wir davon absehen, dass die Russen kein Motiv hatten, einen ausgetauschten Agenten, der vorher jahrelang bei ihnen im Gefängnis saß, zu töten und damit gegen den ungeschriebenen Codex aller Geheimdienste zu verstoßen, ausgetauschten Agenten nicht mehr nach dem Leben zu trachten – auch dann kann die Geschichte einfach nicht stimmen.

Um zu diesem Schluss zu kommen, muss man kein Chemiker und Nervengiftexperte sein, sondern einfach nur einmal die im Polizeibericht angegebenen zeitlichen Abläufe vergleichen, wie es Andreas von Westphalen in seiner Analyse »Das Skripal-Labyrinth« getan hat.[14]

Danach haben die Skripals gegen 9:15 Uhr das Haus verlassen, ihr Auto wurde dabei von einer Kamera auf dem Weg Richtung Stadtzentrum gesehen. Um 13:40 Uhr tauchte der Wagen vor dem Lokal auf, in das sie zum Mittagessen gingen und das sie gegen 15:35 Uhr verließen. Um 16:15 Uhr wurden sie dann auf einer Parkbank in der Nähe gefunden. Weil sie beim Verlassen des Hauses ihre Handys ausgeschaltet hatten, werden für ihren unbekannten Aufenthaltsort während der vier Stunden am Vormittag nach wie vor Zeugen gesucht. Zurück nach Hause fuhren sie aber nicht, was bedeutet, dass sie von dem angeblichen »Nowitschok« an der Türklinke vor 9:15 Uhr kontaminiert wurden, der Stoff also vorher dort angebracht werden musste. Die beiden vermeintlichen Agenten kamen aber am 4. März erst um 11.48 Uhr in Salisbury an und waren zwei Stunden später schon wieder auf den Rückweg zum Bahnhof.

Auch ohne die deduktiven Fähigkeiten eines Sherlock Holmes erkennt man in dieser offiziellen Geschichte grobe Ungereimtheiten – zur Fütterung des gewünschten Narrativs vom rachsüchtigen Russen reichte die Story aber allemal. Wer indessen ein wenig detektivischen Spürsinn investiert, findet statt Spuren auf russische Täter eher solche, die auf einen verdeckten britischen Geheimdienstplot deuten.[15]

Sergei Skripal fühlte sich nach dem Tod seiner Frau 2012 in Salisbury vereinsamt und wollte nach Hause zurück, worüber er mit Bekannten auch in letzter Zeit öfter gesprochen hatte. Seine Tochter, deren Hochzeit bevorstand, wollte ihm dabei helfen, eine Amnestierung und Wiedereinbürgerung zu erreichen, zumal ihre künftige Schwiegermutter – eine hohe Geheimdienstmitarbeiterin – dagegen gewesen sein soll, dass ihr Sohn die

Tochter eines »Verräters« heiratet. Wenn nun – was nicht definitiv bewiesen, aber sehr wahrscheinlich ist – die (Ex?-)MI6-Agenten Pablo Miller und Christopher Steele ihren befreundeten russischen Ex-Agenten und Kollegen gebeten haben, über seine Kontakte nach Russland an dem »Orbis-Dossier« über Trump mitzuarbeiten, dann wäre ein von Heimweh und Abwanderungsgelüsten geplagter Sergei Skripal als Mitwisser ein gewisses Sicherheitsrisiko. Insbesondere wenn die russische Seite davon irgendwie Wind bekommen und Entgegenkommen signalisieren würde, wenn der Doppelagent Skripal eine Rolle rückwärts vollzöge und über die Fälschungen des Trump-Dossiers auspackte. Hier könnte tatsächlich ein Motiv vorliegen, Skripal inklusive seiner Tochter aus dem Verkehr zu ziehen, ein Motiv, was auf Seiten Russlands beim besten Willen nicht zu finden ist.

Auch wenn wir an dieser Stelle nicht entscheiden können, welche Geheimdienste nun hinter diesem Anschlag stecken, eines lässt sich völlig klar und unmissverständlich feststellen: Bei der Instrumentalisierung dieses Falls durch Medien und Politik wurden sowohl sämtliche journalistischen wie auch grundlegende rechtsstaatliche Regeln gröblich missachtet. Dass dies nicht versehentlich oder zufällig geschah, sondern geplant und gesteuert wurde – dieser Verdacht kam Ende 2018 durch die Veröffentlichungen über einen dubiosen Verein namens »Integrity Initiative« auf, der über ein »Institute for Statecraft« vom britischen Außenministerium, der Nato, dem US-Außenministerium und anderen Geldgebern finanziert wird. Welcher Art die »Staatskunst« der nach außen als gemeinnützige NGO firmierenden Initiative ist, wurde durch geleakte Dokumente bekannt: Durch den Aufbau von nationalen »Zellen« mit einflussreichen Akademikern und Journalisten in vielen Ländern Europas soll eine einheitliche transatlantische und anti-russische Agenda in Medien und Öffentlichkeit durchgesetzt werden.

Unter dem Motto »Defending Democracy against Disinformation« ging diese Fake-NGO, wie aus den Papieren hervorgeht, unter anderem auch propagandistisch gegen den Labour-Führer Jeremy Corbyn als »nützlichen Idioten« Russlands vor. Weiterhin hatte die Initiative – und das ist für den Skripal-Fall interessant – in einem Papier direkt nach dem Anschlag exakt dasselbe Narrativ vorgeschlagen, mit dem das britische Außenministerium auf seinen PowerPoint-Folien dann die Ausweisung von Diplomaten begründete. Ein weiteres geleaktes Dokument zeigte, wie die »Initiative« die internationale Berichterstattung über den Skripal-Fall verfolgte und Einfluss darauf nahm.[16] Akribisch wurde unter anderem untersucht, welche vermeintlich »prorussischen« Journalisten in welchen europäischen Ländern aktiv waren und wie oft ihre Tweets und Artikel online geteilt wurden. Und auf einer internen Liste von Personen – die laut den »Anonymous«-Hackern im Sommer 2018 vom »Institute for Statecraft« zu einem Treffen mit der britischen Sanitäter-Truppe »White Helmets« eingeladen wurden – befindet sich nicht nur der Name eines »Assistant Head of Science« der Chemiewaffenfabrik Porton Down, sondern auch der des Nachbarn von Sergei Skripal in Salisbury: Pablo Miller.[17]

Zwar ist die Ende 2018 veröffentlichte Liste und dieses Treffen bisher noch nicht von anderer Seite verifiziert, doch da bislang (Stand Januar 2019) keines der geleakten Dokumente sich als Fälschung entpuppte,[18] dürfte auch das Treffen dieses illustren Personenkreises – darunter die frühere BBC-Nachrichtenchefin – durchaus authentisch sein. Der ehemalige britische Botschafter Craig Murray fasste die Enthüllungen so zusammen:

> »Was haben wir hier? Wir haben ein Programm, die ›Integrity Initiative‹, deren einziger Zweck darin besteht, verdeckt Desinformationen gegen Russland zu verbreiten, durch Social Media und journalistische Artikel, die im Geheimen von der britischen Regierung bezahlt werden. Und wir haben Skripals MI6-Führungsoffizier, die BBC, Porton Down, das Außenministerium, das Verteidigungsministerium und die US-Botschaft, die alle unter Schirmherrschaft der ›Integrity Initiative‹ zusammenarbeiten.«[19]

In der Tat: Was eine integre Initiative »zur Verteidigung der Demokratie gegen Desinformation« mit Geheimdienstlern, Militärs und Giftfabrikanten zu schaffen haben soll, erschließt sich erst, wenn wir hinter die Orwell'sche Fassade dieses Titels blicken und »integer« durch »korrupt« ersetzen und als Agenda »Produktion von Desinformation gegen Demokratie« einfügen. So wäre die Arbeit dieser mit vielen Millionen Pfund an britischen Steuergeldern ausgestatteten Propaganda-Agentur korrekt beschrieben, die getarnt als unabhängige und gemeinnützige Einrichtung als Frontorganisation im Informationskrieg agiert und mit ihren Bataillonen von »Journalisten« und »Experten« die Nato-Sicht verbreitet.[20]

Es gibt keinen Beweis, dass das »Institut für Staatskunst« und seine »Integritätsinitiative« über diese Arbeit hinaus aktiv »False-Flag«-Operationen betrieben haben. Wenn aber der dubiose Giftanschlag auf die Skripals tatsächlich eine verdeckte Operation des britischen Geheimdiensts und kein russischer Racheakt war, dann wären mit diesem »Statecraft«-Institut zwar noch nicht die operativen Akteure, aber zumindest ihre Kommunikations-Abteilung entlarvt.

15 Machtansprüche: Unipolare vs. multipolare Welt

»Recht, so wie die Welt heute beschaffen ist, ist nur Sache zwischen an Macht Ebenbürtigen, während die Starken tun, was sie wollen, und die Schwachen ertragen, was sie müssen.« Der »Melier-Dialog« aus dem Werk *Der Peloponnesische Krieg* des griechischen Historikers Thukydides, dem diese Zeilen entstammen, gilt als der abendländische Urtext der Machtpolitik. Er beschreibt die Verhandlungen und Argumente zwischen einer Hegemonialmacht (Athen und sein Attischer Seebund) und einem neutralen Staat (der Insel Melos), der von den Athenern vor die Alternative: »Freiwillige Unterwerfung oder gewaltsame Eroberung« gestellt wird. Eine fortbestehende Neutralität, wie sie Melos verlangt, sei für Athen nicht möglich, denn sie führe angesichts des Großfeinds Sparta zu »ständigem Misstrauen«. Als Melos ablehnt, sich in dem Krieg zwischen Athen und Sparta auf eine Seite zu schlagen und die Schande der Unterwerfung anzunehmen, wird die Stadt belagert und muss sich am Ende ergeben: »Die Athener richteten alle erwachsenen Melier hin, soweit sie in ihre Hand fielen, die Frauen und Kinder verkauften sie in die Sklaverei.«

Dass Thukydides' Abhandlung auch noch 2500 Jahre später Aktualität zukommt, ist der Tatsache geschuldet, dass hier nicht edle Motive und Moral vorgeschoben werden, sondern nüchtern und utilitaristisch über Macht und Machterhalt, über Gewinn und Schaden und über das Recht des Stärkeren argumentiert wird. Nicht zufällig hat sie deshalb Irving Kristol, der »Pate« der

Neokonservativen in den USA, als »den außenpolitischen Lieblingstext« des Neokonservatismus bezeichnet und dafür den philosophischen Lehrern Leo Strauss und Donald Kagan gedankt.[1] Deren Schüler, die an zentralen Stellen in der Regierung von George W. Bush und befreundeten Denkfabriken und Institutionen arbeiteten, haben die geopolitische Doktrin der »Full Spectrum Dominance« formuliert und mit ihrer Umsetzung begonnen – wobei sie die USA selbstverständlich in der Rolle von »Athen« und militärisch schwächere Nationen als »Melos« sahen.

Dabei konnten sie sich aber nicht mehr explizit das »Naturrecht des Stärkeren« – 2500 Jahre nachdem es schon in Griechenland umstritten war – auf die Fahnen schreiben, weil dies anders als das Demokratieverständnis der Athener mit dem heutigen, mit der »Wertegemeinschaft« des Westens, nicht mehr vereinbar ist. Doch es liegt auf der Hand, dass der Anspruch, als einzige Weltmacht über ein globales Imperium zu herrschen, an dessen Rändern ein Sumpf aus permanentem Chaos angelegt ist und dessen Existenz die (ohne Angst vor äußeren Feinden schwer aufrechtzuerhaltende) Stabilität im Inneren garantiert, nur aus einer Position militärischer Überlegenheit erfüllt werden kann. De jure mag in einem solchen Imperium die Deklaration der Menschenrechte obersten Verfassungsrang einnehmen, de facto aber kann es auf die militärische Gewalt nicht verzichten. Auf dem Papier sind vor dem Gesetz alle Menschen gleich und in ihrer Würde ebenso unantastbar wie die Souveränität von Nationen, in der Realität herrscht aber ein doppelter Standard, sobald die sogenannten »Kerninteressen« des Imperiums betroffen sind.

Diese Kerninteressen erstrecken sich nicht nur auf die globalen Reserven und Netzwerke von Rohstoffen und die Kontrolle strategisch wichtiger Regionen, sondern richten sich auch nach innen: auf die systematische Kontrolle und Überwachung der Kommunikation und des Verhaltens der Bevölkerung – sowohl der eigenen als auch der von Verbündeten. Dass die Verfassung solche Massenüberwachungen strikt verbietet, ficht die herrschende Elite des Imperiums nicht an: Sobald das Kerninteresse Sicherheit vorgeschoben werden kann, ist alles erlaubt, zu Hause, und erst Recht bei den Vasallen. »It's the empire, stupid«, hätte Präsident Obama sagen können, als er Bundeskanzlerin Merkel tätschelte, weil sie sich bei ihm wegen des Abhörens ihres Telefons beschwerte. Dass er es nicht tat, war zum einen der Höflichkeit geschuldet, hat zum anderen aber vor allem damit zu tun, dass man den imperialen Machtanspruch und das Streben nach globaler Dominanz nicht an die große Glocke hängt – und lieber von »Partnerschaft« und »Freundschaft« redet, und statt von unverschämtem Verfassungsbruch von »Unstimmigkeiten«.

Die Doktrin der globalen Vorherrschaft der USA ist in Washington nach wie vor unbestritten. Selbst wenn in der aktuellen Fassung der »Doctrine for the Armed Forces«[2] häufig von »multilateralen« Anstrengungen die Rede ist, sind diese stets Mittel zum Zweck. Das ist an der massiven militärischen Expansion seit 1991 nicht nur in Osteuropa, sondern auch in Afrika sowie im Nahen Osten und Zentralasien deutlich ablesbar. Doch in den Medien wird darüber äußerst selten berichtet. Berichtet wird über die Folgen dieser Politik: Über Aufstände, Bürgerkriege und Kriege. Die geostrategischen, machtpolitischen Ursachen und Hintergründe jedoch bleiben in der Regel außen vor. Dass aber das Imperium mit den Feldzügen und »Farbenrevolutionen« in diesem Jahrhundert eine Schneise der Verwüstung hinterlassen hat, die sich von Libyen und Irak über Syrien bis nach Afghanistan und in die Ukraine zieht, dass diese Länder nicht mit Freiheit und Menschenrechten, sondern mit Terror und Bürgerkrieg, nicht mit wirtschaftlichem Aufschwung, sondern mit dem Zusammenbruch staatlicher Ordnung beglückt wurden: Diese verheerende Bilanz scheint es unausweichlich zu machen, die geopolitischen Ursachen und Hintergründe zu benennen und das Konzept der »einzigen Weltmacht« mit »Full Spectrum Dominance« ernsthaft zu hinterfragen.

Ist es eine Strategie der »kreativen Zerstörung«, die diese militärisch destabilisierten, »balkanisierten« Regionen absichtlich dem Chaos überlässt, um nach dem Prinzip von »Teile und herrsche!« möglichst kleine, in gegenseitigem Clinch liegende Nationen zu schaffen, um den Zusammenschluss dieser Nationen und die Herausbildung starker Regionalmächte zu verhindern, zum Beispiel einer arabischen oder einer eurasischen Union? Oder ist der Masterplan, den Dick Cheney, Paul Wolfowitz und Donald Rumsfeld beim Antritt der Regierung Bush aus der Schublade holten und der vorsah, in fünf Jahren sieben Staaten zu destabilisieren und unter Kontrolle zu bringen,[3] nur im Zeitplan verspätet, weil erst Irak und Libyen »erledigt« sind? Ist dieser Plan, der dank dem 11. September unter dem Signum »War on Terror« geführt werden konnte, etwa gescheitert?

Aussagen wie die vom damaligen US-Präsidenten Obama in seiner Rede vor den West-Point-Kadetten, dass nicht alle Probleme mit dem militärischen Hammer gelöst werden können, scheinen eine vorsichtige Einsicht in dieses Scheitern anzudeuten. Und auch sein geopolitischer Berater Zbigniew Brzezinski – selbst wenn er von seinem alten Hobby, Russland zu schaden, nicht lassen konnte und zur Militarisierung des Konflikts in der Ukraine aufrief – war, was die Rolle der USA als einziger Weltmacht betrifft, in seinen letzten Lebensjahren etwas zurückgerudert: »Amerikas Rolle [...] muss in Zukunft angesichts der neuen Realitäten in Eurasien subtiler und verantwortungsbewusster ausgeübt werden. Dominanz durch einen einzigen Staat, egal wie mächtig er ist, ist nicht länger möglich, besonders seit neue regionale Mächte in Erscheinung getreten sind«, heißt es in seinem letzten Werk *Strategic Vision* von 2012.[4] »Wir können nicht länger der globale Polizist sein, denn es wird uns in den Bankrott treiben, innenpolitisch soziale Wut entfachen und international zum Verlust unserer Legitimität führen«, führte er weiter aus, und äußerte die Befürchtung, dass »Amerika die gleiche Art von systematischer Lähmung erleben könnte, mit der die Sowjetunion in den achtziger Jahren konfrontiert war«.

Auch wenn die neuen Einsichten eines führenden außenpolitischen Strategen noch keinen Wandel der Politik bedeuten, könnten sie doch Anlass zur Hoffnung geben, dass die USA zu einer Selbstkorrektur fähig sind: eine Korrektur ihrer größenwahnsinnigen, von den Neokonservativen favorisierten »Full-Spectrum-Dominance«-Politik ebenso wie ihrer multilateralen Unipolarität, in der sie zusammen mit Europa und weiteren Verbündeten den Rest der Welt unter Druck setzen, kleinere »Schurkenstaaten« überfallen und größere Nationen wie Russland oder China die regionale Hegemonie streitig machen. Ebenso zu korrigieren wären die Vorstellungen einer »neuen Weltordnung«, die nach der Entsouveränisierung aller Nationen eine von globalen Eliten geführte »Weltregierung« favorisiert, wie sie in den Konzepten des Council on Foreign Relations oder der Open-Society-Institution des Investors George Soros anklingt.

In einer multipolaren Welt, welche die Ungleichzeitigkeit gesellschaftlicher und kultureller Traditionen und Entwicklungen auf der Erde akzeptiert, muss auch ein westlicher Universalismus auf den Prüfstand, der von der hohen Warte moralischer Überlegenheit die gesamte Welt unter seinen Wertekosmos zu zwingen sucht. Die liberalen westlichen Demokratien und ihre Ideologie haben sich in langen gesellschaftlichen und kulturellen Auseinandersetzungen herausgebildet und taugen nicht eins zu eins als Schablone für Nationen, die andere Entwicklungen vollzogen haben. Die Postmoderne passt als Konzept schlichtweg nicht zu Gesellschaften, die nie eine Moderne erlebten oder deren Moderne eine andere ist. Auch »Nation-Building« mit Bomben aus 30 000 Fuß Höhe und anschließender Verteilung von Broschüren zur »Demokratieförderung« funktioniert ganz offensichtlich nicht.

Auf die Ungleichzeitigkeit gesellschaftlicher und kultureller Entwicklungen – und die Unmöglichkeit einer synchronen globalen Herstellung liberaler Demokratien – beruft sich auch Alexander Dugins Gegenentwurf zu den unipolaren Konzepten einer einzigen amerikanischen Weltmacht. Dugin ist Kopf der Eurasischen Bewegung in Russland und war Soziologieprofessor an der Moskauer Lomonossow-Universität. Entwickelt wurde die Idee von Eurasien in den zwanziger Jahren von russischen Exilanten in Prag, Berlin und Paris, und ihren Gründungstext *Nasledie Chingis Khana* (*»Die Erbschaft Dschingis Khans«*) verfasste der Linguist, Ethnologe und Begründer der strukturalistischen Phonologie Nikolai Sergejewitsch Trubetzkoy.

Trubetzkoy stellte die traditionelle russische Geschichtsschreibung in gewisser Weise auf den Kopf: Statt eine Kontinuität von der Goldenen Zeit der Kiewer Rus über das Moskowiter Reich bis zum Zarismus und zum Sowjetstaat zu zeigen, verweist er auf die unbewusste Tendenz, »die zerbrochene Einheit des Dschingis-Khan-Staates wieder herzustellen«. Das Imperium des mongolischen Khans reichte im 13. Jahrhundert von Nordchina bis zur Donau. Hier beginnt für Trubetzkoy und seinen Linguistenkollegen Roman Jacobson die Geschichte des russischen Staats, dessen Verbundenheit mit Asien sie aus der Ethnogenese von slawischen, tartarischen und Turkvölkern des Mongolenreichs herleiten: eines Staats, der in ein »natürliches Milieu« eingebettet ist, das im Süden mit den Gebirgen vom Hindukusch bis zu den Karpaten und im Norden mit der Tundra den eigentlichen Raum umschließt, die Steppe. Dass die Hinwendung nach Byzanz und zum Christentum die mongolische Staatsidee russifizierte und zu einem religiös aufgeladenen Zarismus führte, ist für Trubetzkoy eine »religiöse Transformierung von Geist und Ideen Dschingis Khans«. Und der Niedergang des Goldenen Zeitalters Russlands ist ein Ergebnis des Sündenfalls, die nomadischen Prinzipien der Herrschaft Dschingis Khans aufgegeben zu haben. Das führte bei Trubetzkoy, wie Peter Berz in »Nomadische Geopolitik« schreibt, zu »vergleichsweise schlichten Frontbegradigungen«:

»Gegen den universalen Geltungsanspruch der ›romano-germanischen Kultur‹ kann nur ein Bollwerk stehen: Russland-Eurasien. Seine stärkste

Waffe ist ›Asiens nationales Erwachen‹ und das ›Abwerfen des Jochs der europäischen Zivilisation‹. Denn sie ist der ›prinzipielle, fundamentale Feind des historischen Russland‹. Das heißt vor allem, einen antikapitalistischen Kampf führen. Nicht durch Verbünden mit dem europäischen Proletariat, sondern durch ›die komplette Zerstörung des internationalen Kapitals und Unterbrechung seiner ausbeuterischen Kontrolle über die unzivilisierten Länder‹.«[5]

Die Hoffnungen auf einen möglichen Sieg in diesem Kulturkampf mögen in den frühen zwanziger Jahren noch auf der gerade entstandenen, revolutionären Sowjetunion gelegen haben. Mit dem Verblassen der Revolutionsideale ging jedoch auch die eurasische Idee wieder unter und wurde von Stalin und seinen Nachfolgern dezidiert unterdrückt. Die Schriften von Lew Gumiljow, der das Thema in den fünfziger Jahren wiederentdeckte, konnten bis 1991 nicht erscheinen. Heute trägt nicht nur die Eurasische Universität in der kasachischen Hauptstadt Astana seinen Namen, mit den Schriften und Aktivitäten von Alexander Dugin hat die eurasische Ideologie neuen Auftrieb und Einfluss gewonnen. Wie Trubetzkoy will Dugin ein Bollwerk gegen die Anmaßung des westlichen Universalismus errichten, dessen Parolen von Freiheit und Menschenrechten nur ein Vorwand für Kolonialismus, Sklaverei und Rassismus seien. Mit Carl Schmitt, dem ebenso berüchtigten wie schillernden Staatsrechtler des Dritten Reichs, plädiert er für ein transkontinentales »Pluriversum« von Traditionen (Hierarchien, Religionen, Familie) – eine konservative Revolution, die sich gegen die Zwangsmodernisierung des Westens zur Wehr setzt und sich die Freiheit nimmt, »Nein« zum Liberalismus zu sagen. Denn dieser, so heißt es in Dugins neuestem Werk *Die Vierte Politische Theorie*,[6] droht »den politischen Diskurs zu monopolisieren« und »die Welt mit einer universalistischen Gleichheit zu überschwemmen und alles zu vernichten, was die verschiedenen Kulturen und Völker einzigartig macht«.

Wie schon damals Trubetzkoy hat auch Dugin Mackinder und dessen geopolitische Forderung nach Kontrolle des »Heartlands« studiert, die ihre Aktualität mit der westlichen Expansion in den letzten beiden Jahrzehnten unter Beweis gestellt hat. Dugins Neo-Eurasismus, die Forderung eines radikalen und rigorosen Widerstands gegen die militärische, ideologische und kulturelle Vereinnahmung durch den Westen, die Beschwörung eines polyzentrischen Eurasiens der Traditionen, Religionen und Kulturen, zusammengehalten durch einen starken Staat, diese zutiefst konservative, traditionalistische, nationalistische Theorie kann durchaus als Reflex auf die expansionistischen, universalistischen Alleinvertretungsansprüche des amerikanischen Globalismus gesehen werden – ein Reflex, der schon bei Trubetzkoy und den frühen Eurasiern »auf eine persönliche Erfahrung: die Ablehnung Europas« zurückging, wie die Historikerin Marlene Laruelle schreibt.[7] Wenn man die Ablehnung betrachtet, welche die russischen Andockversuche an den Westen in den letzten Jahren erfahren haben – gleich ob sie von Gorbatschow, Jelzin, Medwedew oder Putin kamen –, ist das Aufblühen von rechtskonservativen, nationalistischen Ideologien und die Hinwendung zu den östlichen Nachbarn in Asien keine Überraschung.

Die Titel von Dugins Werken – *Die absolute Heimat*, *Wege des Absoluten*, *Mysterien Eurasiens* oder *Die russische Sache* – deuten an, dass der Chefideologe der Eurasier ähnlich wie einer der Chefideologen der Transatlantiker, Samuel Huntington, einen Kampf der Zivilisationen prognostiziert. Dabei obliegt es bei Dugin Russland beziehungsweise dem eurasischen Vielvölkerstaat unter Führung Russlands, die Kultur des Abendlands zu retten – notfalls, wie er unlängst bei einer Tagung im Palais des Fürsten Liechtenstein kundtat, auch in der Staatsform einer absoluten Monarchie. An der streng abgeschirmten Konferenz, finanziert von dem russischen Telekom-Oligarchen Malofejew, hatten sich europäische Monarchisten, Rechtspopulisten, christliche Fundamentalisten und Unternehmer versammelt, um dem zweihundertjährigen Jubiläum der Heiligen Allianz zu gedenken – dem Sieg der Monarchien Russlands, Österreichs und Preußens über Napoleon und dessen demokratische Reformen.[8]

Derlei rückwärtsgewandter Absolutismus und Träume von einem eurasischen Großrussland der Zukunft taugen selbstverständlich nicht als Alternative zu den liberalen Demokratien des Westens und müssen eher als ideologisches Rückzugsgefecht gelten: als reaktionäre Reaktion auf den scheinbar unaufhaltsamen Kreuzzug des als »Antichrist« empfundenen Liberalismus. Wie freilich ein von Dugin visioniertes »Pluriversum« autokratischer, ihren jeweiligen Religionen und Traditionen verpflichteter Nationen konkret aussehen könnte, lässt der raunende Chefdenker der Eurasier genauso im Nebulösen wie sein Vordenker Carl Schmitt im *Nomos der Erde*. Dass freilich Schmitts berühmtes Diktum gegen den Universalismus der Menschenrechte (»Wer Menschheit sagt, will betrügen!«) permanent Bestätigung findet, weil die unter diesem Banner geführten Kriege nicht humanitären, sondern machtpolitischen Interessen dienen – ein Betrug des Westens und ein Verrat der eigenen Idealen –, liefert Dünger für das Wuchern von Sehnsüchten, die lieber zu einer absoluten Monarchie, einem »guten« König oder Zaren oder Oligarchen zurückkehren möchten als unter die Herrschaft eines anonymen, globalen Welt-, Finanz- und Kultursystems.

Dass das System Putin in Russland diese Ängste bedient und die Karte »Nation, Tradition und Heimat« spielt, bedeutet nicht, dass die großrussischen Ideen eines Alexander Dugins über seine Auftritte und Talkshows hinaus zur Doktrin der Regierung und des Militärapparats geworden wären. Auch die westeuropäischen Rechtspopulisten und Nationalisten, die Putins patriotische Politik begrüßen, täuschen sich, wenn sie damit eine gemeinsame Front mit ihrem in der Regel rassisch und ethnisch geprägten Nationalismus zu eröffnen suchen: Der Nationalismus Russlands war schon immer ein multiethnischer. So sehr auch den westlichen Medien derzeit daran gelegen ist, den rechtskonservativen Soziologen Dugin als »Putins Gehirn« und in Anlehnung an den okkulten Einflüsterer des Zaren zum »Rasputin mit Internet« zu stilisieren, ist ein solcher Einfluss faktisch nicht belegbar – die beiden sind sich laut Dugin noch nie persönlich begegnet –, dient aber als passgenaue Verschwörungstheorie für die geheimen Großmachtpläne des gefräßigen russischen Bären und seines Reiters Wladimir Putin. Dieser ist zwar, wie der Autor Wladimir Kaminer 2014 aus dem Moskauer Kaufhaus Gum berichtet, als T-Shirt-Ikone auf einem Bären (»Lass uns reiten!«) durchaus ein Bestseller – doch nicht, weil er fundamentalistischen Utopien anhängt, sondern weil er in Sachen Eurasien Realpolitik macht.

Die Gründung der eurasischen Zollunion mit Weißrussland und Kasachstan, zu der weitere Staaten hinzukommen werden, ein Pipeline-Deal mit China über 400 Milliarden Euro sowie die Ankündigung einer russischen Öl- und Erdgasbörse, an der nicht in US-Dollar, sondern in Landeswährung bezahlt werden kann: Diese allein im Mai 2014 vollzogenen Schritte deuten an, wohin die Reise Russlands geht. Und sie zeigen, wovor der Westen wirklich Angst haben sollte: nicht vor einer militärischen Aggression, die schon historisch (Napoleon 1812, Kaiser Wilhelm 1914 und Hitler 1941) immer in umgekehrter Richtung lief, nicht vor einem kulturellen Imperialismus, der mit Traditions- und Heimatprodukten gegen Youtube, Porno und Co. ohnehin keine Chance hat, sondern vor dem ökonomischen Desaster als rohstoffarmes, energiehungriges Westeuropa von Ressourcen abgeschnitten zu sein.

Wer im Zuge der Ukraine-Krise von der Notwendigkeit spricht, die »Abhängigkeit von russischem Erdgas« zu reduzieren, wie es in sämtlichen Parteien und Medien derzeit Usus ist, kann sich schon von einem Blick auf die Landkarte und die Ressourcenvorräte dieser Welt belehren lassen, dass er Unfug redet: Deutschland ist definitiv auf Energieimporte angewiesen. Und wer die naheliegenden und riesigen Vorräte, die Russland seit Jahrzehnten zuverlässig liefert, nicht mehr nutzen will, muss begründen, warum eine Abhängigkeit von Katar oder Saudi-Arabien besser ist, oder warum es richtig ist, Erdgas mit fragwürdigen Fracking-Methoden in den USA zu gewinnen und teuer nach Hamburg zu schippern. Die Begründung dürfte schwerfallen – 2014 hatte der stets auf Konfrontation mit Russland gebürstete damalige Nato-Sprecher Rasmussen die groteske Verschwörungstheorie aufgestellt, dass Greenpeace und andere Kritiker des Frackings von Moskau gesteuert würden – [9] denn es ergibt weder ökonomisch noch ökologisch irgendeinen Sinn, es nützt weder Deutschland noch Europa, sondern fügt allen vielmehr Schaden zu – während China und Indien, die andere Hälfte der Welt, sich die Hände reiben können: Sie werden in Zukunft Zugriff auf die Bodenschätze des größten Flächenlands der Erde haben.

Und warum? Weil sich Deutschland und Europa dem amerikanischen Masterplan einer unipolaren Welt verschrieben haben und mit der Europäischen Union gleichsam als zivilem Arm die militärische Einkreisung und Einschüchterung der Staaten betreiben, die sich diesem Masterplan widersetzen. Oder gibt es andere Gründe, warum die USA so drängend und fordernd die Aufnahme der osteuropäischen Länder in die EU betrieben, warum die Nato nach Ende des Warschauer Pakts so dringend nach Osten vorrücken musste und warum alle Annäherungsversuche Russlands mit der Perspektive einer gemeinsamen europäischen Sicherheitsarchitektur abgeblockt wurden? Nein, es geht Amerika um nichts anderes als um die Kontrolle des Rohstoffriesen Russland. Wenn dies auf Kosten einer Schwächung der EU geschieht: Umso besser, denn auch ein starkes und einiges Europa ist aus Sicht des Imperiums eine potenzielle Gefahr. Es könnte eigene Wege gehen, womöglich enger an Russland heranrücken und an die Shanghaier Organisation für Zusammenarbeit (SCO), der China, Russland, Usbekistan, Kasachstan, Kirgisistan und Tadschikistan angehören, nicht mit Nato-Panzern und Raketen, sondern mit Handel und Wandel, nicht mit Krieg, sondern mit Frieden. Ein solches Zusammenwachsen von Lissabon bis Wladiwostok zu verhindern, stand schon für das britische Weltreich ganz oben auf der Tagesordnung – und dort steht es für das amerikanische Imperium bis heute.

Eine blockfreie, neutrale Ukraine, die ihre verschiedenen Regionen unter einem föderalen Dach von Bundesstaaten vereinigt und sich als Brücke zwischen West und Ost, EU und Russland, Atlantik und Eurasien versteht, wäre nicht nur für das Land selbst, sondern für sämtliche »Nachbarn« von Lissabon bis Wladiwostok die ideale Entwicklung. Warum wird eine solche Entwicklung aber nicht nur nicht gefordert, sondern seitens der EU massiv hintertrieben? Warum wird das ohnehin uneinige Land endgültig gespalten mit dem Angebot: »Entweder Assoziation mit uns oder Zollunion mit Russland«? Warum muss die Ukraine statt zu einem Brückenstaat zu einem Frontstaat gemacht werden? Die Antwort hat Athen den Meliern vor 2500 Jahren gegeben: Neutralität führt zu »ständigem Misstrauen« und kann von einer Macht, die Alleinherrschaft beansprucht, nicht geduldet werden.

16 Wer sind die Guten?

Im Bürgerkrieg in der Ukraine geht es nicht um Demokratie und Menschenrechte, sondern um die Macht im »Großen Spiel«: um Ressourcen und Kontrolle des Planeten. Russland und Iran, die zusammen über die Hälfte aller Öl- und Gasreserven der Welt verfügen, stehen der einzigen Supermacht nicht wegen ihrer religiös-fundamentalistischen oder autokratischen Ausrichtung im Wege, sondern weil sie die Profite aus ihren Bodenschätzen selbst einstreichen und transnationale Konzerne weitgehend außen vor halten. Das wäre eigentlich ein ganz normaler Vorgang, der keinem Land zu verübeln ist, es sei denn, ein Imperium beansprucht, einzige Weltmacht zu sein: Dann stehen solche Länder, zumal wenn sie so groß und reich sind, diesem Geschäftsziel im Wege.

Weil eine klare Benennung solcher Geschäftsziele öffentlich schlecht ankommt, versucht man, diese zu umschreiben. Als die Briten ihr Weltreich in Asien aufbauten, operierten sie zu diesem Zweck mit dem Begriff »Freihandel«. Nicht mit Silber wollten sie in China die begehrten Produkte wie Tee, Seide und Porzellan bezahlen, sondern mit dem von ihren neuen Sklaven in Indien massenhaft angebauten Opium. Als der chinesische Kaiser ein Importverbot verhängte, fuhren die Briten mit Kanonenbooten vor, um in zwei Opiumkriegen 1839 und 1856 den »Freihandel« zu erzwingen – mit dem bei 10 Millionen opiumabhängigen Chinesen damals umsatzstärksten Produkt des Weltmarkts. Der Londoner Korrespondent des *New York Herald Tribune* Karl Marx hatte die negativen Folgen dieser Politik schon 1858 vorhergesagt, »falls England nicht durch den Druck der gesamten zivilisierten Welt gezwungen wird, den Zwangsanbau von Opium in Indien und dessen gewaltsame Verbreitung in China einzustellen«. Warum dies dann noch fast 50 Jahre dauern sollte, bringt eine wissenschaftliche Studie über den Stoff, auf dem das Reich der damals einzigen Weltmacht aufgebaut war, auf den Punkt: »Ohne Opium, kein Empire!«[1]

Wenn wir nun 150 Jahre nach vorn spulen – Willkommen in Afghanistan! –, sehen wir dort die größte Opium- und Heroinproduktion aller Zeiten wachsen und gedeihen, unter Aufsicht des US-Imperiums und der tapferen deutschen Bundeswehr, die unsere »Freiheit« verteidigt, indem sie am Hindukusch Opiumfelder bewacht. Dem »Freihandel« sind deren lukrative Produkte durch internationale Gesetze mittlerweile zwar entzogen, doch das macht sie nur noch profitabler, denn wo das Imperium militärisch eingreift, werden diese Gesetze unter der Hand außer Kraft gesetzt. Drogengeschäfte finanzierten so nicht nur Kriege im Goldenen Dreieck zwischen Laos, Kambodscha und Vietnam in den Sechzigern und in den mittelamerikanischen Ländern wie Nicaragua (»Iran-Contra-Affäre«).[2] Nach der »Befreiung« des Kosovos Ende der neunziger Jahre entstand dort neben dem riesigen US-Stützpunkt Camp Bondsteel auch der größte Umschlagplatz für Heroin in Europa.[3] Und in Afghanistan, wo die Taliban-Regierung die Opiumproduktion 2001 fast auf null heruntergebracht hatte, explodierte sie nach dem Einmarsch der USA geradezu: Auf über 9 000 Tonnen im Jahr 2017.[4]

Auch wenn die Kriege in Jugoslawien unter dem Banner »humanitärer Interventionen« und in Afghanistan als »Krieg gegen den Terror« geführt wurden, unterscheiden sie sich in dieser Beziehung nicht von den kolonialen Feldzügen der Briten im 19. Jahrhundert: Damals wie heute geht es um weltpolitische Macht und Geschäfte, und damals wie heute werden Völkerrecht, nationale Souveränität und Gesetze außer Kraft gesetzt, wenn die globale Supermacht die »Sicherheit« – nicht ihrer Landesgrenzen, sondern ihres Status und ihrer Einnahmequellen – bedroht sieht. Und noch immer gilt, wie schon bei der antiken Supermacht Athen, das Diktum: »Mit uns oder mit den Terroristen.« Ein Drittes, Neutralität, ist nicht erwünscht, denn es führt zu »ständigem Misstrauen«.

Bei einem Individuum, das von ständigem Misstrauen erfüllt ist und in seinem Orbit nichts dulden kann, was nicht unter seiner Kontrolle steht, würde man wohl eine »wahnhaft paranoide Persönlichkeitsstörung« diagnostizieren. Bei einer ebenso misstrauischen Nation, die globale Kontrolle auf allen Ebenen anstrebt – »Full Spectrum Dominance« –, könnte man insofern von einer »größenwahnhaft paranoiden Störung« sprechen. Im politischen Diskurs wird ein solches Verhalten aber nicht als pathologisch, sondern eher als konsequente Umsetzung einer an Hobbes und Machiavelli orientierten Machtpolitik bezeichnet: einer Politik, die Böses (Gewalt und Krieg) tut, um Gutes (Ordnung und Gerechtigkeit) zu erreichen, die Ethik und Moral im Ausnahmezustand außer Kraft setzt, um sie im Normalzustand zu bewahren.

So weit die ordnungspolitische Theorie. In der Praxis aber ist für die Vereinigten Staaten seit den Anschlägen vom 11. September der Ausnahmezustand zum Dauerzustand, der Bruch rechtsstaatlicher Normen zur Norm geworden: Entführungen, Folter, illegale Gefängnisse, flächendeckende Kommunikationsüberwachung, ferngesteuerte Drohnenmorde und militärische Interventionen sind nicht mehr die Ausnahme – der monströse Leviathan, der im Notfall Staatlichkeit und Recht mit Gewalt wieder herstellt –, sondern die Regel. Dass der »Weltpolizist« so im Zuge seines »Kriegs gegen den Terror« selbst zum größten internationalen Terroristen geworden ist, dieser Vorwurf ist keinem dumpfen Antiamerikanismus geschuldet, sondern schlicht den Tatsachen. Diese Verwilderung der internationalen Sitten begann damit, dass der Weltpolizist USA sich zusammen mit seinen europäischen Hilfssheriffs durch Instrumentalisierung des Menschenrechts über das Völkerrecht hinwegsetzte, den Kosovo aus dem serbischen Staatsverbund »befreite« und damit ein Gewaltmonopol reklamierte, das nach Gusto die Souveränität und territoriale Integrität von Nationen verletzen darf – sei es »präventiv«, um angebliche Massenvernichtungswaffen oder Terroristen zu beseitigen, sei es »humanitär« zur Eliminierung bestimmter, aber bei Weitem nicht aller, Diktatoren, sei es im Namen farbenfroher »Demokratieförderung« zur Destabilisierung unkooperativer Regierungen. Dieser Modus Operandi der USA und ihrer Vasallen hat einen Status quo der »Weltinnenpolitik« geschaffen, angesichts dessen der Anschluss der Krim an Russland geradezu als vorbildlich bezeichnet werden kann, weil er gewaltlos und unblutig vor sich ging. Die Operationen des US-Imperiums hingegen haben nicht nur ganze Regionen »entstaatlicht«, in denen fanatische Milizen, marodierende Mafiabanden und martialische Warlords das Regiment führen, sondern auch Berge von Leichen und Millionen von Vertriebenen und Traumatisierten hinterlassen.

Ein Ende ist nicht abzusehen. Der von ständigem Misstrauen erfüllte amerikanische Patient sieht sich zur Fortsetzung dieser Politik weiterhin nicht nur im Recht, sondern sogar in der Pflicht. Das wirft die Frage auf, ob ein solches Verhalten noch als hobbesistische, machiavellistische Ordnungspolitik gelten kann oder als gewalttätiger paranoider Größenwahn schon pathologische Formen angenommen hat. Wenn ein Welt- und Menschenbild, das zwanghaft alles und jeden unter seine Kontrolle zu bringen versucht, eher dem Reich des Wahnsinns als der Vernunft zuzuordnen ist, wäre dann nicht auch eine Politik, die einen derart paranoischen Kontrollwahn mit Gewalt durchsetzt, wahnsinnig? Und wenn dem so ist: Wie geht man dann mit diesem kontroll- und schießwütigen Verrückten um? Wie macht man ihm klar, dass sein Tun verrückt ist? Wie kann man seine gestörte Persönlichkeit, die sich für einzigartig und unverzichtbar hält, zumindest so weit entstören, dass sie ihrem Umfeld, welches in diesem Fall von globalem Ausmaß ist, nicht mehr mit aus ständigem Misstrauen resultierender Gewalt begegnet?

Der erste Schritt müsste wohl sein, einem solchen Akteur die Gefolgschaft zu verweigern und ihm sanft und freundlich – anders geht man mit Patienten nicht um – zu verdeutlichen, dass seine ausschließliche Wahrnehmung der Welt als »Krieg aller gegen alle« nur die Hälfte der Wirklichkeit abbildet, während die andere Hälfte Kooperation und Koexistenz heißt. Man müsste ihm erklären, dass Marktwirtschaft und Demokratie zwar historisch in derselben Epoche entstanden, aber nicht dasselbe sind, dass die Öffnung einer Nation für den Markt nicht automatisch zur Demokratie führt, schon gar nicht, wenn diese Öffnung mit Gewalt herbeigeführt wird. Kurz: Dass sein Rezept des »Nation-Buildings« scheitern muss, weil demokratische Verhältnisse von unten nach oben wachsen müssen und kein Exportartikel sind, den man mit ein bisschen PR und Marketing global etablieren kann.

»Könnte es sein«, würde der einfühlsame Seelenarzt den auf der Couch liegenden Uncle Sam dann vielleicht fragen, »dass Ihr ständiges Misstrauen daher rührt, dass Sie sich unterbewusst, im Geheimen, diese Monster selbst erschaffen? Dass irgendeine Instanz in Ihrem Inneren dauernd Feinde aufbauen muss, um eine Rechtfertigung für Ihr expansives, gewalttätiges Verhalten zu haben? Könnte es sein, dass dieser Komplex etwas mit dem militärisch-industriellen Komplex zu tun hat, vor dessen ›unbefugtem Einfluss‹ auf die Regierung schon Präsident Eisenhower gewarnt hat?« Ein halbes Jahrhundert später müssen wir feststellen, dass diese Warnung vergeblich war:

»Die Macht und der Einfluss des militärisch-industriellen Komplexes bei der Förderung einer Serie von Kriegen hat sich in außergewöhnlichen Profitraten niedergeschlagen. Einer neuen Studie von Morgan Stanley zufolge sind die Aktien der größten US-Waffenhersteller in den vergangenen 50 Jahren um 27 699 Prozent gestiegen, verglichen mit 6 777 Prozent Wachstum des allgemeinen Markts. Allein in den letzten drei Jahren haben Raytheon 124 Prozent, Northrop Grumman 114 Prozent und Lockheed Martin 149 Prozent für ihre Investoren eingebracht.«[5]

Ende Juni 2014 hatte Präsident Obama weitere 500 Millionen Dollar für die »moderaten Rebellen« in Syrien bereit gestellt, während ihre nunmehr nicht mehr moderat genannten, unter der Hand aber akzeptierten Kollegen der islamistischen Terrorgruppe ISIS derweil an der Dreiteilung des Irak arbeiteten.[6]

Auch diese »heiligen Krieger« sind Geschöpfe der amerikanischen CIA und des britischen MI6, finanziert von den Feudalregimen Saudi-Arabiens und Katars, deren Pipelines zum Mittelmeer Präsident Assad im Wege stehen. Aus diesem Grund müssen wir diesen – obwohl mit großer Mehrheit wiedergewählt und mit seinem Clan seit Jahrzehnten an der Macht – in den Medien als Monster aufblasen, denn nur so wird überhaupt vermittelbar, dass wir, der Westen, dort für Menschenrechte und Demokratie kämpfen, und uns dazu mit absolutistischen Monarchen und fanatischen Terrorgruppen verbünden – so wie wir, der Westen, nicht davor zurückschrecken, uns in der Ukraine mit faschistischen Milizen zu vereinen und mit Gewalt einen Putsch durchzudrücken, der zu einem Bürgerkrieg geführt hat.

Sind wir noch die Guten, wenn wir uns für Freiheit, Zivilgesellschaft, Menschenrechte, Homosexuelle oder Klimaschutz einsetzen, aber auf solche Mittel (Terror, Bürgerkrieg und Drogenhandel) und solche Verbündeten (Islamisten, Faschisten und Mafia) zurückgreifen? Oder sind wir nicht längst schon die Dummen, die es zugelassen haben, dass diese ehrenwerten Ziele vor einen ganz anderen Karren gespannt werden – von einem imperialen Moloch, dem es um nichts anderes geht, als seine Macht bis in den letzten Winkel der Erde zu verbreiten? Ein Imperium, das uns seinen permanenten Krieg als Friedenspolitik verkauft, seinen Überwachungsstaat als Freiheit, seinen von Plutokraten dominierten Kongress als Volksvertretung, sein »Ein-Parteien-System mit zwei rechten Flügeln« (Gore Vidal) als Demokratie und sein von Räuberbankiers beherrschtes Finanzsystem als alternativlos?

Wäre es nicht an der Zeit, unter Freunden jetzt endlich »Nein!« zu sagen zu einer Politik, die dieses System mit Gewalt der gesamten Welt aufzwingen will und für ihr Ziel der »Full Spectrum Dominance« auch nicht davor zurückschreckt, den Krieg wieder nach Europa zu tragen? Wäre es nicht an der Zeit, die seit 100 Jahren betriebene angloamerikanische Geopolitik, die ein Zusammenwachsen des europäisch-asiatischen »Heartlands« unter allen Umständen verhindern will, auf den Prüfstand zu stellen? Müsste »Old Europe«, wie Donald Rumsfeld die Kernstaaten der EU verächtlich nannte, weil sie bei dem imperialen Feldzug gegen Irak nicht so willig mittaten wie gefordert, müssten Deutschland und seine direkten Nachbarn bei einer solchen Prüfung nicht feststellen, dass diese angloamerikanische Politik ihren eigenen Kerninteressen als europäische Nationen zuwiderläuft? Müssten sie nicht ein vitales Interesse an Handel, Wandel und friedlicher Koexistenz mit ihren kontinentalen Nachbarn in Russland und China haben? Wären nicht langfristige Abkommen über Rohstoffe aus Russland und Hochgeschwindigkeitszüge von China nach Duisburg für die Zukunft viel wichtiger als geheime TTIP-Verhandlungen über transatlantischen Junkfood-Handel?

In wessen Interesse lag es, die schon begonnene South-Stream-Pipeline, die Bulgarien, Ungarn, Österreich, Slowenien und Italien mit russischem Erdgas versorgen soll, nicht zu Ende zu bauen? Im Interesse der Energieversorgung Europas sicher nicht, sondern im Interesse der angloamerikanischen Konzerne und des Pentagons, das die Konfrontation und Isolierung Russlands anstrebt. Auch die Idee, dass die Ukraine sich unbedingt mit der EU assoziieren und für Nato-Truppen öffnen muss, ist nicht in Paris oder Berlin entstanden. Ebenso wenig hat die aus Washington betriebene und geförderte rasend schnelle Erweiterung der EU zu einem starken und einigen Europa beigetragen, sondern ganz im Sinne der »einzigen Supermacht« zu einem verwässerten und streitenden Konglomerat, dessen nicht vorhandene Außenpolitik weniger eigenen Interessen, sondern denen des Imperiums folgt.

Wir wissen nicht, inwieweit die Kommissare in Brüssel und die Regierenden in Paris, Berlin oder Rom diese Strukturen durchschauen und wissentlich eine Politik betreiben, die nicht dem Wohl ihrer Bevölkerung, sondern den Weltmachtplänen der USA dient, oder ob sie als Vasallen kaum noch anders können, als den Vorgaben des Imperiums machtlos zu folgen. Wir jedenfalls glauben nach unseren bisherigen Erkundungen des »Großen Spiels« und der Rollen der USA und Russlands, dass es falsch ist, diesen Konfrontationskurs weiter zu fahren. Wir glauben auch, dass es falsch ist, die Ukraine mit Gewalt zum Frontstaat dieser Konfrontation zu machen und dass dieser Konflikt weder im europäischen noch im russischen Interesse liegt – und sicher auch nicht im Interesse der Ukraine. Die nämlich könnte als blockfreier Brückenstaat sowohl mit der EU als auch mit Russland verbunden sein und ihre multiethnische und mehrsprachige Zerrissenheit als Chance begreifen: nicht zur endgültigen Spaltung, sondern zur Geburt einer neuen Nation, die aus Hitler *und* Stalin gelernt hat und ihre Mythen nicht aus Hass auf Russen oder Faschisten schöpft, sondern aus der Vision eines neutralen Brückenstaats des zusammenwachsenden Kontinents Eurasien.

Wir denken, dass »Old Europe« und Deutschland ihre Politik in dieser Perspektive gemäß ureigenem Interesse ausrichten müssen – nicht nur, um ihre nahe Zukunft mit unverzichtbaren Rohstoffen zu sichern, sondern um sich auch mittel- und langfristig nicht von dem entscheidenden Pol der neuen multipolaren Welt abzuschneiden. Denn dass dieser Pol schon vorhanden ist, dass er mit den BRICS-Staaten (Brasilien, Russland, China,

Indien und Südafrika) mehr als die halbe Weltbevölkerung umfasst, dass er mit dem russisch-chinesischen Ausstieg aus dem Petro-Dollar die US-Finanzhoheit auf den globalen Energiemärkten verabschiedet hat, dass er mit der New Development Bank (NDB) eine Alternative zum Internationalen Währungsfonds (IWF) gegründet hat und mit der Shanghai Cooperation Organisation (SCO) ein Gegengewicht zur Nato: All dies zeigt, dass die Geburt eines neuen eurasischen Jahrhunderts keine geopolitischen Papierträume von Schreibtischstrategen sind, sondern eine sehr konkrete Realität, die man mit dem Korrespondenten der *Asian Times* Pepe Escobar durchaus als »tektonische Plattenverschiebung der Geopolitik« bezeichnen kann.[7] Eine Dynamik, die nicht aufzuhalten sein wird – nicht einmal mit einem thermonuklearen Erstschlag, den einige wahnsinnige Pentagon-Strategen als Möglichkeit ins Auge fassen, wenn Russland mit Raketenabwehrstationen umstellt wäre und nicht mehr zurückschlagen könnte.[8] Die Frage, ob wir, der Westen also, die Guten sind, stellt sich angesichts derart apokalyptischer Strategien definitiv nicht mehr.

Die Frage aber, ob wir nicht die Dummen sind, wenn wir auf diese tektonische Verschiebung der Weltpolitik nicht reagieren, stellt sich sehr aktuell – und damit eine Entscheidung, ob eine einseitig auf die angloamerikanische Geostrategie ausgerichtete deutsche und europäische Politik noch zukunftsfähig ist. Eine unipolare Welt, wie sie die transatlantischen Eliten durchsetzen wollen, wird es auf diesem Planeten definitiv nicht geben, wie die dynamische Entwicklung von eurasischen Allianzen und Chinas Aufstieg zur globalen Wirtschaftsmacht Nummer 1 überdeutlich zeigt. Auch wenn die Hagiographen des Imperiums in Washington und der City of London – dem »Vatikanstaat« und der Festung der internationalen Räuberbankiers[9] – weiter das Gegenteil behaupten und die US-Hegemonie auf ewiglich und immerdar beschwören, sprechen die Fakten eine andere Sprache. Dass künftig mehr als die halbe Welt ihre Energielieferung statt in Petro-Dollar in Gas-Yuan bezahlen kann und die BRICS-Staaten schon ihre eigenen Ratingagenturen gründen, um von den Manipulateuren in Wall Street unabhängig zu werden, dass also Eurasien nicht nur in Sachen Rohstoffe, sondern auch bei den Finanzen Nägel mit Köpfen macht, lässt sich mit dem militärischen Hammer nicht mehr verhindern. Was daraus für »Old Europe« und seinen »Motor« Deutschland folgt, sollte auf der Hand liegen: nicht Konfrontation, sondern Kooperation mit den kontinentalen Nachbarn, nicht mehr Unterstützung, sondern mehr Distanz zu den transatlantischen Weltmachtplänen. Ganz konkret: keine Unterstützung eines Kriegs um das »wehrwirtschaftlich wichtige Donezbecken«, auf das es schon Hitler abgesehen hatte.

Dazu müssten die Karten klar und öffentlich auf den Tisch: Die machtpolitischen, geostrategischen Interessen Amerikas auf der einen und die Russlands auf der anderen Seite. Das unerträgliche Gefasel der Großmedien von westlicher Wertegemeinschaft hier und (pro)russischen Aggressoren da, von wunderbaren Demokraten und Menschenrechtsfreunden hüben und finsteren Autokraten und Brutalos drüben muss aufhören. Die deutsche Politik muss sich daran erinnern, dass wir nicht nur in Treue fest in einer »Schicksalsgemeinschaft« mit den Amerikanern stehen, wie die Bundeskanzlerin immer wieder bekräftigt, sondern auch in einer geografischen Gemeinschaft mit den Russen, denen gerade die Deutschen noch etwas schuldig sind – nicht nur, weil sie den höchsten Blutzoll opferten, um Deutschland vom Faschismus zu befreien, sondern auch, weil sie die deutsche Wiedervereinigung ermöglichten und ihre Armeen aus der DDR und Osteuropa zurückzogen.

Journalisten, die ihren Job ernst nehmen und nicht zu »Pre$$titutes« verkommen wollen, müssen sich daran erinnern, dass sie nicht Propaganda und Parteilichkeit, sondern Objektivität und Wahrheit verpflichtet sind – und der Öffentlichkeit die machtpolitische Lage auf dem Schachbrett der Geopolitik, die ökonomischen Hintergründe und die Schattenkrieger offenlegen und verdeutlichen. Nur umfassend informiert kann der Souverän, wir, das Volk, wirklich entscheiden, welche Politik gemacht wird und wie sich Deutschland zwischen Transatlantik und Eurasien positioniert – und vor allem darüber, wann und wo es notwendig ist, militärische Verantwortung zu übernehmen. Deshalb muss der Parlamentsvorbehalt über Einsätze der Bundeswehr, dessen Abschaffung einige CDU-Politiker fordern, unbedingt erhalten bleiben, weil ansonsten die Nato (de facto die USA) und der Kommandeur der Bundeswehr alleine über Kampfeinsätze entscheiden.

Das scheint auch im Sinne der Partei Die Grünen zu sein, die einst zwar aus der Friedensbewegung hervorging, mit Joschka Fischers »Ja« zum Angriffskrieg auf Jugoslawien aber ins Olivgrüne mutierte und seitdem außenpolitisch stramm auf Seiten des US-Imperiums marschiert, wofür Fischer mit einem Posten im Think-Tank der einstigen US-Außenministerin Madeleine Albright und einem Job als Handelsvertreter der Nabucco-Pipeline belohnt wurde. Und so klingt ein Strategiepapier der Grünen, das in ihrer Heinrich-Böll-Stiftung erarbeitet wurde, ganz so, als hätten es die Geostrategen in Washington selbst formuliert:

> »Die deutsche Politik muss akzeptieren, dass das bestehende internationale System, allen voran die Vereinten Nationen nicht den Herausforderungen der Weltunordnung des 21. Jahrhunderts entsprechen. Das bedeutet praktisch zu akzeptieren, dass ein Agieren außerhalb des bestehenden völkerrechtlichen Rahmens vonnöten sein kann, wenn die Stabilität der internationalen Ordnung gefährdet ist […].«[10]

Wer fordert, die Verletzung des Völkerrechts in den Kriegen gegen Jugoslawien, Irak, Libyen und Afghanistan zu »akzeptieren«, und militärisches Eingreifen außerhalb des völkerrechtlichen Rahmens für notwendig hält, wäre eigentlich ein Fall für den Verfassungsschutz, denn er kämpft gegen das Grundgesetz:

»Handlungen, die geeignet sind und in der Absicht vorgenommen werden, das friedliche Zusammenleben der Völker zu stören, insbesondere die Führung eines Angriffskrieges vorzubereiten, sind verfassungswidrig.«

Dieser Artikel 26 des Grundgesetzes – und damit die wichtigste Lektion, die Deutschland aus dem 20. Jahrhundert gelernt hat – wäre mit der Aufweichung des Parlamentsvorbehalts Makulatur und könnte, wenn sich der schwarz-rot-olivgrüne Bellizismus durchsetzt, gleich ganz gestrichen werden. Schon jetzt wäre rechtlich zu prüfen, inwieweit das friedliche Zusammenleben der Völker nicht auch schon dadurch gestört wird, dass Deutschland statt einer schrittweisen »Entnatofizierung« den Forderungen des Bündnisses nach weiterer Aufrüstung nachkommt. Wenn die Abertausenden Bomben und Toten der jüngsten Nato-Kriege diesem friedlichen Zusammenleben der Völker ganz offensichtlich nicht gedient haben, widerspricht eine Fortsetzung und Unterstützung solcher Kriege der Verfassung. Mit rabulistischen Verrenkungen, dass es sich dabei um humanitäre Interventionen, um die Durchsetzung von Menschenrechten, um die Förderung von Demokratie oder die Stabilisierung der internationalen Ordnung handelt, lassen sich die desaströsen Folgen dieser Kriege nicht mehr schönreden. Wir sind nicht die Guten, die die Stabilität der Weltordnung garantierten, wir sind die Schlechten, die die Weltunordnung vorantreiben. Wir sind die Hässlichen, weil wir dabei vor Gewalt und Krieg nicht zurückschrecken. Und wir sind Verräter, wenn wir auf unseren Fahnen die Werte des Humanismus schwenken, doch unsere Panzer, Drohnen und Raketen allein der Agenda der Macht und des Profits folgen.

Im Sommer 2014 meldeten die Nachrichten, dass Deutschland, Frankreich, Russland und die Ukraine intensive diplomatische Gespräche zur Beilegung des Konflikts ohne Beteiligung der USA führen wollten. Es schien, dass man in Paris und Berlin erkannt hatte, wie dringend es für den Erhalt des Friedens ist, eigenständige Politik zu machen, die nicht den Interessen des Imperiums, sondern denen Frankreichs, Deutschlands und Europas folgt. Das konnte ein wenig Hoffnung machen – nicht, dass die Großmannssucht des amerikanischen Patienten von einem auf den anderen Tag verschwindet, aber darauf, dass ihr beharrlicher denn je Widerstand geleistet wird. Vielleicht besinnt sich »Old Europe« auf die Napoleon zugeschriebene Weisheit »Geografie ist Schicksal«: Die unverrückbare Nachbarschaft mit Russland und die unverzichtbare Notwendigkeit nachbarschaftlicher Beziehungen, die nicht immer konfliktfrei, aber in jedem Fall friedlich verlaufen müssen.

Nato-Raketen vor der russischen Haustür sind hierfür der völlig falsche Weg. Statt an weiterer Konfrontation und Aufrüstung muss an einer genuin europäischen Sicherheitsarchitektur unter Einbeziehung Russlands gearbeitet werden, die Abrüstung und Annäherung ermöglicht. Es muss zusammenwachsen, was zusammengehört – nicht nur geografisch, nicht nur weil Russen und Prussen schon in grauer Vorzeit benachbarte Stämme waren, bevor aus ihnen Russia und Borussia (Preußen) wurden, sondern weil Frieden im Europa des 21. Jahrhunderts nur bewahrt werden kann, wenn sich Deutschland und Russland vertragen. Freundschaften, so zeigten die NSA-Affäre und der Fall amerikanischer Spionage beim Bundesnachrichtendienst, müssen einiges aushalten können. Diese Fälle zeigen schließlich auch, dass die Vereinigten Staaten Deutschland nach wie vor als ihr Territorium betrachten, auf dem sie selbstverständlich schalten und walten können, ohne sich an die geltende Verfassung zu halten. Wo derart neokoloniales Gebaren hingenommen werden kann, ohne die Freundschaft ernsthaft zu gefährden, darf es kein Hindernis für eine Kooperation mit Russland bedeuten, dass Putins autoritäre Modernisierung nicht den Standards der westlichen Zivilgesellschaft und des Gender-Mainstreamings entspricht.

»Wandel durch Annäherung« lautete 1963 die von Egon Bahr geprägte Formel, die eine neue deutsche Ostpolitik einleitete. Als Alternative zur alten Politik der Stärke war der Versuch des gegenseitigen Verstehens und Verhandelns geboren. Mehr als ein Vierteljahrhundert nach dem Fall der Berliner Mauer, der den Erfolg dieser visionären Strategie krönte, ist es höchste Zeit, sich wieder an dieses außenpolitische Erfolgsmodell zu erinnern – zumal mit dem Aufstieg Chinas zur Wirtschaftsmacht und Russlands als Rohstoffmacht Nummer 1 die Tatsache einer künftigen multipolaren Welt unabweisbar und ein Festhalten an der Doktrin der unipolaren Vorherrschaft der USA damit schlicht irrational ist. Mitten in Europa kommt Deutschland deshalb eine Schlüsselfunktion zu, eine Alternative zu entwickeln, gegen eine neue Politik der Stärke, die keine Perspektive hat – außer der nuklearen Apokalypse eines Dritten Weltkriegs.

17 »Russiagate«: Medienzirkus und gezielte Eskalation

Die Hoffnungen auf eine sich ihrer Schlüsselfunktion im Ost-West-Konflikt bewussten deutschen Diplomatie und eine europäische Friedenspolitik, wie wir sie (im Sommer 2014) am Ende des vorangehenden Kapitels äußerten, haben sich nicht erfüllt. Im Gegenteil haben sich Deutschland und Europa unter der Federführung der Vereinigten Staaten immer weiter in einen Kalten Krieg mit Russland hineinmanövriert: Nicht »Wandel durch Annäherung« lautet das Motto dieser Politik, sondern »Konfrontation durch Eskalation«. Sowohl in Form ökonomischer Sanktionen und militärischer Aufrüstung wie auch mit der Verschärfung des Informations- und Propagandakriegs. Zumal die Kritik an Russland spätestens seit einem innenpolitischen Betriebsunfall in den USA – der Wahl Donald Trumps zum Präsidenten – in eine neue Dimension gesprungen ist. Weil sich Russland nicht nur der angeblichen »Invasion« der Ukraine schuldig gemacht hat, sondern auch der Manipulation und Beeinflussung der amerikanischen Präsidentschaftswahlen: »Russische Hacker« sollen diskreditierende E-Mails von Hillary Clinton und aus der Zentrale der Demokratischen Partei (DNC) gestohlen und veröffentlicht haben. Mit »Russiagate« erhielt die Affäre schnell den an den Watergate-Skandal gemahnenden Titel, doch anders als die damals schnell ertappten Einbrecher, die in der Parteizentrale der Demokraten nach diskreditierendem Material gesucht hatten – was zum Rücktritt von Präsident Nixon führte –, sind die Täter auch nach Jahren noch völlig unbekannt und die Bezeichnung »russische Hacker« nicht mehr als eine Behauptung. Weder das FBI noch ein Gericht haben diese Datenlecks untersucht und justiziable Beweise auf die Täter und ihre Herkunft zu Tage fördern können – bis der Sonderermittler Robert Mueller im Februar 2018 eine erste Anklageschrift vorlegte. Dass jetzt endlich die »Smoking Gun« auf den Tisch käme, der unwiderlegbare Beweis, wie der perfide Putin Trump auf den Thron gehievt hat, diesem Höhepunkt von »Russiagate« war in den Tagen zuvor mit multimedialem Trommelfeuer entgegengefiebert worden. Die Anklage von 13 russischen Staatsbürgern, so der *Spiegel* nach einem ersten Blick in das Papier, »ist ein *einmaliges* Dokument: Erstmals erhält die Öffentlichkeit einen präzisen und detaillierten Einblick in den geheimen Wahlkampf russischer Agenten in den USA zwischen 2014 und 2016.«[1]

Wer nun aber einen James-Bond-artigen Agententhriller erwartete, Details über den Hack von Hillarys Privatserver und der Korrespondenz des DNC wie auch über den Weg der Daten zu WikiLeaks und in die Öffentlichkeit, wurde schwer enttäuscht. Was da nämlich nach neunmonatigen Ermittlungen angeklagt wurde, war nicht mehr als eine Räuberpistole, die unter dem Titel »Putins Koch und die Wilde Dreizehn« in der Augsburger Puppenkiste aufgeführt werden könnte. Unter Anleitung eines vermögenden russischen Gastronomen, der auch »Putins Koch« genannt wird, sollen die 13 eine »Verschwörung« zur Einmischung in den US-Wahlkampf finanziert haben, mit dem Ziel Hillary Clinton zu kritisieren und Bernie Sanders und Trump zu unterstützen. Dieser »Informationskrieg«, so der stellvertretende Justizminister Rod Rosenstein, hätte allerdings »den Ausgang der Wahl nicht beeinflusst«.[2] Präzise und detailliert konnte man in diesem »einmaligen Dokument« (*Spiegel*) also nun nachlesen, wie 13 Russen doch tatsächlich Twitter- und Facebook-Accounts unter falschem Namen eröffnet und Anti-Hillary-Botschaften gepostet haben – und sogar »über hundert Amerikaner« kontaktiert haben sollen. Und das mitten im Wahlkampf, dessen

Ausgang davon aber nicht tangiert wurde. Wahnsinn, diese russischen Agenten! Dass diese Cyberkriminellen »über 60 000 Dollar« in Facebook-Anzeigen investierten, ohne den Wahlausgang zu beeinflussen, wundert allerdings nicht, wo Hillary Clinton 1,5 Milliarden und Trump 800 Millionen in Wahlwerbung gesteckt haben. Für eine Anklage reichte die Nummer aber allemal und ermöglichte, da die »Wilde Dreizehn« komplett in Russland ansässig ist und nicht vorgeladen werden kann, eine widerspruchslose und flächendeckende »Russiagate«-Berichterstattung auf allen Kanälen.

Nach den monatelangen Berichten über gefährliche »russische Hacker« war diese Anklage eine Farce – und mit einer solchen hatte die ganze Hacker-Saga ja eigentlich auch begonnen. Der Treppenwitz, die banale Ursache großer Ereignisse der Weltgeschichte, geht im Falle Hillary Clinton und ihrer dramatischen Wahlniederlage so: Nachdem sie Außenministerin unter Obama geworden war, bekam dieser vom Secret Service für den Telefon- und Mailverkehr ein abhörsicheres »Blackberry«-Gerät. Hillary wollte auch eines, aber der Geheimdienst sagte: »Nein, es gibt nur eins für den Chef.« Hillary war empört. »Dann benutze ich eben mein bisheriges Blackberry weiter«, forderte sie. »Geht nicht«, meinte der Secret Service, »zu unsicher für eine Außenministerin und nicht kompatibel mit dem Netz im State Department.« »Dann richte ich mir zu Hause einen eigenen Server ein«, entgegnete sie, ließ sich nicht abhalten, und so nahm das Drama seinen Lauf.

Die Computer in ihrem Ministerium benutzte sie während ihrer Amtszeit nie, alles lief über Clintons unsicheren Homeserver – und der wurde gehackt. WikiLeaks veröffentlichte die Mails, die ein Ausmaß an korrupter Vermischung von Politik und Geschäften verdeutlichen, das selbst wohlmeinende Clinton-Unterstützer erschreckte.[3] Zudem hatte Hillary über ihre private Mail geheime Staatspapiere verschickt, was zu Ermittlungen des Kongresses und des FBI führte. Dann wurde auch der Mail-Account ihres Wahlkampfleiters Podesta gehackt – sein Passwort, ebenfalls ein Treppenwitz, war »Password« –, und die Mails offenbarten unter anderem die äußerst undemokratischen Machenschaften der demokratischen Partei beim Ausbooten des populären Kandidaten Bernie Sanders.[4] All das kam in der heißen Phase des Wahlkampfs an die Öffentlichkeit und kostete Hillary Clinton am Ende die sicher geglaubte Präsidentschaft – und das alles nur wegen eines doofen »Blackberry«.

So kann es kommen, aber derart banale Gründe wie Clintons divenhafte Zickigkeit oder Podestas digitale Doofheit lassen sich für den wahlentscheidenden E-Mail-Skandal natürlich schlecht anführen, insbesondere in der heißen Phase des Vorwahlkampfs. Da passte es wunderbar, dass FBI und CIA schon 2015 für einen Hackerangriff auf das Weiße Haus anonyme »russische Hacker« beschuldigt hatten und auf weitere Beweise gestoßen waren: Unter den Dokumenten des unbekannten Hackers »Guccifer 2.0«, der für die Leaks aus dem US-Wahlkampf verantwortlich sein soll, fand sich eines von einem Benutzer, der das Office-Paket von Microsoft unter dem Namen »Феликс Эдмундович« verwendete: »Felix Edmundowitsch«. Damit, so schlossen die CIA-Analysten pfeilschnell, ist natürlich Felix Edmundowitsch Dserschinski gemeint, der legendäre Gründer der sowjetischen Geheimpolizei »Tscheka«. Sie nahmen dies aber nicht als sehr offensichtlichen Hinweis auf den Humor der Hacker, sondern als Beweis für ihre russische Herkunft. (Wer also künftig der CIA etwas unterschieben will, braucht von daher nur den Username »Allen Welsh« (Dulles) zu verwenden und schon ist die Sache klar!)

Das Clinton-Team auf der Suche nach einer Story für den peinlichen Hack ihrer Server hielt diese eher skurrile als triftige Beweislage nicht ab, die Geschichte weiter zu kochen, denn dazu passte sie einfach zu perfekt. Nicht nur in Clintons außenpolitische »Putin = Hitler«-Rhetorik, sondern auch in die innenpolitische Abwertung des Wahlsiegers Trump, der ja eigentlich nur von Putin auf den Thron gehievt worden sei.

Dass es sich bei der ganzen Legende um die »russischen Hacker« um eine unbewiesene Verschwörungstheorie handelte, hinderte die Medien freilich nicht, sie immer weiter zu kolportieren, nicht als bunte Geschichte im Unterhaltungsressort, sondern als politische Nachricht auf den Titelseiten.

»Russland hat unsere Wahlen gehackt, das war ein Anschlag wie der 11. September (›a 9/11-scale event‹) auf den Kern unserer Demokratie, ein Ereignis wie Pearl Harbor« – tönte der Chefkolumnist der *New York Times*, Thomas Friedman, entsetzt im MSNBC-Fernsehen. Doch gerichtsfeste Beweise, echte Fakten für diesen »Anschlag« sind in über zwei Jahren keine aufgetaucht. Außer einem glaubwürdigen Zeugen, der dann allerdings nicht auf den Titelseiten landete, sonst hätte man die ganze Story sofort beerdigen müssen.

Im Dezember 2016 war der ehemalige britische Botschafter Craig Murray mit einer Aussage an die Öffentlichkeit gegangen, dass die Mails der Demokraten nicht gehackt, sondern geleakt worden sind und dass er den dafür verantwortlichen Insider persönlich getroffen habe. Das Motiv für das Leck aus der Parteizentrale seien die betrügerischen Methoden gewesen, mit denen der populäre Bernie Sanders in den Vorwahlen von der Clinton-Maschine aus dem Rennen geboxt wurde.[5] Da Craig Murray mit Julian Assange befreundet ist, der ebenfalls immer wieder verlautete, dass WikiLeaks die Mails nicht aus russischen Quellen bezogen hat, war seine Aussage den Großmedien nur ein paar Sätze auf den hinteren Seiten wert. Auf den Titelseiten wurde das Russengarn weitergesponnen. Und die *Washington Post* legte Weihnachten 2016 noch einen Scheit nach und »enthüllte«, dass russische Hacker auch in das Stromnetz von Vermont eingedrungen wären. Doch sie musste die Story zu Silvester schon widerrufen. Die dürren Fakten: Auf einem Laptop der Firma, die das Stromnetz betreibt, war Schadsoftware gefunden worden, die in der Vergangenheit von russischen Hackern benutzt wurde. Dies war der Grund für die »Enthüllung« und einen großen Artikel über das Risiko, dem das gesamte US-Stromnetz durch »one of the world's leading thugs« – »einen der führenden Verbrecher der Welt«, so der demokratische Gouverneur von Vermont Peter Shumlin – ausgesetzt ist: Wladimir Putin.

Schon am nächsten Tag stellte sich heraus: Der Schadcode steht über das Internet jedem interessierten Hacker frei zur Verfügung, der betroffene Firmenrechner war gar nicht im Netz des Stromversorgers, und für die Behauptung, dass irgendwelche Russen ihn dort platziert haben, »haben die Behörden bisher keine Beweise gefunden«, hieß es in dem knappen Widerruf der *Washington Post*. Immerhin: Das Narrativ vom bösen Russen und dem Dämon Putin, der in ganz Amerika das Licht ausschalten will, war einmal mehr in die Top-Nachrichten gehievt.

Zum Jahresbeginn 2017 dann erhielt die »Russiagate«-Story erneut amtlichen Auftrieb, mit dem von Präsident Obama in Auftrag gegebenen Geheimdienstbericht,[6] der die Beeinflussung des Wahlkampfs untersuchen sollte. Auch dieser Bericht enthielt keinerlei Beweise, dass russische Hacker hinter den Leaks steckten,[7] bot aber erneut Möglichkeiten, die »Russiagate«-Legende weiterzuspinnen. Wie das so geht, sei hier am Beispiel eines Artikels aus *Spiegel online* vom 7. Januar 2017 dargelegt:

Russland soll Mails über Umwege an WikiLeaks weitergegeben haben

Die US-Geheimdienste wissen nach eigenen Angaben, wer die E-Mails über die Demokraten an WikiLeaks weitergeleitet hat. Das geht aus einem von US-Präsident Obama angeordneten Geheimbericht hervor.

Der Konjunktiv als engster Mitarbeiter und wichtigstes Werkzeug jeder Fake-News-Produktion kommt hier gleich in der

Überschrift zum Einsatz. »Soll«, »könnte« und »hätte« sind Fake-News-Indikatoren par excellence, die zeigen, dass es sich nicht um eine Nachricht, sondern um ein Gerücht handelt. In diesem Fall die Behauptung, dass Mails von Russland an WikiLeaks gegangen sein sollen. Über »Umwege« deutet dann an, dass man weder wirklich weiß, ob die Mails von Russland an WikiLeaks gegangen sind, noch wie, auf welchem Weg, außer auf irgendwelchen Umwegen. Die »US-Geheimdienste« aber wissen »nach eigenen Angaben«, wer es war, und haben einen »Geheimbericht« verfasst, aus dem das hervorgeht. Nun sind Geheimberichte, aus denen etwas hervorgeht, ja nicht mehr geheim, was einerseits die Spannung auf den Artikel steigert, andererseits aber sind anonyme »Angaben« von »Geheimdiensten« eine ebenso starker Indikator für Fake News wie der Konjunktiv.

»Die US-Geheimdienste wollen die ›Akteure‹ identifiziert haben, über die russische Hacker die erbeuteten E-Mails der Demokraten an WikiLeaks weitergegeben haben. Das berichten die *Washington Post* und CNN, die sich auf einen Geheimbericht berufen, den US-Präsident Barack Obama am Donnerstag erhalten hat. Demnach sind sich die Geheimdienste sehr sicher, dass Russland hinter den Hackerangriffen steckt. Die erbeuteten Daten sollen vom militärischen Geheimdienst GRU über einen ›verschlungenen Weg‹ zu WikiLeaks gelangt sein. So sollte die Quelle verschleiert werden.«

Die Geheimdienste behaupten, Akteure identifiziert zu haben, und ließen außer dem Präsidenten auch Washington Post *und CNN in ihren »Geheimbericht« schauen. Wer die angeblich identifizierten Akteure wirklich sind, wird nicht mitgeteilt, was aber die Hintermänner betrifft, sollen die Geheimdienste »sehr sicher« sein, dass Russland dahintersteckt, denn die Mails »sollen« über den GRU auf »verschlungenen Wegen« zu WikiLeaks gelangt sein. Hier wird der Feind, der russische Militärgeheimdienst, beim Namen genannt, im Konjunktiv der Tat bezichtigt und ihm dabei eine besondere Heimtücke unterstellt: Statt einfach bei Assange in der Botschaft anzurufen, sollen die raffinierten Russen einfach die Quellen »verschleiert« haben. Gemein!*

»Als weiteres Indiz führen die Geheimdienste demnach an, dass russische Regierungsmitglieder den Sieg Donald Trumps bei der US-Präsidentschaftswahl als einen geopolitischen Erfolg für Moskau gefeiert hätten. Das soll aus abgefangener Kommunikation zwischen hohen russischen Beamten hervorgehen.«

Diese barbarischen Russen, feiern die Wahlniederlage der Dame, die ihren Präsidenten als erste Politikerin als »Hitler« beleidigt hat, und lassen die Korken knallen! Dieses »Indiz«, angeblich aus abgehörten Gesprächen von namenlosen »hohen russischen Beamten«, ist ohne Kenntnis der O-Töne zwar wertlos und nur ein Gerücht, leitet aber die neueste Enthüllungsstory der Washington Post *ein, und sorgt gleich für den richtigen psychologischen »Freund/Feind«-Spin.*

»Für die These, dass der Wahlkampf beeinflusst werden sollte, spreche zudem, dass die Hacker ›fast ausschließlich‹ die Demokraten ins Visier genommen hätten, nicht aber die Republikaner. Auch die angewandten Methoden und Schadsoftware deuteten auf russische Hacker hin. Allerdings soll es in dem Bericht nicht den einen eindeutigen Beweis geben, der den Vorwurf belegt, dass Russland Trump zum Wahlsieg verhelfen wollte.«

Was eben noch »sehr sicher« war, ist in diesem Absatz plötzlich nur noch eine »These«, die auf russische Hacker »deutet«, um dann mitzuteilen, dass es für die ganzen Beschuldigungen überhaupt keinen Beweis gibt. Im Zeitalter von »Real News« wäre das Ganze nur eine Kurzmeldung: »Für den Verdacht der US-Regierung und der Geheimdienste, dass russische Hacker Trump zum Wahlsieg verholfen haben, hat ein Geheimbericht für den Präsidenten keine Beweise erbracht.« – Im postfaktischen Journalismus aber werden auch faktenfreie Nullnummern einfach weiter durchgenudelt.

»Obama hatte den Bericht, der mehr als 50 Seiten umfassen und Informationen über russische Cyberoperationen der letzten neun Jahre enthalten soll, Anfang Dezember angeordnet, um die Einflussnahme Russlands auf die US-Wahl zu überprüfen. Eine Version des Berichts soll laut Vize-Präsident Joe Biden bald veröffentlicht werden. Es ist jedoch unklar, wie detailliert diese Version sein wird.«

Auch hier weiß man nichts Genaues, aber immerhin: Irgendeine »Version« (= Fake?) des Berichts »soll« für die Öffentlichkeit zugänglich gemacht werden.

»Anfang der Woche hatte WikiLeaks-Chef Julian Assange bestritten, dass Russland für die Hackerangriffe verantwortlich sei. Auch Trump selbst hat wiederholt vehement an der Glaubwürdigkeit der US-Geheimdienste gezweifelt. Im Laufe des Freitags will er sich mit Vertretern der Geheimdienste treffen, dort wird Trump wohl Einblick in den Bericht erhalten.«

Interessant, dass der kommende Präsident möglicherweise (»wird wohl«) Einblick in den Bericht erhält, nachdem ihn Washington Post *und CNN schon kennen. Dass führenden Mitgliedern der »Anti-Fake-News-Koalition« die Fakes der Geheimdienste zur Prüfung vorgelegt werden, bevor sie die Entscheidungsträger erreichen, wäre eine echte Innovation.*

»Die US-Regierung beschuldigt Moskau, sich mit den Hackerattacken auf Computer der Demokraten in die Präsidentschaftswahl eingemischt zu haben. Der scheidende Präsident Obama machte Wladimir Putin schon vor wenigen Tagen persönlich dafür verantwortlich und hatte erste Vergeltungsmaßnahmen verkündet. Russland bestreitet die Vorwürfe.«

Wenn der sympathische Friedensnobelpreisträger Obama sagt, dass es Putin persönlich war, können das ja nur Amerikafeinde, Russlandversteher und andere Verräter bezweifeln.

»Am Donnerstag hatte bereits der Nationale Geheimdienstdirektor der USA seine Einschätzung bekräftigt, dass Russland hinter Hackerangriffen während des Wahlkampfes steht. James Clapper ließ sogar durchblicken, dass er Putin persönlich für den Urheber der Attacken hält. […]«

Wir bezweifeln zwar nicht, dass der ehemalige Geheimdienstdirektor ein schwerer Durchblicker ist, und weil Klappern nun mal zum Clapper-Handwerk gehört, muss er bisweilen auch mal was durchblicken lassen – in diesem Fall, dass – wie dem Spiegel-online-*Leser hier zum zweiten Mal eingeschärft wird – »Putin persönlich« der Urheber der Attacken sei. Nach dem Präsidenten nennt also auch der höchste Geheimdienstboss des*

Landes den Haupttäter beim Namen, auch wenn er für die Tat selbst keinerlei Beweise hat.

»Generell sei die Bedrohung durch Cyberattacken aus Russland gewachsen, während es Anzeichen für ein Nachlassen der Spionageversuche aus China gebe, sagte Clapper. Er betonte jedoch auch, dass es keine Anzeichen dafür gebe, dass Russland die Stimmabgabe bei der Wahl in den USA beeinflusst habe. max/dpa.«

Wie in einer Bach'schen Fuge nimmt unser kleines Fake-News-Stück zum Ausklang wieder das Motiv des Anfangs auf: starke Beschuldigung (»Putin Urheber«), unbelegtes Gerücht (»Einschätzung«, »ließ durchblicken«) – um sodann, wie das Ende des ersten Satzes, mit der Nullnummer zu enden, dass es eigentlich überhaupt keine Anzeichen dafür gibt, dass die US-Wahl von Russland in irgendeiner Weise beeinflusst wurde.

Der reale Nachrichtenwert dieses Textes, die Tatsachen, lassen sich in einer Kurzmeldung zusammenfassen: »Für den Verdacht der US-Regierung und der Geheimdienste, dass russische Hacker Trump zum Wahlsieg verholfen haben, hat ein Bericht für den Präsidenten keine Beweise erbracht.« *Alles andere, also der gesamte Artikel, hat mit Fakten nichts zu tun. Es sind Vermutungen, Spekulationen, Gerüchte, Konjunktive: Fake News.*

Unsere kleine Analyse dieses von einer der großen »Nachrichtenseiten« gegriffenen Beispiels lehrt eine weitere Lektion: Fake News müssen nicht lügen, um keine Nachrichten zu sein. Ihnen reicht ein winziges Stück »Real News« – die oben zitierte Kurzmeldung –, um daraus eine Nachricht zu spinnen, die mit Vermutungen und Behauptungen das Gegenteil der realen Fakten suggeriert.

Die Saga von den »russischen Hackern«, die bis heute (Januar 2019) eine unbewiesene Verschwörungstheorie geblieben ist, war die erste Schiene, auf der das Russiagate-Garn gesponnen wurde, eine zweite kam jedoch schnell hinzu. Der »Collusion« genannte Vorwurf, der Kandidat Trump sei über dunkle Geschäfte und Absprachen insgeheim mit Russland verbandelt und wegen kompromittierenden Videomaterials erpressbar. Letzteres sei bei einem Besuch Trumps in Moskau in demselben Bett des Ritz-Carlton Hotels entstanden, in dem Präsident Obama zuvor bei seinem Staatsbesuch genächtigt hatte – und auf das Trump die anwesenden Prostituierten hätte pinkeln lassen.

Mit dieser unappetitlichen Geschichte auf im Wortsinne unterstem »Yellow-Press«-Niveau erreichte das »Russiagate«-Narrativ nun einen weiteren Höhepunkt: mit einem Ultrabösen, der dank obszönem Kompromat den US-Präsidenten erpressen kann und mit Donald Trump als nunmehr definitiver »Marionette Putins« (Hillary Clinton). Produziert war das Dossier, aus dem die Pipifax-Story stammte, von dem Ex-Agenten des britischen Auslandsgeheimdienstes MI6 Christopher Steele, der mit seiner privaten Firma »Orbis« (siehe Kapitel 14) nach diskreditierendem Material über den Kandidaten Donald Trump suchen sollte – beauftragt und bezahlt von der Wahlkampfagentur Hillary Clintons.[8]

Dass weder das »Golden Shower«-Video noch andere Beweise für weitere von Steele behaupteten Untaten Trumps jemals vorgelegt wurden, hinderte die multimediale Verbreitung der Behauptungen indessen nicht, da einige Informationen aus dem »Steele-Dossier« – über Kontakte von Mitarbeitern aus Trumps Wahlkampfteam mit russischen Geschäftsleuten – sich als korrekt herausstellten. Dies führte dann im Frühjahr 2017 zur Einsetzung einer »Sonderermittlung« durch den Kongress, die unter Leitung des Ex-FBI-Chefs Robert Mueller die Verbindungen Trumps mit Russland untersuchen sollte.

Weil aber Kontakte nicht strafbar sind und keine Geldflüsse in Trumps Wahlkampfkassen ermittelt wurden, ließ sich eine gesetzeswidrige »Collusion« (verschwörerisches Zusammenspiel) nicht nachweisen. Weder bei Trumps schon nach wenigen Wochen zurückgetretenem Sicherheitsberater General Flynn noch bei seinem Wahlkampfchef Manafort und seinem Rechtsberater Cohen, die alle von Mueller angeklagt wurden. Aber nicht wegen gesetzeswidriger Kontakte mit Russen, Annahme von illegalen Geldern oder anderen kriminellen Russland-Geschäften, sondern weil sie sich bei ihren Aussagen entweder widersprochen, sie gänzlich verweigert, Steuern hinterzogen oder »die Justiz behindert« hätten. Alles durchaus justiziable Handlungen, aber als Ergebnis von zwei Jahren internationaler Sonderermittlung über Putin als angeblichen Puppenspieler Trumps dann doch sehr dürftig, wie es State-Department-Veteran Peter van Buren im Dezember 2018 zusammenfassend feststellte: »Muellers Ermittlung fehlt eine Sache: Ein Verbrechen.«[9] Selbst die *New York Times*, mit der *Washington Post* das führende »Resistance!«-Medium gegen Trump, kommt in einer langen Zusammenfassung der Vorwürfe um das am Ende eines 10 000-Worte-Artikels versteckte Bekenntnis nicht herum, dass »bisher keine Beweise bekannt geworden sind, die zeigen, dass die (Trump-)Kampagne sich zur Wahlbeeinflussung mit Russland verschworen hat oder russisches Geld akzeptierte«.[10]

Während also zwei Jahre Ermittlungen und Recherchen keinen einzigen Beweis für den grundlegenden Vorwurf von »Russiagate« erbrachten – dass der Trump-Wahlkampf mit Russland abgesprochen oder von dort beeinflusst war –, tauchten stattdessen immer mehr Beweise dafür auf, dass bei der Verfolgung dieses haltlosen Vorwurfs auf kriminelle Weise gegen Trump und sein Wahlkampfteam vorgegangen wurde. So hatte sich das FBI mit Hilfe der Behauptungen des »Steele-Dossiers« richterliche

Genehmigungen zum Abhören und Überwachen von Mitarbeitern Trumps und seines Wahlkampfbüros im »Trump Tower« verschafft. Obwohl die FBI-Beamten das Dokument intern als äußerst fragwürdig eingestuft hatten, sollen sie es gegenüber den Richtern aufgepeppt haben, indem sie auf zusätzliche (aber unbelegte) »Geheimdienstinformationen« verwiesen. Das Bekanntwerden des SMS-Verkehrs zwischen einem FBI-Liebespaar – dem Chef der FBI-Spionageabwehr und zeitweiligen Leiter der »Russiagate«-Ermittlungen, Peter Strzok, und der FBI-Juristin Lisa Page – machte dann endgültig deutlich, dass es sich bei den Aktivitäten des FBI im Sommer 2016 weniger um ordentliche polizeiliche Ermittlungen handelte als um eine gezielte Anti-Trump-Operation. Der ehemalige CIA-Analyst Ray McGovern schrieb dazu:

»Ironischerweise bieten die Strzok-Page-Texte etwas, was man bei der Russia-Gate-Untersuchung schmerzlich vermisste: Beweise aus erster Hand für korrupte Absichten und Handlungen. Nach monatelanger atemloser Suche nach ›Beweisen‹ für eine Russland-Trump-Verschwörung, die zum Ziel hatte, Trump ins Weiße Haus zu bringen, gibt es jetzt Beweise dafür, dass hochrangige Beamte der Obama-Administration konspirierten, um Trump aus dem Weißen Haus fernzuhalten, Beweise, die ein erfahrener Ermittler ›Mittel, Motiv und Gelegenheit‹ nennen würde.«[11]

Dass Polizei und Geheimdienste zwecks Behinderung eines unerwünschten Präsidentschaftskandidaten kooperieren und zu diesem Zweck auch die Medien einspannen, mag als Prozedere in Bananenrepubliken und Autokratien durchaus üblich sein, in demokratischen Rechtsstaaten, die diesen Namen verdienen, sind solche Praktiken aber aus guten Gründen strikt verboten. Und doch haben sie in den Vereinigten Staaten nicht nur ganz offensichtlich stattgefunden, sondern wurden auch in keiner Weise skandalisiert. Die Wahl der Schreckensgestalt Donald Trump scheint sämtliche Anhänger eines demokratischen

Rechtsstaats in einen derartigen Schock versetzt zu haben, dass ihnen jedes Mittel einschließlich polizeistaatlicher Methoden recht ist, sich von dieser Horrorfigur zu befreien. Und weil diese Trump-Traumatisierten nicht akzeptieren können, dass ihre Mitbürger und Mitbürgerinnen, die ganz normalen Joes und Janes von nebenan, dieses Wahlergebnis herbeigeführt haben, brauchen sie einen dämonischen Sündenbock, auf den sie die Schuld abwälzen können. Nur derart psychologisch scheint uns erklärbar, warum nahezu sämtliche »Qualitätsmedien« einfach nicht aufhören können, die Legende von der großen »Russiagate«-Verschwörung weiterzuspinnen, in einer paranoiden Russophobie, die in vielen Zügen an das Klima der McCarthy-Ära erinnert, als man unter jedem Bett Kommunisten witterte. Mit ordentlichem Journalismus, mit sachgemäßer politischer Information hat die »Russiagate«-Hysterie nichts mehr zu tun und ist in gewisser Weise die konsequente Fortsetzung der Wahlkampfberichterstattung, die in Sachen Trump nicht dem Gebot der Ausgewogenheit und Objektivität folgte, sondern einer klaren Negativ-Agenda. Dass dieser trotz der überwiegend schlechten Presse gewählt wurde, dass ein allgemein als Rassist, Sexist, Faschist und notorischer Lügner verrufener Kandidat das Weiße Haus eroberte, obwohl sich alle Umfragen und nahezu der gesamte Chor der »seriösen« Großmedien pro Hillary ausgesprochen hatten – diese Zurückweisung durch die Wähler haben auch die Medien nicht verkraftet. Statt ihre Einseitigkeit – das unkritische Hochjubeln Clintons und das hemmungslose Niedermachen Trumps – zu korrigieren, legten sie nach der Wahl eher noch eine Schippe drauf. Die *New York Times* listete sämtliche »Lügen« Trumps ganzseitig auf, die *Washington Post*, einst investigativ in der Aufdeckung von Geheimdienstmachenschaften, fungierte als williges Sprachrohr anonymer CIA- und NSA-Verlautbarungen, wenn sie nur irgendwie gegen Trump gerichtet waren. Dieser polterte über Twitter dann sofort empört zurück, und so schaukelte sich ein groteskes Schauspiel hoch, in dem sich Präsident und Medien gegenseitig »Fake News«

und »Lügen« vorwerfen – und beide damit ebenso richtig wie falsch liegen. Ein Ende des Spektakels ist nicht abzusehen.

Nachdem die Demokraten ab Januar 2019 wieder über die Mehrheit im Kongress verfügen, wird sich der Zirkus eher weiter zuspitzen, zumal das »Russiagate«-Märchen aus dem anonymen Untergrund der »Dienste« immer weiter mit Fake News gefüttert wird. Wie zuletzt Ende November 2018 mit der aus Geheimdienstquellen gespeisten »Enthüllung«, dass sich Trumps ehemaliger Wahlkampfleiter Paul Manafort 2013, 2015 und 2016 dreimal mit dem WikiLeaks-Gründer Julian Assange getroffen hätte, dem in der ecuadorianischen Botschaft in London seit Jahren Asyl gewährt wird. Bevor der *Guardian* die Behauptungen in dem Artikel schon wenige Stunden nach der Veröffentlichung abschwächen musste, ging der plumpe Schwindel durch die gesamte Weltpresse.[12] Da diese Treffen in einem der am besten videoüberwachten Gebäude Londons weder im Logbuch der Botschaft aufgezeichnet sind, noch irgendwelche Bilder von Überwachungskameras vorliegen – und Julian Assange (ebenso wie Manaforts Anwälte) im Vorfeld der Veröffentlichung versicherten, dass es diese Treffen nie gegeben habe –, hätte jedes halbwegs seriöse Presseorgan von einer Publikation Abstand nehmen müssen. Nicht so der *Guardian*, der auch weiter zu seinen dubiosen »Quellen« stand, als die Fake-Story von etlichen Medien zerpflückt wurde,[13] was zeigt, dass es sich hier nicht um Journalismus, nicht um Fehler oder Schlampereien handelt, sondern um psychologische Propaganda-Operationen, mit denen das »Russiagate«-Narrativ immer weiter gepusht werden soll. Um die infame Fälschung doch noch irgendwie zu begründen, legte das US-Magazin *Politico* dann eine bizarre Rettungsaktion nach, die deutlich macht, wessen Geistes Kind solche Operationen sind: In einem Artikel legte ein »langjähriger CIA-Mitarbeiter« (unter Pseudonym) dar, dass der *Guardian*-Autor Luke Harding womöglich gezielt mit falschen Informationen gefüttert worden sei, »um Harding schlecht aussehen zu lassen«. Und man braucht nicht drei Mal zu raten, wer verantwortlich sein soll: Natürlich die Russen.[14]

Wäre das Ganze nicht gefährlicher Ernst, könnte man über die plumpen und offensichtlichen Fälschungen, aus denen die »Russiagate«-Story gestrickt ist, nur lachen. Doch was hier geschieht, ist fatal: Um einen gewählten Präsidenten zu vertreiben, wird die Gewaltenteilung des demokratischen Systems aufgehoben: Geheimdienste (CIA, NSA, MI6), Polizei (FBI) und Medien arbeiten Hand in Hand, und die vom Horrorclown Donald Trump nachhaltig geschockten Demokraten, Liberalen, Linken feuern diese polizeistaatlichen, totalitären Methoden sogar noch an. Und so erleben wir die surreale Situation, dass es nicht der monströse Meteorit Trump ist, dessen Einschlag die Grundfesten der freiheitlichen Demokratie erschüttert, sondern seine Gegner, die abseits aller rechtsstaatlichen Regeln und mit einer nahezu uniformen Medienfront gegen ihn vorgehen.

Wenn man auf diese untragbaren Zustände, die jeden Anhänger eines demokratischen Rechtsstaats eigentlich aus dem Häuschen bringen müssten, in Gesprächen mit Kollegen und Freunden hinweist, kommt des Öfteren die Frage: »Ja findest du den Trump etwa gut?« – was zeigt, welches Klima zwei Jahre »Russiagate«-Bullshit in den Köpfen schon erzeugt haben. Wer auch nur ein gutes Haar an »König Donald und seiner prächtigen Eichhörnchenfrisur«[15] lässt, macht sich umgehend unmöglich. Auch der Hinweis, dass sich die liberale Demokratie nicht mit illiberalen Methoden retten lässt und eine unabhängige Presse nicht zum Sprachrohr der Geheimdienste verkommen darf, verpufft. Gegen einen wie Trump sind offenbar alle Mittel erlaubt.

Der Grund dafür liegt auf der Hand: Trump ist definitiv kein Kandidat des hinter den Kulissen waltenden Establishments. Vorgänger wie Bush, aber auch Clinton oder Obama waren Politiker, die von jener Elite schon vor der Wahl akzeptiert und umgarnt beziehungsweise überhaupt erst aufgebaut wurden. Trump hingegen trat als heftig bekämpfter Außenseiter an. Nicht nur fast alle Leitmedien stellten sich gegen ihn, sondern auch der Geheimdienstapparat der USA.

Das Unbehagen dieser einflussreichen Eliten lässt sich kaum ernsthaft mit Trumps Rüpelhaftigkeit, Chauvinismus oder Muslimfeindlichkeit erklären. Zum Aussätzigen machen ihn vielmehr politische Positionen, in denen es um Macht und Geld geht: Etwa seine teilweise Abkehr von der Idee des internationalen Freihandels, sein Unwillen, Russland weiterhin kategorisch als Feind zu betrachten, sowie sein eher lässiges Verhältnis zur Nato.

Der Freihandel ist eine zentrale Übereinkunft zum Nutzen vor allem der multinationalen Konzerne. Daran rührt niemand ungestraft. Das Feindbild Russland wiederum ist in den vergangenen Jahren mit Hilfe der Medien und Dutzender Denkfabriken systematisch und mit großem Aufwand aufgebaut worden. Feindbilder sind austauschbar, entscheidend ist, dass sie existieren, um permanent aufrüsten und Machtansprüche in fremden Ländern geltend machen zu können. Das Feindbild Russland ist spätestens seit der Ukraine-Krise 2014 im Westen fest installiert und dient als zentraler Motor der Geopolitik, als Hebel und moralische Rechtfertigung. Wer solch ein mühsam installiertes Feindbild in Frage stellt, der bedroht damit ein komplexes System aus Militär, Rüstung, Geheimdiensten und Konzernen. Als außenpolitisches Ziel hatte Trump in jeder seiner Wahlkampfreden »to come along with Russia« herausgestellt und dass er als harter Verhandler »mit Putin schon klarkommen« werde. Das hätte er besser nicht so oft und nicht so laut gesagt, denn seit zwei Jahren wird es ihm so gut wie unmöglich gemacht, sich mit dem russischen Präsidenten auch nur zu treffen und ausführlich zu besprechen.

Trump mag ein narzisstischer und unsympathischer Chauvinist sein – mächtige Gegner aber hat er sich nicht mit seinem zweifelhaften Charakter gemacht, sondern mit solchen politischen Ansichten und Absichten. Und solange er diesen nicht abschwört, wird die geballte Macht des »Deep State« ihn weiter im Visier und den bizarren »Russiagate«-Zirkus ad infinitum weiter in den Schlagzeilen halten.[16]

Anmerkungen

Vorwort zur Neuausgabe

1 Stefan Niggemeier: »Von Putinverstehern und Journalistenverstehern«, 5. November 2014, http://www.stefan-niggemeier.de/blog/19716/von-putinverstehern-und-journalistenverstehern/
2 Mathias Müller von Blumencron: »Der ungleiche Kampf um die Deutungshoheit«, *Frankfurter Allgemeine Zeitung*, 8. Februar 2015, http://www.faz.net/aktuell/politik/sicherheitskonferenz-2015/der-ungleiche-kampf-um-die-deutungshoheit-13417093.html
3 Annette Leiterer: »ZAPP Studie: Vertrauen in Medien ist gesunken«, NDR, 17. Dezember 2014, http://www.ndr.de/fernsehen/sendungen/zapp/ZAPP-Studie-Vertrauen-in-Medien-gesunken,medienkritik100.html
4 https://propagandaschau.wordpress.com
5 Wie diese aus Google Books generierte Wortzählung sehr schön zeigt: http://bit.ly/1M5DlgB
6 Nikolai Asarow: »Wer sind die Verbrecher?«, *junge Welt*, 3. September 2015, https://www.jungewelt.de/2015/09-03/001.php
7 »Aktuelle Umfrage: Überwältigende Mehrheit der Deutschen wünscht gute Beziehungen zu Russland«, *RT Deutsch*, 19. April 2018, https://deutsch.rt.com/inland/68662-aktuelle-umfrage-ueberwaeltigende-mehrheit-deutsche-gute-beziehungen-russland/

1 Die Guten und die Bösen: Ansichten eines Putinverstehers

1 »Putin's Approval Rating Lowest Since 2013 – Poll«, *Moscow Times*, 25. Oktober 2018, https://themoscowtimes.com/news/putins-approval-rating-lowest-since-2013-poll-63301
2 »ARD-DeutschlandTrend Mai 2014: »Fast Dreiviertel der Deutschen haben Sorge vor neuem ›Kalten Krieg‹/Stimmung gegenüber Russland auf Tiefpunkt«, WDR, 30. April 2014, https://presse.wdr.de/plounge/tv/das_erste/2014/04/20140430_ard_deutschlandtrend_3.html. Thorsten Jungholt: »Deutschland geht auf Distanz zum Westen«, *Welt*, 3. April 2014, http://www.welt.de/politik/deutschland/article126545412/Die-Deutschen-gehen-auf-Distanz-zum-Westen.html.
3 Julia Staib: »Ukraine-Kommentare im Internet: Meinungskrieg um die Krim«, *FAZ*, 26. März 2014, http://www.faz.net/aktuell/politik/krim-krise-in-deutschen-medien-was-geht-bloss-in-diesen-koepfen-vor-12865042-p2.html
4 »Mehrheit der Deutschen hält Medien für korrupt«, *Zeit*, 9. Juli 2013, http://www.zeit.de/kultur/2013-07/transparency-bericht-korruption-medien

5 Zbigniew Brzezinski: *Die einzige Weltmacht. Amerikas Strategie der Vorherrschaft*, 1997/2001, S. 216.
6 René Lüchinger und Joschka Fischer: »Putin will die Weltmacht«, *Blick*, 2. Mai, 2014, http://www.blick.ch/news/ausland/blick-interview-mit-joschka-fischer-putin-will-die-weltmacht-id2827587.html
7 »Dozens Of CIA, FBI Agents ›Advising Ukraine Government‹«, AFP, 4. April 2014.
8 The Voice of Russia: »US Blackwater Mercenary Units Behind Kiev Regime's Outburst in Ukraine«, *Global Research*, 14. Mai, 2014, http://www.globalresearch.ca/us-blackwater-mercenary-units-behind-kiev-regimes-outburst-in-ukraine/5382461

2 Konfliktreich: Eine kurze Geschichte der Ukraine

1 Malte Lehming: »Stalins verdrängter Hungermord in der Ukraine«, *Tagesspiegel*, 5. Mai 2014, https://www.tagesspiegel.de/meinung/russland-und-die-ukraine-stalins-verdraengter-hungermord-in-der-ukraine/9842604.html
2 Michail Bulgakow: *Die weiße Garde*, Volk und Welt, 1992, S. 38.
3 »Immer Angst«, *Spiegel*, 28. Oktober 1959.
4 Reinhard Lauterbach: »Rechte machen mobil«, *Junge Welt*, 8. März.2014, www.jungewelt.de/2014/03-08/048.php

3 Weltherrschaft: Das »Great Game«

1 Halford Mackinder: »The Geographical Pivot of History«, *The Geographical Society*, April 1904, http://intersci.ss.uci.edu/wiki/eBooks/Articles/1904%20HEARTLAND%20THEORY%20HALFORD%20MACKINDER.pdf
2 Zbigniew Brzezinski: *Die einzige Weltmacht. Amerikas Strategie der Vorherrschaft*«, Quadriga, 1997, S. 75f.
3 Thierry Meissan: »Polen hatte die Putschisten zwei Monate vorher ausgebildet«, *Voltaire Netzwerk*, http://www.voltairenet.org/article183335.html
4 Zbignew Brzezinski: *Die einzige Weltmacht. Amerikas Strategie der Vorherrschaft*, Quadriga, 1997, S. 75f.
5 William Engdahl: *Full Spectrum Dominance. Totalitarian Democracy in the New World Order*, Edition Engdahl, 2009.
6 The White House: »Remarks by the President at the United States Military Academy Commencement Ceremony«, 28. Mai 2014, http://www.whitehouse.gov/the-press-office/2014/05/28/remarks-president-west-point-academy-commencement-ceremony
7 Robert Cooper: »The new liberal imperialism«, *Guardian*, 7. April 2002, http://www.theguardian.com/world/2002/apr/07/1
8 Zbigniew Brzezinski: »What Obama Should Tell Americans About Ukraine«, *Politico*, 2. Mai 2014, http://www.politico.com/magazine/story/2014/05/what-obama-should-tell-americans-about-ukraine-106277.html
9 »Einsatz gegen Separatisten: Ukrainische Armee bekommt offenbar Unterstützung von US-Söldnern«, *Spiegel online*, 11. Mai 2014, http://www.spiegel.de/politik/ausland/ukraine-krise-400-us-soeldner-von-academi-kaempfen-gegen-separatisten-a-968745.html

4 Öl, Gas und Sicherheit: Willkommen in Pipelinistan

1 Reinhard Merkel: »Die Krim und das Völkerrecht. Kühle Ironie der Geschichte«, *FAZ*, 7. April 2014, http://www.faz.net/aktuell/

feuilleton/debatten/die-krim-und-das-voelkerrecht-kuehle-ironie-der-geschichte-12884464.html

2 »Undersea pipeline from Iran can bring cheaper gas to India: TNR Rao«, *Economic Times*, 5. September 2017, https://energy.economictimes.indiatimes.com/news/oil-and-gas/undersea-pipeline-from-iran-can-bring-cheaper-gas-to-india-tnr-rao/60379977?redirect=1

3 Seymour M. Hersh: »Whose sarin?«, *London Review of Books*, 19. Dezember 2013, http://www.lrb.co.uk/v35/n24/seymour-m-hersh/whose-sarin The Red Line and the Rat Line http://www.lrb.co.uk/v36/n08/seymour-m-hersh/the-red-line-and-the-rat-line

4 James Meek: »The millionaire revolutionary«, *Guardian*, 26. November 2004, http://www.theguardian.com/world/2004/nov/26/ukraine.gender

5 Mathias Bröckers: »Die Wahrheit: Januskopf mit Hefezopf«, *taz*, 1. April 2014, http://www.taz.de/!135895

6 Project for the New American Century: *Rebuilding America's Defenses. Strategy, Forces and Resources For a New Century*, September 2000, http://www.informationclearinghouse.info/pdf/RebuildingAmericasDefenses.pdf

7 Siehe dazu: Mathias Bröckers: *Verschwörungen, Verschwörungstheorien und die Geheimnisse des 11.9.*, 2002. Mathias Bröckers, Andreas Hauß: *Fakten, Fälschungen und die unterdrückten Beweise des 11.9.*, 2003. Mathias Bröckers, Christian C. Walther: *11.9. Zehn Jahre danach. Der Einsturz eines Lügengebäudes*, Westend, 2011.

5 Besser als Krieg: Farb-Revolutionen und Fake-Demokratie

1 »Das NWO-Rezeptbuch präsentiert: künstlicher Volksaufstand«, *Archiv des verbotenen Wissens*, 4. September 2013, http://verbotenesarchiv.wordpress.com/2013/09/04/das-nwo-rezeptbuch-prasentiert-kunstlicher-volksaufstand

2 William Engdahl: *Full, Spectrum Dominance. Totalitarian Democracy in the New World Order*, Edition Engdahl, 2009, S. 40f.

3 John Arquilla, David Ronfeldt: *In Athenas Camp. Preparing for Conflict in the Information Age*, Rand, 1997. John Arquilla, David Ronfeldt: *Swarming and The Future of Conflict*, Rand, 2000, http://www.rand.org/pubs/documented_briefings/DB311.html

4 »U. S. Advice Guided Milosevic Opposition. Political Consultants Helped Yugoslav Opposition Topple Authoritarian Leader«, *Washington Post*, 11. Dezember 2000.

5 Jonathan Mowat: »Coup d'État in Disguise: Washington's New World Order ›Democratization‹«, *Global Research*, 9. Februar 2005, http://globalresearch.ca/articles/MOW502A.html

6 CIA: Sechzig Jahre Erfahrung in der Ukraine

1 Christoph Sydow: »Brennan in der Ukraine: Was machte der CIA-Chef in Kiew?«, *Spiegel online*, 15. April 2014.

2 White House: »Remarks by President Obama and German Chancellor Merkel in Joint Press Conference«, 2. Mai 2014, https://obamawhitehouse.archives.gov/the-press-office/2014/05/02/remarks-president-obama-and-german-chancellor-merkel-joint-press-confere

3 »Agenten von CIA & FBI beraten Kiew«, *Bild am Sonntag*, 4. Mai 2014, http://

www.bild.de/politik/ausland/nachrichtendienste-usa/dutzende-agenten-von-cia-und-fbi-beraten-kiew-35807724.bild.html
4 Richard Breitman: *U.S. Intelligence and the Nazis*, Cambridge University Press, 2005. Bericht online: http://www.archives.gov/press/press-releases/2004/nr04-54.html
5 Richard Breitman, Norman J. W. Goda: »Hitler's Shadow: Nazi War Criminals, U.S. Intelligence, and the Cold War«, U. S. National Archives, 2010, http://www.archives.gov/iwg/reports/hitlers-shadow.pdf
6 Central Intelligence Agency: »QRDYNAMIC«, *QRPLUMB 2 (Development and plans, 1970–78)*, 13. April 1972, http://www.foia.cia.gov/sites/default/files/document_conversions/1705143/QRPLUMB%20%20%20VOL.%202%20%20%28DEVELOPMENT%20AND%20PLANS,%201970-78%29_0017.pdf
7 Ralph Blumenthal: »Nazi Hunter Says C.I.A. Has Files On Man Accused of War Crimes«, *New York Times*, 17. September 1992, http://www.nytimes.com/1992/09/17/us/nazi-hunter-says-cia-has-files-on-man-accused-of-war-crimes.html
8 Robert Parry: »A Shadow US Foreign Policy«, *Consortium News*, 27. Februar 2014, http://consortiumnews.com/2014/02/27/a-shadow-us-foreign-policy
9 David Ignatius: »Innocence Abroad. The New World of Spyless Coups«, *Washington Post*, 22. September 1991.
10 National Endowment for Democracy: »Ukraine«, (Daten von 2014), https://web.archive.org/web/20140701180932/http://ned.org/where-we-work/eurasia/Ukraine
11 National Endowment for Democracy, Annual Report 2014, S. 55, https://www.ned.org/publications/2014-annual-report/
12 Nadia Diuk: »Euromaidan. Ukraine's Self-Organizing Revolution«, *World Affairs Journal*, März/April 2014, http://www.worldaffairsjournal.org/article/euromaidan-ukraine%E2%80%99s-self-organizing-revolution

7 Tod auf Bestellung: Regimewechsel durch Scharfschützen

1 Moritz Gathmann: »Barrikaden ohne Ende«, *Tagesspiegel*, 28. Januar 2014, http://www.tagesspiegel.de/politik/machtkampf-in-der-ukraine-barrikaden-ohne-ende/9399422.html
2 Auswärtiges Amt: »Krise in der Ukraine: Steinmeier trifft Klitschko und Jazenjuk«, Pressemitteilung, 17. Februar 2014, http://www.auswaertiges-amt.de/DE/Infoservice/Presse/Meldungen/2014/140217-BM_UKR_Opp.html
3 OSCE Election Observation Mission Final Report, Ukraine Presidential Election 17 January and 7 February 2010, 28. April 2010, https://www.osce.org/odihr/elections/ukraine/67844?download=true
4 »Eskalation in der Ukraine: Klitschko bricht Krisentreffen mit Janukowitsch ergebnislos ab«, *Spiegel online*, 18. Februar 2014, http://www.spiegel.de/politik/ausland/maidan-in-kiew-klitschko-bricht-treffen-mit-janukowitsch-ab-a-954306.html
5 Moritz Gathmann, Nina Jeglinski: »Scharfschützen schießen auf Demonstranten, Protestierer nehmen Gefangene«, *Tagesspiegel*, 20. Februar 2014, http://www.tagesspiegel.de/politik/gewalt-in-der-ukraine-eskaliert-wie-im-krieg-werden-inzwischen-auf-dem-maidan-gefangene-gemacht/9514516-2.html
6 Jörg Eigendorf: »Tod auf Bestellung? Die Auftragskiller vom Maidan«, *Welt*, 17. März 2014, http://investigativ.welt.de/2014/03/17/tod-auf-bestellung-die-auftragskiller-vom-maidan
7 »Abgehörtes Telefonat nährt Spekulationen über Maidan-Scharfschützen«,

Zeit Online, 5. März 2014, http://www.zeit.de/politik/ausland/2014-03/kiew-ukraine-telefonat-ashton-paet

8 Stephan Stuchlik, Olga Sviridenko, Philipp Jahn: »Todesschüsse in Kiew: Wer ist für das Blutbad vom Maidan verantwortlich?«, *Monitor*, ARD, 10. April 2014.

9 WDR: »Todesschüsse von Kiew: Ermittlungsergebnisse werden unterdrückt«, Pressemitteilung, 10. April 2014, http://www.wdr.de/tv/monitor/presse/2014/pressemeldung_140410.php5

10 »Neue Hinweise auf Maidan-Schützen«, *Tagesschau.de*, ARD, 10. April 2014.

11 Marcus Klöckner: »Blutbad am Maidan: Wer waren die Todesschützen?«, *Telepolis*, 12. April 2014, http://www.heise.de/tp/artikel/41/41490/1.html

12 Udo Lielischkies, Stephan Stuchlik u. a.: »Zwischen Chaos und Krieg: Wer zerstört die Ukraine?«, *Die Story im Ersten*, ARD, 19. Mai 2014.

13 Stefan Korinth: »Scharfschützenmorde in Kiew«, *Telepolis*, 14. Dezember 2014, https://www.heise.de/tp/features/Scharfschuetzenmorde-in-Kiew-3369005.html

14 Ivan Katchanovski: »The ›Snipers' Massacre‹ on the Maidan in Ukraine«, 5. September 2015, https://ssrn.com/abstract=2658245

15 Stefan Korinth: »Maidan: ›Ich schoss ihnen ins Genick‹«, *Telepolis*, 26. Februar 2016, https://www.heise.de/tp/features/Maidan-Ich-schoss-ihnen-ins-Genick-3378569.html?seite=all

16 Stefan Korinth: »Maidanmorde: Drei Beteiligte gestehen«, *Telepolis*, 19. November 2017, https://www.heise.de/tp/features/Maidanmorde-Drei-Beteiligte-gestehen-3893551.html?seite=all

17 Silvia Stöber: »Georgische Sniper auf dem Maidan?«, ARD Faktenfinder, 1. Dezember 2017, https://web.archive.org/web/20171220093641/https://faktenfinder.tagesschau.de/ausland/proteste-maidan-101.html

18 Paul Schreyer: »ARD im Tiefschlaf: Das seltsame Desinteresse an einer Aufklärung der Maidan-Morde«, *Telepolis*, 19. März 2018, https://www.heise.de/tp/features/ARD-im-Tiefschlaf-Das-seltsame-Desinteresse-an-einer-Aufklaerung-der-Maidan-Morde-3996302.html

19 »Protesters Attack Government Deputy as They Take Kiev«, NBC News, *Reuters*, 22. Februar 2014, https://www.nbcnews.com/storyline/ukraine-crisis/protesters-attack-government-deputy-they-take-kiev-n36156

20 Hanna Hrabarska: »Abstimmung über den Rücktritt von Janukowitsch«, Videomitschnitt der Parlamentssitzung vom 22. Februar 2014, https://www.youtube.com/watch?v=nfY6yMwUSgg

21 »Büro der Kommunistischen Partei in Kiew gestürmt«, *Zeit Online*, 23. Februar 2014, https://www.zeit.de/news/2014-02/23/ukraine-buero-der-kommunistischen-partei-in-kiew-gestuermt-23122606

22 Hauke Janssen, Eckart Teichert: »Münchhausen-Check: Putin und der legitime Präsident der Ukraine«, *Spiegel online*, 6. März 2014, http://www.spiegel.de/politik/ausland/ukraine-faktencheck-putin-und-der-legitime-praesident-a-957238.html

23 Konrad Schuller: »Kein Putsch aber auch nicht verfassungsgemäß«, *FAZ*, 24. Februar 2015, https://www.faz.net/aktuell/politik/ausland/europa/janukowitschs-sturz-war-kein-putsch-13447563-p3.html

24 Konrad Schuller: »Die letzten Tage des Präsidenten Janukowitsch«, *FAZ*, 9. Februar 2015, https://www.faz.net/aktuell/politik/ausland/europa/ukraine-konflikt-viktor-janukowitschs-letzte-tage-13388710.html

25 Auswärtiges Amt: »Vereinbarung zur Lösung der Krise in der Ukraine unterzeichnet«, Pressemitteilung, 21. Februar 2014, http://www.

auswaertiges-amt.de/DE/Aussenpolitik/Laender/Aktuelle_Artikel/Ukraine/140221_Ukraine-Vereinbarung.html

26 »EU erkennt Entmachtung Janukowitschs an«, *Sputnik News*, 24. Februar 2014, https://de.sputniknews.com/politik/20140224267908593-EU-erkennt-Entmachtung-Janukowitschs-an/#ixzz3SsetUb9C

8 Fuck the EU: Ein Nachmittag mit Victoria Nuland

1 Patrick Welter: »Millionäre im Kongress in Washington«, *FAZ*, 10. Januar 2014, http://www.faz.net/aktuell/wirtschaft/fruehaufsteher/reiche-politiker-millionaere-im-kongress-in-washington-12745412.html

2 Project for the New American Century: »Rebuilding America's Defenses«, September 2000, S. 51.

3 Mathias Bröckers, Christian C. Walther: *11.9. Zehn Jahre danach. Der Einsturz eines Lügengebäudes*, Westend, 2011. Paul Schreyer: *Faktencheck 9/11. Eine andere Perspektive 12 Jahre danach*, Homilius, 2013.

4 Robert Kagan: »Superpowers Don't Get to Retire. What our tired country still owes the world«, *New Republic*, 26. Mai 2014, http://www.newrepublic.com/article/117859/allure-normalcy-what-america-still-owes-world

5 Robert Kagan, Ted Piccone: »Reassert U.S. Leadership of a Liberal Global Order«, *Memorandum to the President*, Brookings Institution, 23. Januar 2014, http://www.brookings.edu/research/papers/2014/01/us-leadership-liberal-global-order-kagan-piccone

9 Schnittstelle im Machtpoker: Der Atlantic Council

1 Atlantic Council: »Supporters«, http://www.atlanticcouncil.org/support/supporters

2 U. S. Department of State: »›Toward A Transatlantic Renaissance: Ensuring Our Shared Future‹. Remarks by Victoria Nuland, Atlantic Council«, 13. November 2013, http://www.state.gov/p/eur/rls/rm/2013/nov/217560.html

3 Denise Gellene: »Sherwin B. Nuland, Author of ›How We Die‹, Is Dead at 83«, *New York Times*, 4. März 2014, http://www.nytimes.com/2014/03/05/us/sherwin-b-nuland-author-who-challenged-concept-of-dignified-death-dies-at-83.html

4 Ian Brzezinski: »Three ways Nato can bolster Ukraine's security«, *Washington Post*, 24. März 2014, http://www.washingtonpost.com/opinions/three-ways-nato-can-bolster-ukraines-security/2014/03/24/452e80fa-b369-11e3-8020-b2d790b3c9e1_story.html

5 Atlantic Council: »Security In and Around Europe: A Conversation with Ursula von der Leyen, German Minister of Defense«, 17. Juni 2014, http://youtube.com/watch?v=FNKdKI-c9qA

10 Poroschenko: Schokolade und Waffen

1 Leninska Kuznya: »Specials«, https://web.archive.org/web/20141006222826/http://www.lk.com.ua/specials

2 Florian Rötzer: »Poroschenko: Für jeden toten Soldaten werden hunderte Separatisten getötet«, *Telepolis*, 12. Juli 2014, http://www.heise.de/tp/artikel/42/42241/1.html

3 Moritz Gathmann: »Ukrainischer Milliardär: ›Wir erwarten eine deutliche Geste der EU‹«, *Spiegel online*, 19. Dezember 2013.

4 Olga Shedrova: »Is President Poroshenko Taking Orders from the CIA?«, *Global Research*, 10. Juni 2014, http://www.globalresearch.ca/is-president-

poroshenko-taking-orders-from-the-cia-the-place-of-ukraine-in-us-military-planning/5386399

5 »IWF – Ukraine benötigt bei Verlust des Ostens mehr Hilfen«, *Reuters*, 2. Mai 2014, http://de.reuters.com/article/idDEKBN0DI06A20140502

6 International Renaissance Foundation: »About«, http://www.irf.ua/en/about/irf

7 International Renaissance Foundation: »George Soros establishes Strategic advisory groups to assist Ukraine's government«, 17. Juni 2014.

8 Daria Shulzhenko: »Pre-election poll gives Poroshenko highest ›anti-rating‹ of all presidential candidates«, *Kyiv Post*, 18. November 2018, https://www.kyivpost.com/ukraine-politics/pre-election-poll-gives-poroshenko-highest-anti-rating-of-all-presidential-candidates.html?cn-reloaded=1

9 Peter Scholl-Latour: *Russland im Zangengriff*, Propyläen, 2006, S. 385.

11 Im Gleichklang: Leitmedien und Lobbynetzwerke

1 Rede von Außenminister Frank-Walter Steinmeier anlässlich der Verleihung der Lead Awards in Hamburg, 14. November 2014, https://www.auswaertiges-amt.de/de/newsroom/141115-rede-bm-anlaesslich-verleihung-lead-awards/266898

2 Bernd Ulrich: »Die Deutschen und Russland: Wie Putin spaltet«, *Zeit Online*, 10. April 2014, http://www.zeit.de/2014/16/russlanddebatte-krimkrise-putin

3 Uwe Krüger: *Meinungsmacht. Der Einfluss von Eliten auf Leitmedien und Alpha-Journalisten – eine kritische Netzwerkanalyse,* Halem, 2013.

4 Die Anstalt, ZDF, 29. April 2014.

5 Marcus Klöckner: »Leitartikler und Machteliten«, *Telepolis*, 23. Mai 2014.

6 *»Neue Macht. Neue Verantwortung. Elemente einer deutschen Außen- und Sicherheitspolitik für eine Welt im Umbruch«*, SWP und GMF, 2013, http://www.swp-berlin.org/fileadmin/contents/products/projekt_papiere/DeutAussenSicherhpol_SWP_GMF_2013.pdf

7 Paul Schreyer: »Wir sind die Guten – Zur Debatte um die deutsche Verantwortung in der Welt«, *Telepolis*, 4. Februar 2014.

8 Joachim Bittner, Matthias Naß: »Kurs auf die Welt«, *Zeit*, 6. Februar 2014, http://www.zeit.de/2014/07/deutsche-aussenpolitik-sicherheitskonferenz

9 Paul Schreyer: »Mit dem gebotenen Hohn«, *Telepolis*, 24. Mai 2014, http://www.heise.de/tp/artikel/41/41850/1.html

10 Uwe Krüger: *Meinungsmacht. Der Einfluss von Eliten auf Leitmedien und Alpha-Journalisten – eine kritische Netzwerkanalyse*, Halem, 2013, S. 221.

11 Josef Joffe: »Europa fehlen die militärischen Chips«, *Zeit*, 27. März 2014, http://www.zeit.de/politik/ausland/2014-03/russland-ukraine-militaer-power-aufruestung

12 Josef Joffe: »Russland verstehen?«, *Zeit*, 3. April 2014, http://www.zeit.de/2014/15/russland-krim-voelkerrecht-geschichte

13 Stefan Kornelius: »Putins Weltbild aus der Vergangenheit«, *Süddeutsche Zeitung*, 8. März 2014, http://www.sueddeutsche.de/politik/krim-krise-putins-weltbild-aus-der-vergangenheit-1.1907234

14 Klaus-Dieter Frankenberger: »Achse der Pragmatiker«, *FAZ*, 19. März 2014, http://www.faz.net/aktuell/politik/ausland/krim-krise-achse-der-pragmatiker-12853738.html

15 Michael Stürmer: »Wladimir Putin verspielt Russlands Zukunft«, *Welt*, 25. April 2014, http://www.welt.de/debatte/kommentare/article127323348/Wladimir-Putin-verspielt-Russlands-Zukunft.html

16 Paul Schreyer: »Der Kampf um die Leserforen«, *Telepolis*, 4. Juli 2016, https://www.heise.de/tp/features/Der-Kampf-um-die-Leserforen-3255904.html
17 Ines Pohl: »Warum wir die Kommentarfunktion abschalten«, *Deutsche Welle*, 9. August 2018, https://www.dw.com/de/warum-wir-die-kommentarfunktion-abschalten/a-45017804
18 »NSA-Enthüller Greenwald im Zapp-Interview«, Zapp, NDR, 24. Mai 2014, http://www.ndr.de/fernsehen/sendungen/zapp/greenwald11 2.html

12 Von Prorussen und Propaganda: Medien im Kriegsmodus

1 Paul Schreyer: »Die vertraulichen Sprachregelungen der ARD«, *Telepolis*, 30. Juni 2017, https://www.heise.de/tp/features/Die-vertraulichen-Sprachregelungen-der-ARD-3758887.html
2 *Presseclub*, ARD. 4. Mai 2014.
3 *Tagesschau*, ARD, 2. Mai 2014.
4 Gerd Appenzeller: Schreiben der *Tagesspiegel*-Chefredaktion, 7. Juli 2014.
5 Bastian Berbner, Sandra Aïd: »Ukraine-Berichterstattung durch die West-Brille?«, *Zapp*, ARD, 5. März, 2014.
6 »Revolte in Kiew: 5-Tage-Analyse der Propaganda in ARD und ZDF«, *Propagandaschau*, 25. Februar 2014, http://propagandaschau.wordpress.com/2014/02/25/revolte-in-kiew-5-tage-analyse-der-propaganda-in-ard-und-zdf
7 »Kiew bleibt gegen Separatisten hart«, *Tagesschau*, ARD, 6. Juli 2014.
8 »Gespräch mit Claus Neukirch«, *ZIB*, ORF, 25. April 2014.
9 Volker Bräutigam: »Gniffkes Kniffe«, *Ossietzky*, 5. Juli 2014.

13 Instrumentalisierung statt Aufklärung: Der MH17-Absturz

1 Benjamin Bidder: »Angeblicher Rebellen-Funk nach MH17-Absturz: ›Die Kosaken haben ein Flugzeug abgeschossen‹«, *Spiegel online*, 18. Juli 2014, http://www.spiegel.de/politik/ausland/malaysia-airlines-mh17-angeblicher-funkverkehr-der-rebellen-a-981734.html
2 Markus Becker, Matthias Gebauer: »Malaysia Airlines MH17: Hinweise auf Abschuss aus Versehen«, *Spiegel online*, 18. Juli 2014, http://www.spiegel.de/wissenschaft/technik/malaysian-airlines-mh17-experten-glauben-an-abschuss-aus-versehen-durch-buk-a-981754.html
3 Michael Pearson: »Did surface-to-air missile take down Malaysia Airlines Flight 17?«, *CNN*, 17. Juli 2014, http://edition.cnn.com/2014/07/17/world/europe/malaysia-airlines-crash-missile
4 Steffen Dobbert: »Das ist Propaganda und Du fällst drauf rein!«, *Zeit Online*, 22. Juli 2014, http://www.zeit.de/politik/2014-07/mh17-propaganda-putin-ukraine-russland-krieg-mails-freund
5 Benjamin Bidder: »Russlands Reaktion auf MH17-Absturz: Verschwörungstheorien statt Antworten«, *Spiegel online*, 18. Juli 2014, http://www.spiegel.de/politik/ausland/malaysia-airlines-mh17-russlands-reaktionen-auf-den-flugzeugabsturz-a-981851.html
6 »Ukrainian Su-25 fighter detected in close approach to MH17 before crash«, *Russia Today*, 21. Juli 2014, http://rt.com/news/174412-malaysia-plane-russia-ukraine
7 »Russische Radardaten: Ukrainischer Kampfjet unweit von Boeing geortet«, *Ria Novosti*, 21. Juli 2014, http://de.ria.ru/society/20140721/269068827.html
8 Robert Leicht: »Wo Dummheit, Verbrechen und Zynismus ineinander

münden«, *Zeit Online*, 21. Juli 2014, http://www.zeit.de/politik/ausland/2014-07/kolumne-ukraine-malaysia-airlines

9 Ernst Elitz: »Wehrt Euch endlich gegen Putin!«, *Bild*, 21. Juli 2014, http://www.bild.de/news/standards/bild-kommentar/von-ernst-elitz-wehrt-euch-gegen-putin-36907446.bild.html

10 »Ukraine-Krise: Augenzeugen melden heftige Gefechte um Donezk«, *Spiegel online*, 21. Juli 2014, http://www.spiegel.de/politik/ausland/ukraine-armee-beschiesst-donezk-mit-artillerie-a-982089.html

11 »MH17-Abschuss: Hintergründe zum russischen Raketensystem BUK«, *Austrian Wings*, 26. Juli 2014, http://www.austrianwings.info/2014/07/mh17-abschuss-hintergruende-zum-russischen-raktensystem-buk

12 U. S. State Department: »Daily Press Briefing«, 21. Juli 2014, http://www.state.gov/r/pa/prs/dpb/2014/07/229550.htm. Siehe auch: »›Anything other than social media?‹ State Dept's MH17 evidence secret«, *Russia Today*, 22. Juli 2014, http://www.youtube.com/watch?v=oQRvINebeok

13 Peter Graff: »Dutch expert says Ukraine body recovery team ›did a hell of a job‹«, *Reuters*, 21. Juli 2014, http://www.reuters.com/article/2014/07/21/us-ukraine-crisis-recovery-idUSKBN0FQ14Q20140721

14 »Ukrainian Su-25 fighter detected in close approach to MH17 before crash«, *RT*, 21. Juli 2014, https://www.rt.com/news/174412-malaysia-plane-russia-ukraine/

15 Archivierter BBC-Beitrag hier: http://archive.vn/vFoh9; Transkript des BBC-Videos von Olga Ivshina hier: »Deleted BBC Report. ›Ukrainian Fighter Jet Shot Down MH17‹, Donetsk Eyewitnesses«, *Global Research*, 27. Juli 2014, https://www.globalresearch.ca/deleted-bbc-report-ukrainian-fighter-jet-shot-down-mhi7-donetsk-eyewitnesses/5393631

16 »Censorship or error? Internet criticism for BBC removal of MH17 report«, *RT*, 25. Juli 2014, https://www.rt.com/news/175476-bbc-deleted-report-mh17/

17 Dutch Safety Board: Report »MH17 Crash«, 13. Oktober 2015, S. 89, 128, http://cdn.onderzoeksraad.nl/documents/report-mh17-crash-en.pdf

18 Ebd., S. 44.

19 Ebd., S. 38.

20 Joint Investigation Team: »Update in criminal investigation MH17 disaster«, 24. Mai 2018, https://www.om.nl/@103183/update-criminal/

21 Bellingcats Recherchen liegen regelmäßig auf einer politischen Linie mit der Nato. Die Organisation wird laut Aussage ihres Gründers Eliot Higgins unter anderem finanziert von der US-Denkfabrik NED, die wiederum zum größten Teil von der US-Regierung finanziert wird. Siehe Tweet von Eliot Higgins vom 6. Februar 2017: »Bellingcat has received money from the following: OSF, Meedan, NED, Google, Adessium, Crowdfunding«, https://twitter.com/eliothiggins/status/828554441485869056

22 Jamie Doward: »How a college dropout became a champion of investigative journalism«, *Guardian*, 30. September 2018, https://www.theguardian.com/media/2018/sep/30/bellingcat-eliot-higgins-exposed-novichok-russian-spy-anatoliy-chepiga

23 Bellingcat: »MH17 – Russian GRU Commander ›Orion‹ Identified as Oleg Ivannikov«, 25. Mai 2018, https://www.bellingcat.com/news/uk-and-europe/2018/05/25/mh17-russian-gru-commander-orion-identified-oleg-ivannikov/

24 »Russischer Offizier verantwortlich?«, tagesschau.de, 25. Mai 2018, https://www.tagesschau.de/ausland/mh17-ermittlungen-107.html

25 Florian Rötzer: »MH17: Russisches Verteidigungsministerium beschuldigt wieder die Ukraine«, 18. September 2018, https://www.heise.de/tp/features/

MH17-Russisches-Verteidigungsministerium-beschuldigt-wieder-die-Ukraine-4166927.html; Video der Präsentation hier: https://www.youtube.com/watch?v=zAFZbjyoqok

26 Joint Investigation Team: »MH17 Magazine 03«, 20. November 2018, https://english.mh17magazine.nl/investigationmh17/2018/03/rights-of-victims-and-next-of-kin

14 Instrumentalisierung statt Aufklärung II: »Nowitschok«

1 Alice Cuddy: »These are the presentation slides that convinced European countries to expel Russian diplomats«, *Euronews*, 29. März 2018, https://www.euronews.com/2018/03/28/these-are-the-presentation-slides-that-convinced-european-countries-to-expel-its-diplomats; Folien online: https://www.kommersant.ru/docs/2018/UK_Briefing.pdf

2 Florian Rötzer: »Eine neue Phase der russischen Aggression«, *Telepolis*. 28. März 2018, https://www.heise.de/tp/features/Eine-neue-Phase-der-russischen-Aggression-4006924.html

3 Michael Thumann: »Ein unbestreitbares Motiv«, *Zeit Online*, 28. März 2018, https://www.zeit.de/politik/ausland/2018-03/russland-politik-ausweisung-diplomaten-vereinte-nationen-deutschland/komplettansicht

4 Judith Miller: »U.S. and Uzbeks Agree on Chemical Arms Plant Cleanup«, *New York Times*, 25. Mai 1999, https://www.nytimes.com/1999/05/25/world/us-and-uzbeks-agree-on-chemical-arms-plant-cleanup.html

5 Wikileaks, Public Library of US Diplomacy: »Australia Group: Guidance for informal intersession meeting in London, April 6-7, 2009«, https://search.wikileaks.org/plusd/cables/09STATE32931_a.html

6 Moon of Alabama: »Hillary Clinton Ordered Diplomats To Suppress ›Novichok‹ Discussions«, 31. März 2018, https://www.moonofalabama.org/2018/03/clinton-state-department-discouraged-novichok-discussion.html

7 Dilyana Gaytandzhieva: »Salisbury Nerve Agent Attack Reveals $70 Million Pentagon Program At Porton Down«, *Southfront*, 27. März 2018, https://southfront.org/salisbury-nerve-agent-attack-reveals-70-million-pentagon-program-porton/

8 »Erste Todesopfer im Skripal-Fall: Katze und Meerschweinchen wegen versiegeltem Haus gestorben«, *RT Deutsch*, 6. April 2018, https://deutsch.rt.com/newsticker/67864-erste-todesopfer-im-skripal-fall-kater-und-meerschweinchen-gestorben/

9 Florian Rötzer: »Seltsame Medienkorrekturen im Skripal-Fall«, *Telepolis*, 3. Mai 2018, https://www.heise.de/tp/features/Seltsame-Medienkorrekturen-im-Skripal-Fall-4039515.html

10 Josef Hufelschulte: »Vergifteter Doppelagent Skripal war bis 2017 für vier Geheimdienste tätig«, *Focus*, 28. September 2018, https://www.focus.de/politik/ausland/er-enttarnte-russische-agenten-bericht-vergifteter-doppelagent-skripal-war-bis-2017-fuer-vier-geheimdienste-taetig_id_9672094.html

11 David Miller: »Revealed: rebranded D-Notice committee issued two notices over Skripal affair«, *Spinwatch*, 8. Mai 2018, http://spinwatch.org/index.php/issues/propaganda/item/5998-two-d-notices-for-skripal-affair

12 Andrew Roth: »Documents reveal Salisbury poisoning suspects' Russian defence ministry ties«, *Guardian*, 15. September 2018, https://www.theguardian.com/uk-news/2018/sep/15/documents-show-novichok-salisbury-suspects-alexander-petrov-ruslan-boshirov-links-defence

13 Christian Esch: »Wie Russlands stümperhafte Agenten Wladimir Putin

blamierten«, *Spiegel*, 28. September 2018, http://www.spiegel.de/plus/wladimir-putin-und-der-fall-skripal-der-praesident-ist-ein-luegner-a-00000000-0002-0001-0000-000159674367

14 Andreas von Westphalen: »Das Skripal-Labyrinth«, *Rubikon*, 20. Oktober 2018, https://www.rubikon.news/artikel/das-skripal-labyrinth

15 Jürgen Cain Külbel: »Mordsache Skripal: Eine verdeckte Operation des britischen Geheimdienstes MI6?«, *KenFM*, 9. Mai 2018, https://kenfm.de/mordsache-skripal-eine-verdeckte-operation-des-britischen-geheimdienstes-mi6-1/

16 Florian Rötzer: »Neues von der britischen Beeinflussungskampagne des ominösen Institute of Statecraft«, *Telepolis*, 6. Januar 2019, https://www.heise.de/tp/features/Neues-von-der-britischen-Beeinflussungskampagne-des-ominoesen-Institute-of-Statecraft-4266174.html

17 Craig Murray: »British Government Covert Anti-Russian Propaganda and the Skripal Case«, 21. Dezember 2018, https://www.craigmurray.org.uk/archives/2018/12/british-government-covert-anti-russian-propaganda-and-the-skripal-case/

18 Marcus Klöckner: »Der Zweck und die Absicht von Integrity Initiative ist eine Propagandaoperation«, Interview mit Prof. Dr. Piers Robinson, *NachDenkSeiten*, 7. Januar 2019, https://www.nachdenkseiten.de/?p=48278

19 Craig Murray: »British Government Covert Anti-Russian Propaganda and the Skripal Case«, 21. Dezember 2018, https://www.craigmurray.org.uk/archives/2018/12/british-government-covert-anti-russian-propaganda-and-the-skripal-case/

20 Jens Berger: »Integrity Initiative – NATO-Propaganda auch in Deutschland«, *NachDenkSeiten*, 7. Januar 2019, https://www.nachdenkseiten.de/?p=48281

15 Machtansprüche: Unipolare vs. multipolare Welt

1 Irving Kristol: »The Neoconservative Persuasion«, *Weekly Standard*, 25. August 2003, http://www.weeklystandard.com/Content/Public/Articles/000/000/003/000tzmlw.asp?page=2

2 »Doctrine for the Armed Forces of the United States«, *Joint Publication 1*, 25. März 2013, http://www.dtic.mil/doctrine/new_pubs/jp1.pdf

3 Axel Postinett: »Sieben Staaten in fünf Jahren«, *Handelsblatt*, 13. Juni 2014, http://www.handelsblatt.com/politik/international/us-aussenpolitik-chaos-ohne-kontrolle/10036758-2.html

4 Zbigniew Brzezinski: *Strategic Vision. America and the Crisis of Global Power*, Basic, 2012, S. 131. Siehe dazu auch Hauke Ritz: »Warum der Westen Russland braucht. Die erstaunliche Wandlung des Zbigniew Brzezinski«, *Blätter für deutsche und internationale Politik*, Juli 2012, https://www.blaetter.de/archiv/jahrgaenge/2012/juli/warum-der-westen-russland-braucht

5 Peter Berz: »Nomadische Geopolitik«, *Gegner* 13, 2002, S. 19.

6 Alexander Dugin: *Die Vierte Politische Theorie*, Arctos, 2013.

7 Jean-Marie Chauvier: »Die Wiederentdeckung Eurasiens«, *Le Monde Diplomatique*, 13. Juni 2014, http://www.monde-diplomatique.de/pm/2014/06/13.mondeText.artikel,a0051.idx,14

8 Bernhard Odehnal: »Gipfeltreffen mit Putins fünfter Kolonne«, *Tages-Anzeiger*, 3. Juni 2014, http://www.tagesanzeiger.ch/ausland/europa/Gipfeltreffen-mit-Putins-fuenfter-Kolonne/story/30542701

9 Marcus Theurer: »›Groteske Idee‹: Steckt Russland hinter der Anti-Fracking-Bewegung?«, *FAZ*, 20. Juni 2014, http://www.faz.net/aktuell/

wirtschaft/wirtschaftspolitik/russland-soll-europas-fracking-gegner-unterstuetzten-13000742.html

16 Wer sind die Guten?

1 Carl A. Trocki: *Opium, Empire and the Global Political Economy*, Routledge Chapman & Hall, 1999.
2 Alfred McCoy: *Die CIA und das Heroin. Weltpolitik durch Drogenhandel*, Zweitausendeins, 2003.
3 »Kosovo: Zentrum der organisierten Kriminalität«, *The Intelligence*, 30. August 2011, http://www.theintelligence.de/index.php/politik/international-int/3166-kosovo-zentrum-der-organisierte-kriminalitaet.html
4 Siehe dazu: Mathias Bröckers: *Die Drogenlüge. Warum Drogenverbote den Terrorismus fördern und der Gesundheit schaden*, Westend, 2010.
5 James Petras: »The Soaring Profits of the Military-Industrial Complex. The Soaring Costs of Military Casualties«, *Global Research*, 24. Juni 2014, http://www.globalresearch.ca/the-soaring-profits-of-the-military-industrial-complex-the-soaring-costs-of-military-casualties/5388393
6 »›It fell on deaf ears‹: CIA and MI6 knew about ISIS assault in advance, failed to react«, *Russia Today*, 23. Juni 2014, http://rt.com/usa/167912-ica-mi6-isis-iraq
7 Pepe Escobar: »The Birth of a Eurasian Century«, *TomDispatch*, 18. Mai 2014, http://www.tomdispatch.com/blog/175845
8 Keir A. Lieber, Daryl G. Press: »The Rise of American Nuclear Primacy«, *Foreign Affairs*, März/April 2006, http://www.foreignaffairs.com/articles/61508/keir-a-lieber-and-daryl-g-press/the-rise-of-us-nuclear-primacy
9 George Monbiot: »The medieval, unaccountable Corporation of London«, *Guardian*, 31. Oktober 2011, http://www.theguardian.com/commentisfree/2011/oct/31/corporation-london-city-medieval
10 Bodo Weber: »Deutschlands außen-und sicherheitspolitische Verweigerung«, Heinrich-Böll-Stiftung, Februar 2014, http://www.boell.de/sites/default/files/deutschlands_aussen-und_sicherheitspolitische_verweigerung.pdf

17 »Russiagate«: Medienzirkus und gezielte Eskalation

1 Roland Nelles: »Operation ›Translator‹«, *Spiegel online*, 17. Februar 2018, http://www.spiegel.de/politik/ausland/robert-mueller-klagt-13-russen-an-so-arbeiteten-sie-fuer-donald-trump-a-1194021.html
2 David Voreacos, Steven T. Dennis: »Mueller Accuses Russians of Pro-Trump, Anti-Clinton Meddling«, *Bloomberg*, 16. Februar 2018, https://www.bloomberg.com/news/articles/2018-02-16/u-s-charges-13-russians-3-companies-for-hacking-election
3 Matea Gold, Tom Hamburger and Anu Narayanswamy: »Inside the Clinton Donor Network«, Washington Post, 19. November 2015, https://www.washingtonpost.com/graphics/politics/clinton-money/
4 »Demokratische Vorwahlen waren laut Ex-Parteichefin zugunsten Clintons manipuliert«, Spiegel online, 3. November 2017, http://www.spiegel.de/politik/ausland/hillary-clinton-vorwahlkampf-gegen-bernie-sanders-soll-manipuliert-worden-sein-a-1176282.html
5 Eric Zuesse: »›The Russian Hacking‹: How the ›Leaks‹ From Clinton and the DNC Happened«, *Global Research*, 6. Januar 2017, https://www.globalresearch.ca/the-russian-hacking-how-the-leaks-from-clinton-and-the-dnc-happened/5566625

6 Office of the Director of National Intelligence: »Assessing Russian Activities and Intentions in Recent US Elections«, 6. Januar 2017, https://www.dni.gov/files/documents/ICA_2017_01.pdf

7 Fabian A. Scherschel: »US-Regierungsbericht enthält keine Beweise für russischen Hack im Wahlkampf«, *Heise Online*, 3. Januar 2017, https://www.heise.de/security/meldung/US-Regierungsbericht-enthaelt-keine-Beweise-fuer-russischen-Hack-im-Wahlkampf-3585937.html

8 Kenneth P. Vogel: »The Trump Dossier: What We Know and Who Paid for It«, *New York Times*, 25. Oktober 2017, https://www.nytimes.com/2017/10/25/us/politics/steele-dossier-trump-expained.html

9 Peter Van Buren: »Mueller's Investigation is Missing One Thing: A Crime«, *The American Conservative*, 10. Dezember 2018, https://www.theamericanconservative.com/articles/muellers-investigation-is-missing-one-thing-a-crime/

10 Scott Shane, Mark Mazzetti: »The Plot to Subvert an Election«, *New York Times*, 20. September 2018, https://www.nytimes.com/interactive/2018/09/20/us/politics/russia-interference-election-trump-clinton.html

11 Ray McGovern: »Bei Russia-Gate hat das FBI die Hände im Spiel«, *NachDenkSeiten*, 28. Januar 2018, https://www.nachdenkseiten.de/?p=42109

12 Luke Harding, Dan Collyns: »Manafort held secret talks with Assange in Ecuadorian embassy, sources say«, *Guardian*, 27. November 2018, https://www.theguardian.com/us-news/2018/nov/27/manafort-held-secret-talks-with-assange-in-ecuadorian-embassy

13 Alan MacLeod: »Misreporting Manafort: A Case Study in Journalistic Malpractice«, *FAIR*, 3. Dezember 2018, https://fair.org/home/misreporting-manafort-a-case-study-in-journalistic-malpractice/

14 Alex Finley (pen name of a former CIA officer): »Did Someone Plant a Story Tying Paul Manafort to Julian Assange?«, *Politico*, 28. November 2018, https://www.politico.com/magazine/story/2018/11/28/paul-manafort-julian-assange-222694

15 Mathias Bröckers: *König Donald, die unsichtbaren Meister und der Kampf um den Thron*, Westend, 2017.

16 Glenn Greenwald: »The Deep State Goes to War With President-Elect, Using Unverified Claims, as Democrats Cheer«, *The Intercept*, 11. Januar 2017, https://theintercept.com/2017/01/11/the-deep-state-goes-to-war-with-president-elect-using-unverified-claims-as-dems-cheer/

Register